Neville Symington
Emotionales Handeln

Neville Symington war Mitglied des »Scientific Committee of the London Institute for Psychoanalysis«, »Chairman of Psychology Discipline in the Adult and Adolescent Department« der berühmten Tavistock Clinic und Direktor der »Camden Psychotherapy Unit«. Er führt eine Praxis als Psychoanalytiker in New South Wales, Australien. Zahlreiche Buch- und Zeitschriftenveröffentlichungen. Im Steidl Verlag: *Narzißmus. Neue Erkenntnisse zur Überwindung psychischer Störungen.*

Neville Symington
Emotionales Handeln

Neville Symington war Mitglied des »Scientific Committee of the London Institute for Psychoanalysis«, »Chairman of Psychology Discipline in the Adult and Adolescent Department« der berühmten Tavistock Clinic und Direktor der »Camden Psychotherapy Unit«. Er führt eine Praxis als Psychoanalytiker in New South Wales, Australien. Zahlreiche Buch- und Zeitschriftenveröffentlichungen. Im Steidl Verlag: *Narzißmus. Neue Erkenntnisse zur Überwindung psychischer Störungen.*

Neville Symington

Emotionales Handeln

Das Gemeinsame von Religion
und Psychoanalyse

Aus dem Englischen von Brigitte Flickinger

Steidl

Titel der englischen Originalausgabe: »Emotion and Spirit.
Questioning the Claims of Psychoanalysis and Religion«,
erschienen bei Cassell, London 1994
Copyright © Neville Symington 1994

1. Auflage Februar 1997

© Copyright für die deutsche Ausgabe: Steidl Verlag, Göttingen 1997
Alle deutschen Rechte vorbehalten
Umschlaggestaltung: Hans Werner Holzwarth
Satz, Druck, Bindung:
Steidl, Düstere Straße 4, D-37073 Göttingen
Gedruckt auf Öko 2000 Papier zur ökologischen Buchherstellung
(80 Prozent Altpapier, 20 Prozent Durchforstungsholz
aus nachhaltiger Forstwirtschaft)
Ohne Färbung, ohne optische Aufheller
Printed in Germany
ISBN 3-88243-455-4

Für David

Inhalt

Danksagungen

Während ich an diesem Buch schrieb, gab ich einigen Kollegen verschiedene Kapitel mit der Bitte um ihre Meinung. Ich möchte Nina Coltart danken, die das Kapitel über Buddhismus und Hinduismus las und mich auf manche Lücken darin hinwies, die ich dann gefüllt habe. Ich bin ihr sehr dankbar, daß sie mich in den letzten Jahren immer wieder ermutigt hat, die Erforschung dieses Gegenstandes fortzusetzen. Ich möchte Louis Zinkin danken, der so freundlich war, das Kapitel über Jung zu lesen und mir seine Anmerkungen zu schikken; sein plötzlicher Tod war für mich wie für viele andere schmerzlich. Dennis Duncan danke ich für seine Lektüre des Kapitels über die jüdisch-christliche Tradition und seine herzliche Ermutigung, ebenso Doris McIlwain, die das Kapitel über Meissner las und wertvolle Vorschläge dazu machte. Des weiteren danke ich David Roderick, der mich freundlicherweise auf Literatur religionswissenschaftlicher Autoren über Psychoanalyse hinwies.

Ich möchte auch Frau Isca Wittenberg danken, die keine Mühe scheute, um mir Material über das Judentum zu besorgen; darüber hinaus danke ich ihr besonders für viele gemeinsame Diskussionen über das Verhältnis zwischen Psychoanalyse und Religion; auch sie vertrat die Ansicht, daß der Psychoanalyse eine Dimension fehle, die nur die Religion zu bieten habe. Die Gespräche mit ihr und unser Briefwechsel zu diesem Thema waren für mich von unschätzbarem Wert. Wo es angebracht war, gewährte sie mir immer offene Kritik. Auf diese Weise trug sie wesentlich zur vorliegenden Untersuchung und nicht minder zu meiner eigenen Entwicklung bei.

Ich möchte Judith Longman danken, deren persönliches Interesse an meinem Projekt ihre Pflichten weit überstieg. Ohne ihr Engagement und ihre Entschlossenheit wäre dieses Buch weder geschrieben noch veröffentlicht worden. David

Black verdanke ich die erste Anregung, über dieses Thema eine Abhandlung zu schreiben.

Bob Gosling, zu dessen Mitarbeiterstab in der Tavistock Clinic ich früher gehörte, gab mir den ersten Anstoß, meine Erkenntnisse über Religion und Psychoanalyse zu verbinden. Er, aber auch die Freundschaft seiner Frau mit meiner Frau und mir haben mich seither ermutigt, diesen Gegenstand weiter zu verfolgen.

Mein Dank gilt auch Guy Braithwaite. Unsere ausführlichen Diskussionen über das Verhältnis zwischen der religiösen und der säkularen Welt haben dieses Buch beeinflußt. Ebenso danke ich Patrick Carey und seiner Familie, deren Anteilnahme während einer Krisenzeit tiefere Gedanken reifen ließ.

Des weiteren danke ich drei alten Freunden. Intensive Gespräche mit ihnen haben vor vielen Jahren die Saat gelegt, die heute in diesem Buch aufgeht. Mit John Perry hatte ich schon 1965 lange Diskussionen, die mein Verständnis von Religion und von der Natur des Menschen vertieften, und vor kurzem war er so freundlich, das Kapitel über jüdisch-christliche Tradition gründlich zu lesen und in einigen wichtigen Punkten zu korrigieren. Seine sehr persönliche Auffassung der Heiligen Schrift war für mich immer ein Quell der Inspiration. Der persönlichen Hilfe und Freundschaft Bill McSweeneys verdanke ich meine Konzentration auf das, was für das menschliche Streben zentral ist. Wenn ich im dunkeln tappte, brachte er Licht in relevante Bereiche der Religion. Richard Champion, der selbst in Momenten überschäumender Begeisterung jene seltene Fähigkeit besitzt, zu sehen, was wichtig und was unwichtig ist, verdient meinen Dank. Die Freundschaft mit allen dreien half mir, ein Religionsverständnis zu entwickeln, das mir emotional etwas bedeutet und mir im Laufe der Jahre eine immer tiefere Einsicht vermittelte. Ich möchte auch Charles Davis danken, der seinerzeit für uns alle ein Mentor war und dessen Inspiration die innere und äußere Richtung unseres Lebens verändert hat.

Schließlich möchte ich meiner Frau Joan für ihre große Geduld angesichts meines ständig gegenwärtigen »Buches« danken. Auch las sie das ganze Manuskript und sagte mir freimütig, was darin wenig Sinn ergab. Zweifellos ist sie meine beste Kritikerin, die sich nie gescheut hat, zu zensieren, was unklar, redundant oder nichtssagend ist. Meinen beiden Söhnen, Andrew und David, danke ich für ihr Interesse an diesem Buch und für die Informationen, die sie hin und wieder für mich sammelten, als ich daran schrieb.

Einleitung

In diesem Buch vertrete ich eine persönliche Hypothese. Sie läßt sich einfach formulieren und besagt, daß herkömmliche Religionen für die Lebensweise des Menschen in der modernen Welt keine Relevanz haben. Eine Folge davon ist, daß die Humanwissenschaften weltlich sind und sich von den Grundwerten traditioneller Religion losgesagt haben. Das gilt insbesondere für die Psychoanalyse, die mit ihrem Begründer Sigmund Freud der Religion und allen ihren Inhalten expressis verbis abgeschworen hat, obwohl die Psychoanalyse oft quer zu diesem Bekenntnis stand.

Nun nimmt die Psychoanalyse zwar genau den Platz in der Welt ein, der für das Leben des Menschen heute relevant ist – nämlich den Bereich der emotionalen Interaktion zwischen Menschen, die in enger Vertrautheit miteinander leben – und bietet auch Erklärungen dazu, doch in einer anderen Hinsicht hat die Psychoanalyse weitgehend versagt: Obgleich sie einen für den modernen Menschen so wichtigen Bereich einnimmt, ist ihr Menschenbild doch beklagenswert unzulänglich, denn es gibt keine Antwort auf so wichtige Fragen wie: »Was ist der Zweck unseres Daseins?«; »Was ist der Sinn des Lebens?«; »Wie erreicht der Mensch, wie erreichen Mann oder Frau ein erfülltes Leben?«

Von diesen *Grundwerten* abgeschnitten, fühlt sich der moderne Mensch entfremdet; er leidet an der Sinnlosigkeit seines Lebens und wandert als verlorene Seele durch die Welt. Traditionelle Religionen dagegen haben Antworten auf diese Fragen, und diese Antworten waren und sind, auch wenn sie auf Denker verschiedener religiöser Traditionen zurückgehen, in ihren Grundzügen bemerkenswert ähnlich.

Einfach gesagt: Religion und Psychoanalyse brauchen einander. Die Religion braucht die Psychoanalyse, um endlich dort vorzukommen, wo sich das Leben des modernen Menschen abspielt. Die Psychoanalyse braucht die Religion, um in

Besitz jener *Grundwerte* zu gelangen, die dem Leben Sinn verleihen. Damit beide aber in eine lebendige und fruchtbare Beziehung zueinander treten können, muß jede von ihnen einigen Ballast abwerfen, der für ihre je eigene Substanz unerheblich ist. Traditionelle Religionen müssen sich von vielen Ritualen, Überzeugungen und *Praktiken* trennen, die der Religion äußerlich sind und nur dazu beitragen, die *Grundwerte* zu verdunkeln. Ebenso muß sich auch die Psychoanalyse von einem gut Teil überflüssiger Theorie trennen, um diese *Grundwerte* erfassen zu können.

Dieses Buch hat vier Teile. Mein Leitgedanke ist die Überzeugung, daß es religiöse Wahrheit gibt, die durch Vernunft eingesehen werden kann und die für jeden Menschen eine unmittelbar praktische Relevanz besitzt. Viele von uns haben sich vom Glauben an eine traditionelle Religion losgesagt und sich statt dessen politischen, philosophischen oder ästhetischen Idealen oder auch einem Skeptizismus zugewandt, der im Grunde ein Ausdruck von Verzweiflung ist. Um einen Sinn im Leben zu finden, ist es nötig, das Selbst mit dem anderen in Zusammenhang zu bringen: Eine Deutung in der Psychoanalyse ist sowohl für den Patienten wie für den Analytiker von Bedeutung. Bedeutung ist eine Realität, die über beide hinausgeht und weitere Kreise zieht. Im ersten Teil beginne ich mit der Unterscheidung zwischen *primitiver Religion* (primitive religion) und *Hochreligion* (mature religion), zwei analytischen Schlüsselbegriffen, die sich durch das gesamte Buch ziehen. Im weiteren versuche ich einen Einblick in die bedeutenderen traditionellen Religionen zu geben, um dann den Begriff einer *natürlichen Religion* zu prüfen, bevor ich Religion gegenüber Spiritualität und Spiritualität gegenüber Moral abgrenze. Dieser Abschnitt schließt mit dem Versuch einer Definition von Religion.

Im zweiten Teil untersuche ich das Religionsverständnis der Psychoanalyse. Hier geht es um Freuds Psychologie der Religion und William W. Meissners Kritik an ihr sowie um

C. G. Jungs Religionsanalyse. Dann betrachte ich die weitere Entwicklung von Psychoanalyse und Religion bei späteren Freudianern und beende diesen Teil mit Überlegungen speziell zum Beitrag Erich Fromms.

Der dritte Teil beschäftigt sich mit der *Conditio humana*, wie sie im Laufe der Zivilisation durch die *Hochreligionen* bewußtgemacht wurde. In Sozialwissenschaftlern, Ökologen und Sozialreformern haben wir heutzutage eine neue Art von Priestern. Sie predigen gegen die Ausbeutung der dritten Welt durch die Industrieländer und gegen die Verseuchung und Zerstörung unseres Planeten; zugleich gibt es aber kaum Anzeichen dafür, daß die innere Verfassung des Menschen, der diesen erschreckenden Zustand unserer heutigen Welt herbeiführt, tatsächlich wissenschaftlich erforscht wird. Es gibt marxistische und neo-marxistische Kritik in Hülle und Fülle; sie versagt jedoch völlig, wenn es darum geht, den inneren Zustand des Menschen zu erklären, der für diese Tragödie der Menschheit verantwortlich ist. Ich versuche daher, den Narzißmus zu analysieren, dessen innere Struktur meiner Meinung nach die Gier und Habsucht des Menschen am überzeugendsten zu erklären vermag. Schließlich betrachte ich das Ziel der Psychoanalyse, das in der Transformation des Narzißmus liegt. Dieses Ziel hat die Psychoanalyse mit allen *Hochreligionen* gemeinsam.

Im vierten Teil geht es mir um die spirituelle Funktion der Psychoanalyse und insbesondere um den Nachweis, daß es sich bei ihr um eine diesseits gerichtete, weltliche Spiritualität handelt. Denn ich kann zeigen, daß Selbsterkenntnis, das erklärte Ziel der Psychoanalyse, untrennbar mit emotional gesteuertem, tugendhaftem Handeln verbunden ist. Dies wird der umstrittenste Teil des Buches sein, und ich befürchte, ich könnte hier mißverstanden werden. Ich versuche daher zu klären, was ich mit »emotionalem Handeln« meine, und der ganze Abschnitt steht und fällt damit, ob dieser Begriff einleuchtet oder nicht. Ist er einleuchtend, dann wird der spirituelle Gehalt unserer inneren Aktivitäten klarwerden;

wenn nicht, wird das, was ich gesagt habe, nur Unmut hervor-rufen.

Das Buch ist somit ein Wagnis. Vielleicht wird es als Ver-rücktheit eines Spinners abgetan, vielleicht wird es aber auch für den einen oder anderen ein Licht auf den Kern des menschlichen religiösen Strebens werfen. Das kann allein die Zeit entscheiden.

Mir standen zwei Jahre zur Verfügung, um dieses Buch zu schreiben. Ich habe eine stark frequentierte analytische Praxis, sitze in verschiedenen Fachgremien, soll Vorträge halten, Auf-sätze schreiben und bin Vater einer wachsenden Familie. So bleibt mir in der Woche wenig Zeit zum Schreiben und noch weniger Zeit zum Forschen. Die mir übertragene Aufgabe lau-tete, ein Buch über »Psychoanalyse und Religion« zu schrei-ben, ein so gewaltiges Thema, daß kein vernünftiger Mensch auch nur erwägen würde, ein solches Unternehmen in derart kurzer Zeit in Angriff zu nehmen. Ich beschloß jedoch, mich der Herausforderung zu stellen, weil dies, wie ich glaube, ein Thema von entscheidender Wichtigkeit ist. Beim Schreiben würde ich die Inhalte meines eigenen Bewußtseins kennen-lernen können, denn nur in der aktiven Kommunikation mit dem »anderen« gelangt man wirklich zur Erkenntnis seiner selbst.

Das Band, das die einzelnen Kapitel zusammenhält und die Teile untereinander sowie jeden Teil mit dem Ganzen verbin-det, ist meine persönliche Hypothese, daß die Psychoanalyse bei der Heilung seelischer Krankheiten im großen und gan-zen versagt hat, weil ihr jene Grundwerte fehlen, die für alle großen religiösen Traditionen zentral sind, und daß anderer-seits die traditionellen Religionen in der heutigen Welt versa-gen, weil sie ihre Werte auf ein Reich anwenden, das für die moderne Welt irrelevant ist. Das ist die negative Seite des Bil-des; ich versuche aber, einen positiven Standpunkt aufzuzei-gen: Die einzige Religion, die im emotionalen Leben des Menschen wirklich eine Rolle spielen kann, ist die von mir so genannte *natürliche Religion*. Abendländische Offenbarungsreligion oder auch östliche Religionen, deren Stifter zu Göttern erhoben wurden, stehen dadurch, daß sie dem Ort menschlicher Emotionen entfremdet sind, der Psychoanalyse naturgemäß feindlich gegenüber und umgekehrt.

Ich möchte daher zeigen, was ich unter natürlicher Religion verstehe. Hätte ich die intellektuellen Fähigkeiten eines Whitehead, dann würde ich meine These kurz und bündig darstellen können. Bernard Shaw schrieb einmal an die *Times*, er habe einen langen Brief geschrieben, weil er keine Zeit hatte, einen kurzen zu schreiben. Das gilt auch für dieses Buch. Es hat ein zentrales Thema, dem ich mich in den einzelnen Teilen aus verschiedenen Richtungen und aus unterschiedlichen Blickwinkeln nähere, wobei ich hoffe, daß meine zentrale Überlegung deutlich wird. Dieses Buch stellt demnach »work in progress« dar. In Kunstausstellungen begegnen wir häufig Gemälden, die im Untertitel als »unvollendet« bezeichnet werden, und dennoch stehen die Leute davor und halten es für lohnend, sie zu betrachten. Von dieser Art ist das vorliegende Buch. Es versteht sich als Grundriß für eine Endfassung. Es ist eine vorläufige Skizze, die die Richtung meines Denkens veranschaulicht, ohne dessen Konsequenzen im einzelnen auszuführen. Ich hoffe allerdings, daß andere kommen werden, die seine Argumente erweitern und verfeinern werden.

Literatur

Alfred North Whitehead, *Wie entsteht Religion?* (1930), (Frankfurt: Suhrkamp, 1985).

Erster Teil

In diesem ersten Teil gehe ich auf einige religiöse Schlüssel-themen ein, um jenen Kern herauszuschälen, den alle großen religiösen Traditionen in sich tragen. Die meisten psychoana-lytischen Arbeiten verstehen unter Religion die jüdisch-christliche Tradition. Wenn nicht, dann befassen sie sich meist mit den kultischen Aspekten von Religion und lassen ihre moralische und spirituelle Dimension unberücksichtigt.

Allzuoft wird Religion mit Theismus gleichgesetzt, dabei war der Buddha nach der Überlieferung des Theravada einer der konsequentesten Atheisten, die die Welt je gesehen hat; zugleich würde kaum jemand leugnen, daß er ein Religions-stifter war. Ich fasse daher den Begriff der Religion so, daß er auch explizit atheistische Religionen wie den Theravada-Bud-dhismus und den Taoismus umfaßt, um so zu einer Definition zu gelangen, bei der die Existenz einer Gottheit nicht das zen-trale Element ist. Es gibt Religionsdefinitionen, die jedwede Ideologie, sei sie ästhetisch, sei sie politisch, einschließen. Eine derart umfassende Definition macht das Wort »Religion« bedeutungsleer. Ich habe mich auf Elemente zu konzentrieren versucht, in denen das Wesentliche der Religion enthalten ist. Nur so läßt sich eine Beziehung zwischen Psychoanalyse und Religion herstellen.

1. Das Wesen primitiver Religion

> Wenn ein Stein herunterfällt und einen Vorübergehenden erschlägt, dann hat ein böser Geist ihn gelöst: es gibt keinen Zufall. Wenn ein Mensch von einem Krokodil aus seinem Boot gerissen wird, dann war er behext: es gibt keinen Zufall. Wenn ein Krieger von einem Lanzenstich getötet oder verwundet wird, so war er nicht imstande gewesen zu parieren, weil man ein Los auf ihn geworfen hatte: es gibt keinen Zufall.
>
> *(Henri Bergson, 1932)*

Das primitive Bewußtsein stattet seine Welt mit Akteuren aus. Es schafft sich einen Gott oder auch mehrere Gottheiten und erklärt sie zur Ursache für die Geschehnisse, die auf die Menschen einwirken; diese Ursache kann in einem lebendigen Individuum liegen oder im Geist eines Toten, sie kann in Tieren, in Pflanzen, in der Sonne oder im Mond bestehen. *Daß* die natürliche Welt des Primitiven mit Geistern bevölkert ist, wissen wir; ich möchte aber hervorheben, welche *Quelle* ein solcher Glaube hat und auf welche Weise er zur Vorstellung der primitiven Religion beiträgt.

Animismus kann es nur geben, wo es den Begriff eines handelnden Individuums gibt. Die animistische Welt ist eine Projektion, bei der das Selbst – das repräsentierende, vorstellende Selbst – als Akteur in die natürliche oder die imaginierte natürliche Welt projiziert wird.

Das *vorstellende Selbst* besteht aus dem »Ich« und dem »Ich-des-anderen«, aus mir selbst und meinem Stamm. Der Stamm, der Clan, wovon das Individuum ein Teil ist, *ist* seine Welt. Der andere – mein Stamm – gewinnt für mich im selben Maße an Bedeutung, wird »aufgebläht«, in dem ich den Außenstehenden abwerte. Lienhardt berichtet, der Stamm der Dinka verweile kaum bei Phantasien über irgendeine »andere Welt« von andersartiger Verfassung (S. 28). Daraus schließe ich aufgrund meiner analytischen Erfahrung, daß die Dinka auf diese Weise aktiv die äußere Welt ausblenden. Der physische Überlebenstrieb in der Stammesgruppe ist der tiefere Grund dafür, daß ein solcher Keil zwischen den Vertrauten und den Fremden getrieben und ein Bruch verursacht wird, bei dem die eine Seite eine Aufwertung und die andere eine Abwertung erfährt. Der Überlebenstrieb bestimmt indirekt die Motivationsausrichtung des Stammes und erhöht damit zugleich auch seine Bedeutung. Logisch gibt es keinen Grund, weshalb ich mich um die Bedürfnisse des Stammes auf dieser Seite des Flusses mehr kümmern sollte als um die Bedürfnisse irgendeines anderen Stammes, außer daß »Ich« ein Angehöriger dieses Stammes bin. Und daß ich mir so den Vorzug gebe, hat keine rationalen Gründe, sondern gehört zu den Grundannahmen primitiver Mentalität. Gerade diese Grundannahme, die so auf der Hand zu liegen scheint, daß es verrückt wäre, sie in Frage zu stellen, wurde von den Stiftern von *Hochreligionen* in Frage gestellt. So unterscheidet sich die primitive Religion von der reiferen Hochreligion durch den Trieb zum physischen Überleben in Verbindung mit der Selbstaufwertung des eigenen Stammes als motivierender Kraft. Freud schätzte zwar einige Qualitäten der Hochreligion, sah in ihnen aber nichts Religiöses. Unter Religion verstand er *primitive Religion*. Sein Religionsbegriff war demnach eingeschränkt.

Die Vorstellung von primitiver Religion in Reinform ist eine abstrakte Kategorie, eine solche Religion kommt in der Wirklichkeit nicht vor. Heutigen primitiven Kulturen sind immer Werte beigemischt, die aus fortgeschritteneren Gesellschaften stammen. Bei Stämmen, in denen die primitive Religion noch verhältnismäßig rein gepflegt wird, sind alle Energien der Gruppe aufs Überleben gerichtet. Die natürliche Umgebung, aus der der Stamm seinen Lebensunterhalt bezieht, ist seine ökologische Nische; sie ist *seine Welt*. Die »Welt« des Stammes ist nicht die Welt der Naturwissenschaftler, sondern eine Welt von Menschen, die sich von der Triebkraft des Überlebensinstinktes leiten lassen. Instinktiv steckt der Stamm sein Territorium und damit das Zentrum seiner wirtschaftlichen Tätigkeit ab. Da die Tätigkeit des Stammes mit seinen vitalen Bedürfnissen eng zusammenhängt, ist jedes ungewöhnliche Ereignis eine potentielle Bedrohung seiner Umwelt. Manche Stämme leben dauernd am Rande einer so zerbrechlichen Existenz, daß die kleinste Bedrohung Angst weckt. Alles Ungewöhnliche oder Merkwürdige kann ein böses Omen sein: Wenn zum Beispiel ein Stammesangehöriger der Dinka einen ungewöhnlich großen Kürbis gesehen hat, opfert er dem *Jok* oder der höheren Macht eine Ziege (Lienhardt, 1987). Wenn das Überleben von den Launen der Natur abhängt, dann ist jede fremde oder ungewöhnliche Erscheinung angstbesetzt. Sorgen um andere Menschen oder höhere Werte würden die Energien absorbieren, die fürs Überleben notwendig sind. Das primitive Bewußtsein ist auf die greifbaren Erfordernisse des Überlebens gerichtet; werden diese gefährdet, dann wird der Gott oder werden die Gottheiten angerufen. Diese Gottheiten haben ihren Platz innerhalb der ökologischen Nische des Stammes, selbst wenn die Gottheit in einem derart universalen Phänomen wie der Sonne beheimatet ist; denn auch die Sonne befindet sich als etwas Lokales in der Welt des Stammes. Wenn das primitive Bewußtsein auf diese Weise den Erfordernissen seiner Lebenssicherung unterworfen ist, dann hat das geistige Auswirkungen, zum einen, was sein Weltbild, zum anderen, was die Lokalisierung seines Gottes oder seiner Gottheiten in eben dieser Welt angeht. Das zweite folgt aus dem ersten: Der geistige Verzicht auf eine umfassendere Welt ist die psychische Handlung, die den Gott prägt.

Am Ende hat die enge Welt, auf die der Primitive beschränkt ist, aber doch Nachteile, auch was das Überleben angeht. Gefangen in einer unflexiblen Mentalität, gibt es in Krisenzeiten für die Stammesangehörigen keine Möglichkeit, sich aus ihrer instinktiven Zwangsjacke zu befreien. Gewahrt das Stammesmitglied ein böses Omen, dann opfert es seinem Gott eine Ziege. Ein Wissenschaftler würde Maßnahmen treffen, so wie Joseph, als der Pharao von den sieben mageren Kühen, die auf die sieben fetten Kühe folgen, geträumt hatte.

Joseph reagierte auf den Traum mit wissenschaftlicher Voraussicht. Hätte er statt dessen seinem Gott eine Ziege geopfert, so wäre sein Verhalten ein Ausdruck primitiven Bewußtseins gewesen.

Die Gewalt, die der natürlichen Ordnung durch ihre Reduktion auf die Stammesbedürfnisse angetan wird, hat zur Folge, daß plötzlich ein Gott in die mythische Welt einbricht. Der Gewaltakt, mit dem die natürliche Ordnung unter die Kontrolle der Gemeinschaftspsyche gezwungen wird, schafft einen Rächer, nämlich den Gott oder die Götter, die in ein Tier, einen Fluß, einen Berg oder in die Sonne projiziert und darin konkretisiert werden und dann mit Opfergaben, Ritualen, Anrufungen und Zeremonien besänftigt werden müssen.

Die ersten Hominiden des Pleistozän besaßen ein eingeschränktes Bewußtsein. Aller Wahrscheinlichkeit nach war ihre Sprache, wenn sie überhaupt eine hatten, wenig differenziert. Sie begruben ihre Toten nicht. Und als sie es dann taten, war das ein Zeichen für einen gewaltigen Fortschritt im menschlichen Bewußtsein, ein großer Sprung vorwärts. Wann immer das geschehen sein mag, jedenfalls trug es positive Früchte. (Man weiß nicht genau, wann die Menschen begannen, ihre Toten zu begraben. Sicher ist, daß sie es vor 60 000 Jahren taten und bestimmt nicht früher als vor 400 000 Jahren. Man liegt wahrscheinlich richtig, den Beginn des Totenkultes vor etwa 100 000 Jahren anzunehmen.) Was unterscheidet eine Gesellschaft, die ihre Leichen irgendwo abseits liegen läßt und sie der Verwesung oder den Aasfressern preisgibt, von einer Gesellschaft, die ihren Toten mit religiösen Zeremonien Respekt zollt?

Ein zeremonielles Begräbnis impliziert, daß der Tote ein Leben im Ich-des-anderen besitzt. Das Begräbnis deutet darauf hin, daß das verstorbene Individuum im Bewußtsein der anderen als ein »Ich« fortlebt. Sich dessen bewußt zu werden, beweist Denken; diese Erkenntnis ist der Gegenstand von Denken. An diesem Punkt vollzieht sich der Übergang vom Fühlen zum Denken, wie ich selbst bei der Beobachtung von

Patienten feststellen konnte, die diesen Übergang vollzogen haben. Ich will ein Beispiel geben: Ein Patient fürchtete sich vor Menschen mit Autorität, weil er das Gefühl hatte, solche Menschen seien Götter, die ihn zerstören und vernichten könnten. Er äffte mich nach, er verleibte sich meine emotionale Lebenshaltung ein; er lebte *in* mir. Ich existierte für ihn nicht als Person, sondern wie eine Figur auf einem Piedestal, auf einer anderen, von ihm abgehobenen Ebene. Es stellte sich heraus, daß er selbst in diesen Glauben mit einbezogen war: Der Gott auf dem Piedestal war für ihn eine Verschmelzung aus ihm-und-mir, so daß es für diesen Mann keine individuelle Quelle persönlichen Handelns mehr gab. Nach fünf Jahren Psychoanalyse ereignete sich ein emotionaler Umbruch, auf den drei bedeutsame Veränderungen folgten: Erstens schrieb er Personen mit Autorität keine göttlichen Fähigkeiten mehr zu; zweitens betrachtete er mich als einen Menschen, der auch Schmerz und Enttäuschung empfinden kann; und drittens begann er, eigene Gedanken zu entwickeln – und seine Angewohnheit, sich meine emotionalen Haltungen einzuverleiben, ging erheblich zurück. Die psychische Verfassung des Stammes hat die gleiche Struktur wie die Realität dieses Mannes in den ersten fünf Jahren seiner Analyse. Er lebte eine primitive Religion: Ich war sein Gott; sein Reden diente meiner Besänftigung, und er wurde eins mit mir. Man dürfte eigentlich nicht einmal von »ihm« sprechen, denn es gab bis zu seinem emotionalen Umbruch keine solche Entität. In der Menschheitsentwicklung ereignete sich ein ebensolcher psychischer Wandel, und zwar, als der Mensch begann, seine Toten zu begraben. Bei meinem Patienten geschah alles gleichzeitig, die Erkenntnis eines »Er« und eines »Ich« und die Entstehung des Denkens. »Ich« ist ein Begriff. »Ich« fühlt man nicht – es ist ein Objekt des Denkens. Fühlen bezieht sich auf Oberflächen, taktile Stimulation der Haut und der inneren Körperkanäle. Was mein Patient erlebte, war die Geburt des *vorstellenden Selbst;* die Mythologie einer fortexistierenden Seele entstand an diesem Punkt.

Mit der Geburt des *vorstellenden Selbst* entsteht zugleich das Wissen um Krankheit, Unfruchtbarkeit und Tod, und das Bewußtsein erreicht eine neue Ebene. Nun stirbt ein eigenständiges Wesen, nicht mehr nur ein Bestandteil eines Stammes oder ein Glied eines Gesamtkörpers. Mit diesem Bewußtsein kommt auch, infolge der Kenntnis inneren intentionalen Handelns, eine neue Angst vor inneren Gefahren auf. Der Primitive *wußte,* daß ein Mensch intentional über andere Macht ausüben kann; hatte beispielsweise ein Stammesangehöriger der Dinka einem anderen Vieh geraubt, so konnte dieser sich einen *Mathiang gok* (einen Fetisch aus einem Wurzelbund) besorgen und, indem er dessen Macht anrief, seinem Feind ins Gewissen reden oder auch ihm androhen, ihm oder seiner Familie Schaden zuzufügen. Zwischen dem eigenen Schaden oder Tod und der intentionalen Handlung des anderen bestand eine Verbindung. Deshalb fürchtete man sich vor der Macht des intentionalen Handelns des anderen; und man fürchtete sich vor ihr auch bei sich selbst. Es schien viel dafür zu sprechen, daß die Anrufung eines Fetischs imstande war, Krankheit oder Tod heraufzubeschwören. Manche australischen Eingeborenenstämme sind überzeugt, der Tod ließe sich durch ein sogenanntes »Jemandem-den-Knochen-Weisen« herbeirufen.

Daß ein Mensch, der seinen Nachbarn betrogen hat, unter heftigen Schuldgefühlen leidet, ist in der klinischen Praxis oft belegt worden. Extreme Schuldgefühle werden jedoch nicht als solche wahrgenommen, sondern durch den Eindruck ersetzt, man werde von jemand anderem gehaßt. Ein Mann beschrieb seinen Chef als engstirnig, voreingenommen und gönnerhaft. Der Chef war so und war eine Qual für ihn. Der Mann hatte keine Schuldgefühle, statt dessen erlebte er täglich, wie er seinen Chef haßte. Wenn die Schuld sehr groß ist, dann hat der Betreffende nicht einmal die Empfindung, daß ihn etwas quält, er spürt allein den Haß gegen den anklagend auf ihn weisenden Finger. Wird bei den Dinka ein *Mathiang gok* angerufen oder bei den Aborigines mit einem Knochen auf jemanden gewiesen, dann wird der Schuldige emotional innerlich ausgehöhlt, was häufig auch körperliche Auswirkungen hat. Tiefe Schuld zieht man sich nicht nur durch solch offensichtliche Vergehen wie Viehdiebstahl zu, sondern schon durch den Wunsch, jemanden übers Ohr zu hauen. Dieser Wunsch läßt, selbst wenn man mit ihm auf subtilste Weise umgeht, eine Schuld aufkommen, für die das beschwichtigende Wort Angst kaum zureicht.

Der Tod ließ sich nun intentionalem Handeln zuschreiben. *Macardit,* die höhere Macht im Land der Dinka, kann den Tod eines Menschen herbeiführen, also bringt man *Macardit* Opfer und fleht ihn an, auf seine Wirkung zu verzichten. Die Welt, diese mythologische Hülle, füllt sich mit intentionalen Objekten, deren Aktivität um den Tod kreist. Der Tod wird als ein Ereignis erlebt, das von den bösen Wünschen desjenigen verursacht wird, der im Besitz des *Mathiang gok* ist. Aber auch die höheren Mächte stellt man sich ähnlich dem *Mathiang gok* als konkret Handelnde vor. Sie hält man allerdings nicht für mit den konkret Handelnden identisch, sondern für spirituelle, wenngleich an das menschliche Tun gebundene Mächte, die über Opfer und Gebete mit den menschlichen Wünschen verknüpft sind. Durch seine Opfergabe an die Stammesgottheit *unterwirft* der Mensch diese Gottheit seiner Verfügungsgewalt, wie die Dinka das ausdrücken. Die Bezeichnung für eine solche Gabe ist *mac,* was soviel heißt wie »Zügel« oder »Strick«, etwas, womit ein Tier an einen Pflock gebunden wird.

Wenn jemand aufgrund der Bedrohungen durch die Schwarze Macht *Macardit* oder aufgrund der Beschwörungen eines Menschen, der den *Mathiang gok* besitzt, stirbt, dann hat die Stammesgruppe eine Erklärung für seinen Tod: Der Tod ist eingetreten, weil der Tote jemandem Schaden zugefügt hat. Der Tod ist demnach ebenso wie Krankheit, Unfruchtbarkeit und materielle Not die Vergeltung für eine Sünde. Für das Individuum, das zwar ein *vorstellendes Selbst* besitzt, aber noch vom Überlebenstrieb geleitet ist, gilt der Tod als die höchste Strafe, und als Strafe erhält er einen Sinn.

Primitive Religion besteht im Herzen allen heutigen religiösen Lebens fort. Außer in einigen wenigen isolierten Enklaven wie bei den Dinka wird primitive Religion jedoch nicht rein kultiviert, sondern durchzieht als Geisteshaltung alle Religionen der Welt. In den Hochreligionen gibt es immer eine Tendenz, auf die Mentalität primitiver Religion zu regredieren, eine Tendenz, die, wie wir sehen werden, Religion in ihrer ganzen, langen Geschichte immer belastet hat.

Unter den zahlreichen, verwickelten Umbrüchen zur Zeit der Reformation war der grundlegendste Umbruch jener gewaltige Protest gegen die Überzeugung, der Mensch habe vermittels einer Reihe abergläubischer Praktiken Gott in seiner Hand. Im Christentum des Mittelalters glaubten Männer, Frauen und Kinder, sie könnten ihre Erlösung erkaufen, indem sie eine Reliquie küßten, sich auf Pilgerreise begaben oder ritualisierte Gebete hersagten. Gegen dieses System magischer Vorstellungen kämpften Luther und Calvin mit besonderer Schärfe.

Der Protest Jesu im Judentum seiner Zeit richtete sich ebenfalls gegen den wuchernden Aberglauben: Er war dagegen, daß der Sabbat, die Tempelzeremonien und Feste auf abergläubische Weise begangen wurden. Die Vorstellung, der Gläubige erlange die Gunst Gottes, indem er alle Gesetzesvorschriften erfüllt, verurteilte er aufs schärfste. »Der Sabbat ist um des Menschen willen gemacht, und nicht der Mensch um des Sabbats willen.« (Markus 2.27)

Auch der Buddha sagte, der Mensch könne sich nicht mit Hilfe der Riten und Zeremonien, die ihm die Brahmanen vorschreiben, von *Dukkha*, dem Leiden, befreien. Solche Opfer, wie sie die Hindupriester erbrachten, nützten gar nichts. Erlösung vom Leiden erreiche man nur durch gute Taten.

Doch die von Jesus und Buddha gestiftete Reinheit der Religion ging allmählich verloren. Beide wurden von eben jenen abergläubischen Praktiken verdrängt, die zu bekämpfen sie gelebt und gelehrt hatten. Hinsichtlich des Buddhismus behaupteten spätere Lehrer, die buddhistischen Ideale seien für das gewöhnliche Volk zu hoch, dieses bedürfe der psychologischen Versicherung durch abergläubische Praktiken. Der Mahayana-Buddhismus pflegte einen eigenen Buddhakult und förderte Riten, Opfer und Votivgaben, was im Tantra-Buddhismus oder Lamaismus in Tibet seinen Höhepunkt erreichte. Der Theravada-Buddhismus versuchte sich enger an die Ideale des historischen Buddha zu halten.

In der Geschichte des Christentums traten immer wieder fromme Männer und Frauen auf, die neue Bewegungen begründeten, indem sie den bestehenden Aberglauben ausmerzten und zu einer reineren Form christlichen Lebens zurückkehrten. Vor der Reformation waren dies der heilige Bernhard von Clairvaux, der heilige Dominikus und der heilige Franz von Assisi. In der Reformation und kurz danach gab es die heilige Theresia von Avila, den heiligen Johannes vom Kreuz und den heiligen Ignatius von Loyola. Nach der Reformation dann im Katholizismus die heilige Theresia von Lisieux und Père Foucauld sowie im Protestantismus John Wesley und George Fox. Es ist jedoch kennzeichnend für alle diese Bewegungen, daß schon binnen kurzem so manche abergläubischen Überflüssigkeiten, die der Begründer der neuen Richtung ausgeschlossen hatte, wieder zum Vorschein kamen und immer mit großem rhetorischem Aufwand gerechtfertigt wurden.

In Wahrheit durchzieht also die primitive religiöse Mentalität alle großen, organisierten Weltreligionen. In allen diesen religiösen Organisationen besteht eine Spannung zwischen der reinen Lehre des Stifters und den primitiven Elementen, die sich im Laufe des Wachsens und Weiterentwickelns der Organisation allmählich angelagert haben. Primitive Religion entsteht aus einem primitiven Bewußtsein: Das Aufkommen primitiver Religion, das mit dem Begraben der Toten einsetzte, stellt einen Fortschritt der geistigen Evolution dar, den Beginn eines höheren Bewußtseinszustandes, in dem intentionales

Handeln an die Stelle des rein instinkthaften Handelns trat. Doch blieb hier das individuelle Handeln noch von den Bedürfnissen des Überlebenstriebes beherrscht.

Soweit die der primitiven Religion eigenen kultischen Elemente bewußt sind, verhindern sie, daß sich ein Gewissen entwickelt, das seinerseits die Voraussetzung für Hochreligion und für eine gesunde Persönlichkeitsentwicklung ist. Später, wenn wir uns den von der Psychoanalyse erforschten psychologischen Prozessen zuwenden, werden wir sehen, auf welche Weise solche kultischen Elemente einen geistigen Prozeß erzeugen, der der Entfaltung der Hochreligion entgegensteht.

Es gibt einen Unterschied zwischen primitiver Religion vor der »Achsenzeit« und der Regression einer Hochreligion auf primitive Religion. Im letzteren Fall handelt es sich um die Verweigerung höheren Wissens; im ersteren ist dieses Wissen, das mentalitätsverändernd wirkt, noch gar nicht vorhanden. Deshalb muß man zwischen einer primitiven Religion, die nicht zur Hochreligion gereift ist, und solchen primitiven religiösen Elementen unterscheiden, die durch Degeneration entstanden sind. Wir werden den Begriff »primitive Religion« da verwenden, wo es sich um Religionen handelt, die sich nicht zur Hochreligion entwickelt haben, und von »primitiver Mentalität« oder von »primitiven religiösen Elementen« dann sprechen, wenn es um einen Bewußtseinszustand geht, der durch Degeneration zustande gekommen ist.

Literatur

Henri Bergson, *Die beiden Quellen der Moral und der Religion* (1932), (Frankfurt: Fischer, 1992), S. 115.

Godfrey Lienhardt, *Divinity and Experience: The Religion of the Dinka* (Oxford: Clarendon Press, 1987).

2. Hochreligion

> In der Zeit, die Karl Jaspers als Achsenzeit bezeichnet hat, etwa zwischen 800 und 200 vor Christus, traten bedeutende Menschen auf, durch deren Einsichten – wenn auch immer im jeweiligen Rahmen ihrer eigenen Kultur – sich das menschliche Bewußtsein ungemein vergrößerte und weiterentwickelte und eine Bewegung von archaischen Religionen hin zu Erlösungs- und Befreiungsreligionen begann.
>
> *(John Hick, 1989)*

Während der Achsenzeit (um 800–200 v. Chr.) traten hervorragende Religionsstifter auf, die die religiöse Sicht der Menschheit radikal veränderten. Zu den erfolgreichsten gehörten Konfuzius und Laotse in China, der Buddha und Mahavira in Indien, Zarathustra in Persien, die hebräischen Propheten Amos, Hosea, Jesaja, Jeremia, Hesekiel sowie Sokrates, Platon und Aristoteles in Griechenland.

Zwar waren diese Menschen die Begründer der großen Religionen, die auch heute, zwei Jahrtausende später, noch vorherrschend sind, doch wäre es ein Irrtum zu glauben, sie seien deshalb auch unbedingt die spirituellsten Menschen gewesen. Wer unvoreingenommen ist, wird beispielsweise kaum leugnen können, daß Abu Hamid Al Ghassali eine größere spirituelle Tiefe erreicht hat als Mohammed. Auch waren Mystiker wie der heilige Franz von Assisi, Meister Eckhardt oder der heilige Johannes vom Kreuz wahrscheinlich spiritueller als Jesus, der Stifter ihrer Religion. Ich glaube, der einzige Religionsstifter, der spirituell von seinen Nachfolgern nicht übertroffen wurde, war der Buddha Siddhartha.

Für die Hochreligion sind bestimmte Elemente kennzeichnend, durch die sie sich von primitiver Religion grundlegend unterscheidet. Da sie jedoch gewöhnlich eine Vorgeschichte hat, kündigen sich Elemente der Hochreligion häufig bereits in den »Propheten« der primitiven Religion an. Bei den Dinka kam es beispielsweise vor, daß einzelne Stammesmitglieder von einer nicht personalisierten Göttlichkeit besessen waren und deshalb von den anderen Stammesgenossen als Träger spezieller Kräfte angesehen wurden. Gewöhnlich beschränkten sich diese Kräfte auf den kultischen Bereich; doch konnte es zuweilen auch sein, daß einem solchen Menschen ein weiterreichendes Wissen zugeschrieben wurde. Arianhdit war eine solche Persönlichkeit. Es hieß, seine Kraft äußere sich nicht in hysterischer Besessenheit, wie das bei vielen kleineren Gottheiten der Fall war, sondern einfach in der Wahrheit seiner Worte. Arianhdit genoß sogar über den Dinka-Stamm hinaus Ansehen. Solche Menschen befinden sich in einer Übergangsstufe zwischen primitiver Religion und Hochreligion. Um ein Jeremias, ein Buddha oder ein Sokrates zu werden, ist ein weiterer Schritt nötig. Die Grenze zwischen primitiver und höher entwickelter Religion ist nicht immer klar zu ziehen, wenn man bedenkt, daß die primitive Mentalität in den Hochreligionen fortbesteht und die primitiven Religionen dazu neigen, sich den Hochreligionen anzunähern. Daß die Grenzen manchmal schwer zu bestimmen sind, heißt jedoch nicht, daß beide Religionstypen hinsichtlich ihrer Geisteshaltung nahe beieinander lägen.

Den Stiftern der Hochreligionen war eines gemeinsam: Sie alle lehrten, daß es fruchtlos sei, durch Opfergaben oder durch die Teilnahme an religiösen Zeremonien den bösen Absichten des Herzens begegnen zu wollen. Statt dessen hielten sie es für nötig, etwas zu *tun,* denn erst durch *Taten* befreie sich der Mensch. Und damit kommen wir zur Kernfrage aller dieser Religionsstifter: Sie weisen einen Weg und verkünden eine Lehre, die Freiheit verspricht. Die Frage ist nur, Freiheit wovon? Offenbar befindet sich der Mensch in einem Zustand, aus dem er befreit werden möchte. Wir erfahren etwas über diesen Zustand, wenn wir zu den primitiven Religionen zurückkehren und uns ansehen, was den Primitiven dazu veranlaßt hat, Opfer zu bringen. Wie wir gesehen haben, kann ein Grund sein, daß plötzlich ein böses Omen das Überleben des Stammes bedroht. Die Stifter der Hochreligionen hingegen behaupten einfach, Überleben sei *nicht* das höchste Ziel; das Leben habe einen tieferen Sinn, und die Entscheidung, lieber zu sterben als zu leben, könne eine sinnvolle Alternative sein. Der Überlebenstrieb veranlaßt die Menschen, Tod, Schmerz, Krankheit und Leiden um jeden Preis zu vermeiden, doch hat das soziale Folgen für die Gemeinschaft, denn es bringt so etwas wie eine »selbst-bezogene« Moral mit sich. Das Ziel des primitiven Bewußtseins ist Schutz vor Krankheit, Schmerz und Tod; das erklärt vielleicht, warum manche Primitive so hart zu sein scheinen, wenn es um Verletzungen geht, die sie anderen zufügen. Wir könnten solche Leute Psychopathen nennen, aber wir könnten auch sagen, sie handeln ihrer primitiven Mentalität gemäß. Ihre Moral wird von der Angst geleitet, nur ja dem Mächtigen zu gefallen, um so das eigene Überleben zu sichern: Ich halte mich an das, was mir und meinem Stamm nützt. Religiöse Menschen nennen das eine materialistische Lebenseinstellung: Ich muß zu den Grundbedürfnissen des Überlebens immer mehr beitragen. Beispielsweise kann die politische Strategie eines Staates auf der Prämisse beruhen, das erste Ziel sei wirtschaftliches Wachstum, ganz gleich, welche Folgen das für andere Länder hat.

In der Religion der Dinka gibt es einen Mythos vom Sündenfall, wie wir ihn auch aus der jüdisch-christlichen Mythologie kennen. Ich zitiere den Mythos nach der Fassung von Lienhardt:

Ein Mythos erzählt, wie die Gottheit (und der Himmel) und die Menschen (und die Erde) ursprünglich aneinander grenzten; der Himmel lag damals direkt über der Erde. Beide waren durch ein Seil verbunden, das parallel zur Erde und im Abstand eines ausgestreckten Menschenarmes über ihr gespannt war. Mit Hilfe dieses Seiles konnten die Menschen nach Belieben zur Gottheit hinaufklettern. Zu dieser Zeit gab es keinen Tod. Die Gottheit gewährte dem ersten Mann und der ersten Frau ein Hirsekorn pro Tag, und das befriedigte deren Bedürfnisse.

Mehr durften sie nicht anbauen und nicht mahlen. An dieser Stelle tritt Gott klar als Person mit den Eigenschaften eines Vaters und Schöpfers in Erscheinung, auch ist er begrifflich eindeutig vom sichtbaren Himmel unterschieden; wir können daher die Gottheit als »Er« bezeichnen.

Die ersten Menschen auf der Erde, gewöhnlich Garang und Abuk genannt, mußten vorsichtig sein, wenn sie ihr bißchen Pflanzen und Mahlen verrichteten, damit nicht eine Hacke oder ein Stößel den Gott traf. Doch eines Tages beschloß die Frau, »weil sie habgierig war« (in diesem Fall dürften alle Dinka ihre »Habgier« nachsichtig beurteilt haben), mehr zu pflanzen oder zu mahlen als das erlaubte Hirsekorn. Dazu nahm sie eine langstielige Hacke (oder einen Stößel), wie die Dinka sie heute benutzen. Als sie den Stiel hob, um zu mahlen oder zu hacken, traf sie den Gott. Dieser zog sich gekränkt auf die heutige Entfernung von der Erde zurück. Er schickte einen kleinen blauen Vogel (die Farbe des Himmels), genannt *Atok,* um das Seil zu kappen, das zuvor den Menschen Zutritt zum Himmel und zu ihm gewährt hatte. Seit dieser Zeit ist das Land »verdorben«, denn die Menschen müssen für die Nahrung, die sie benötigen, arbeiten, und oft sind sie hungrig. Sie können nicht mehr wie zuvor nach Belieben Gott aufsuchen, und sie erleiden Krankheit und Tod, die seit der plötzlichen Trennung von Gott ihre ständigen Begleiter sind.

Der Sündenfall geschieht aus Habgier: Die Frau wollte mehr als die festgesetzte Ration eines einzigen Hirsekorns pro Tag. Die materialistische Lebenseinstellung entzündet sich an der Habgier und steht immer im Gegensatz zu den Werten der Hochreligion. An die Stelle der Lebensbedürfnisse des Menschen treten allmählich seine Wünsche, was eine unvermeidliche Begleiterscheinung der »selbst-bezogenen« Moral des Überlebenstriebes ist. Das hat seinen Grund darin, daß die Wünsche des Menschen über seine Bedürfnisse hinaus stimuliert werden. Auf diese Weise fördern Habgier und andere schlechte Gewohnheiten die materialistische Einstellung des primitiven Bewußtseins, die von allen Hochreligionen verdammt worden ist.

Es ist auffallend und alarmierend zugleich, daß mit der Erweiterung des menschlichen Bewußtseins auch die Fähigkeit des Menschen wächst, animalische Bedürfnisse mit narzißtischem Schutt zu beladen. Ich will dazu ein Beispiel aus der Klinik anführen. Ich behandelte einmal eine Frau, die mit Gewalt jeden therapeutischen Fortschritt torpedierte und ihre besten Anstrengungen verächtlich abtat. Sie verachtete auch ihre animalischen Bedürfnisse und vertrieb ihren Hunger, indem sie ihn als Rücksichtslosigkeit abtat, so daß er sich in Gier verwandelte. Auf diese Weise wurde der Überlebenstrieb von selbstzerstörerischer Rücksichtslosigkeit erfüllt. Das meinte ich mit meiner Feststellung, daß die Erweiterung des Bewußtseins schlechte Begleiterscheinungen habe, die über den Überlebenstrieb hinausgehen. Diese Rücksichtslosigkeit ist selbstzerstörerisch und läuft dem Überlebenstrieb zuwider. Freud führte den Begriff des Todestriebes ein, um diese Erscheinung zu erklären.

Es ist ein Widerspruch in sich zu sagen, vom Überlebensinstinkt getrieben zu werden, sei sinnvoll; etwas Sinnvolles entsteht nur da, wo es eine Wahl gibt; das ist jedoch nicht der Fall, wenn jemand zu etwas getrieben wird. Wenn ein Mensch durch den Überlebensinstinkt des Stammes zu einer Aktivität veranlaßt wird, so hat das höchstens eine gesellschaftliche Bedeutung. Sinnvoll wird das menschliche Erleben erst dann, wenn das Individuum die Freiheit besitzt, dem Gebot der Triebe zu widerstehen. Die frühchristlichen Märtyrer legten Zeugnis für ihren Glauben ab (das griechische *martyrion* heißt »Zeugnis«), daß das Leben einen über den Tod hinausgehenden Sinn habe. Das ist auch das Prinzip religiöser Askese oder Selbstdisziplin, die darauf abzielen, den Menschen von seiner Furcht zu befreien, er werde nicht weiterleben.

Mit dem Überlebenstrieb ist die Lust verbunden. Es gibt die Lust an der Nahrungsaufnahme, an der Entleerung, am

Geschlechtsverkehr. In der traditionellen Religion war die Askese darauf ausgerichtet, das Individuum von seiner Bindung an den Überlebenstrieb, die über diese Lüste funktioniert, zu lösen. Doch zeigen die religiösen Lehren auch, daß die Loslösung von diesen Lüsten nicht das eigentliche Ziel ist. Sinn liegt nicht in etwas Negativem. Ein Beispiel: Nachdem Siddhartha den Palast seines Vaters verlassen hatte, verbrachte er sieben Jahre bei den Asketen im Wildpark. Als er erkannte, daß der Sinn des Lebens nicht in der Askese zu finden ist, zog er weiter und gelangte bald darauf zur höchsten Erleuchtung. Er hatte sich erst von der Auffassung frei machen müssen, daß Askese ein Selbstzweck ist. Solange das Individuum dem ganzen Drum und Dran des Überlebenstriebes verhaftet ist, kann es den Sinn nicht finden, denn dieser liegt jenseits. Die schwierige Frage ist: Worin besteht der Sinn?

Es ist klar, daß diese großen Religionsstifter etwas entdeckt haben, das für unser Lebensverständnis entscheidend ist. Im Grunde handelt es sich nicht um etwas Theoretisches, sondern um etwas, das nur, wenn man es lebt, zu verstehen ist. Es ist etwas äußerst Praktisches. Obgleich die Religionsstifter den Sinn des Lebens verstanden, war es ihnen nicht möglich, ihn logisch präzise auszudrücken. Sie konnten nur auf ihn verweisen, Geschichten darüber erzählen, Parabeln erfinden; aber der Zuhörer, die Zuhörerin mußten diesen Sinn selbst begreifen. Sogar Thomas von Aquin, wohl der profundeste Religionsphilosoph des Christentums, hatte gegen Ende seines Lebens eine Vision, die ihn zu dem Ausruf veranlaßte, alles, was er bisher geschrieben hatte, sei Stroh. Mein Versuch zu bestimmen, worin der Sinn liegt, kann also nicht anders als schmerzlich unzureichend bleiben.

Kurz vor seiner Erleuchtung rang der Buddha aufs heftigste mit Mara, dem Bösen. Einen ähnlichen Kampf focht Jesus mit dem Teufel aus; dieser Kampf ist in der christlichen Mythologie als die Versuchung Christi in der Wüste bekannt. Auch Zarathustra mußte bei seiner Initiation einen solchen Kampf mit dem Bösen bestehen. Wenn sich der Wahrheitssucher vom Überlebenstrieb freimacht, dann steht er vor den spirituellen Realitäten Gut und Böse. Der Sinn liegt darin, daß er die Wahl hat. Der Sinn ist die Wahl; Sinn ist die Entscheidung für das Gute. Es besteht ein grundlegender Unterschied zwischen Gut und Böse, auch wenn sie sich äußerlich zu ähneln scheinen. Das Böse muß dem Guten ähnlich sein, sonst würde es nicht gewählt werden können. Nur das Gute ist wählbar; also wird sich das Böse als Gutes verkleiden, um überhaupt zur Wahl zu stehen. Bei Menschen, die sich für das Böse entscheiden, finden wir oft dieselben Anzeichen der Loslösung wie bei Menschen, die das Gute gewählt haben. Besonders große Übeltäter sind häufig relativ frei gewesen von materiellen Bindungen, die primitiv religiös sind. Hitler zum Beispiel war in seinen Eß- und Trinkgewohnheiten enthaltsam, obwohl sexuell pervers.

Wir nennen Menschen, die sich in ihrem geistigen Kampf für das Gute entschieden haben, religiöse Führer. Infame Führer wie Hitler und Stalin haben den Weg der Zerstörung gewählt. Doch gibt es auch in solchen Menschen Kräfte, die das Gute wollen, nur sind diese Kräfte dem Bösen unterlegen. Was also sind die charakteristischen Züge solcher Führer? Nur die großen Gestalten der Geschichte haben die Stufe der höchsten Entscheidung erreicht, denn zu ihr gelangt nur, wer zuvor den »weltlichen Lüsten« entsagt hat; und die wenigsten erreichen dieses Stadium. Vermutlich gehören die großen Sünder und die großen Heiligen dazu. Was die großen Übeltäter angeht, glaube ich allerdings, daß, obgleich es so aussieht, als haben sie den »Lüsten« dieser Welt entsagt, die Tatsachen das Gegenteil verraten. Psychoanalytisch gesprochen ist ihre Bindung an die Welt gespalten und in (gewöhnlich sexuell) perverses Verhalten kanalisiert, zudem haben sie oft ein erotisches Verhältnis zur Macht um ihrer selbst willen.

Mit der Entscheidung für das Gute bündeln sich alle Handlungsbereiche der Persönlichkeit zu einer Einheit, die dem Leben des Individuums Sinn und Freiheit verleiht. Sie gewährt Freiheit, weil sie niemals an eine konkrete Realität gebunden ist: Das Gute ist etwas Spirituelles und nie an eine einzelne Person, eine Organisation oder einen Teil der Welt gebunden. Anders als die Wahrheit bedarf das Gute keiner intellektuellen Zustimmung, sondern eines praktischen Handelns. Es ist von Wahrheit nicht zu trennen, bezieht aber im Handeln das Gefühlsleben des Individuums mit ein. Im Leben des Mystikers zum Beispiel sind Kontemplation und Aktion eins. Kontemplation folgt auf die Bejahung der Wahrheit und ist vom emotionalen Handeln, das auf das Gute gerichtet ist, nicht zu trennen.

Die Unterscheidung zwischen Gut und Böse wird uns helfen, das Gute zu bestimmen, und der wahre beziehungsweise falsche Mystiker kann uns dabei am besten leiten. Der falsche Mystiker gibt etwas vor: Mit seiner Frömmigkeit will er von der Umgebung Lob und Applaus einheimsen oder diese Umgebung um seiner selbst willen charismatisch an sich binden. Mystiker haben oft charismatische Kräfte, bemühen sich aber, sie nicht einzusetzen. Der falsche Mystiker strebt nach Macht um ihrer selbst willen. Er genießt die emotionalen Belohnungen von außen und süßen Tröstungen von innen. Ziel und Zweck des falschen Mystikers ist seine Hingabe an Visionen und an die süße Freude beim Gebet. Der wahre Mystiker lebt von der inneren Einsicht und mißtraut Visionen; der falsche Mystiker lebt von äußerer Bewunderung und inneren Sinnenfreuden. Innere Sinnenfreuden können ebenso groß sein wie äußere; ja, ich glaube, sie sind noch größer. Unter sinnlicher Befriedigung verstehen wir delikates Essen, das den Geschmacksnerven Genuß bereitet, oder auch optische, akustische, taktile und sexuelle Befriedigung. Es gibt auch eine innere, sinnliche und unbewußte Bilderwelt, die das Selbst befriedigt. Der Puritaner, der auf äußere Sinnenfreuden verzichtet, sich aber innerlich aufputzt, schöpft seine Befriedigung aus inneren Bildern. Wie der heilige Aelred von Rieval (um 1150) sagte: »Wer stolz ist auf seine Keuschheit, der ist lasterhaft, denn Stolz ist ein Laster.« Dieses innere Sich-Aufputzen des erotisierten Selbst ist dem Blick von außen verborgen oder fast verborgen. Die strengste Askese kann innerlich von einem intensiven Sich-selbst-Wohltun begleitet sein, das seinerseits im Inneren von sinnlichen Bildern begleitet ist, die das Ich in Bann schlagen. Es gibt eine Sucht nach solchen sinnlich fesselnden Bildern, die das Gefühlsleben der entsprechenden Person in einer bestimmten Richtung anheizen. Ein solcher Mensch tut in der Tat alles, um seine soziale Umgebung zu veranlassen, ihn zu loben. Der wahre Mystiker ist frei von diesen inneren Bildern. Folglich ist er auch nicht an ein körperliches Äußeres gebunden.

Zwar kann es außerordentlich schwer sein, zwischen einem wahren und einem falschen Mystiker zu unterscheiden, doch gibt es Zeichen, die den letzteren über kurz oder lang verraten. Am deutlichsten, wenn sein Handeln nicht zu seinem übrigen Verhalten paßt. Madame Acarie, die die Reformierten Karmelitinnen im siebzehnten Jahrhundert von Spanien nach Frankreich brachte und dort heimisch machte, nahm eine Frau in den Orden auf, die eine große Frömmigkeit an den Tag legte. Madame Acarie hegte Zweifel, ob die Frömmigkeit der Frau ernsthaft sei, außerdem hatte sie den Verdacht, sie lese ihre Briefe. Eines Tages legte sie einem Brief in unversiegeltem Umschlag einige kleine Papierschnitzel bei, die herausfallen mußten, wenn der Brief aus dem Umschlag genommen würde. Nachdem sie diese Falle gelegt hatte, ging sie fort, und fand, als sie wieder zurückkam, in der Tat die Papierschnitzel nicht mehr im Umschlag. Normalerweise gilt es bloß als Indiskretion, den Brief eines anderen zu lesen, doch bei jemandem, der solche Frömmigkeit für sich beansprucht, offenbart es Falschheit. Obwohl eine Offensichtlichkeit, lohnt es sich zu untersuchen, weshalb das so ist. Psychoanalytiker sind der Meinung, daß ein derart diskrepantes Verhalten auf einen vom Ich abgespaltenen Teil zurückzuführen ist, wohingegen Heiligkeit nicht ohne ein funktionierendes integres Ich möglich ist. Am auffälligsten ist das, wenn sich zwei Verhaltensweisen vollkommen widersprechen. Das Ich ist gespalten, das heißt, vom einen Teil des Ichs kommt die eine Verhaltensweise, vom anderen eine andere. Möglicherweise ist sich das Individuum der einen Verhaltensweise nicht bewußt, wenn es sich gerade mit der anderen identifiziert. Die falschen Mystiker stellen wahre Mystiker häufig in den Schatten, und in Berichten über wahre Mystiker begegnen einem oft solche Nachahmer. Ein berühmter Nachahmer war Bruder Elias, der Schüler des heiligen Franziskus, der dafür gesorgt hat, daß für den Heiligen in Assisi ein prächtiges Grabmal gebaut wurde. Dieses Grabmal, eines der luxuriösesten in ganz Italien, steht in erschreckendem Widerspruch zu dem *poverello,* dessen Gebeine es bewahrt.

Der wahre Mystiker entscheidet sich, er selbst zu sein, während der falsche in die Identität eines anderen schlüpft. Die heilige Theresia von Lisieux war in ihrer Jugend einmal versucht, sich »das Gewand der Heiligkeit anzulegen«, doch gelang es ihr, der Versuchung zu widerstehen (Görres, 1959). Die Idee, ein anderer sein zu wollen, besonders wenn dieser andere religiösen Ruhm erlangt hat, ist ein sicheres Kennzeichen des falschen Mystikers. Er will Ruhm und Macht um ihrer selbst willen. Der Zweck seines Handelns liegt in der Aufblähung des eigenen Selbst, genährt von der Gier nach Macht um der Macht willen, was das genaue Gegenteil der Intentionen des wahren Mystikers ist.

Es gibt noch andere Anzeichen, die die Camouflage des falschen Mystikers verraten. Beispielsweise braucht der falsche Mystiker ein äußeres Gewand, um den inneren Zustand der Desintegration, den er sich nicht eingestehen darf, vor sich selbst zu verbergen. Er schreckt davor zurück, sich selbst und seine insgeheim begangene schlimme Tat zu sehen. Sein Leben ist die grundlegende Verweigerung eines persönlichen Lebens; die Integrität des Ichs und seiner Objekte ist zerstört.

Welche Motivation hat der wahre Mystiker? Der Mensch wird in und durch *etwas* befreit. Erstens wird er von seiner Angst vor dem Tod befreit, jener beständigen Bedrohung, die über ihm schwebt. Zweitens erhält das Leben in diesem *Etwas* einen Sinn, wodurch der Mensch von den Beschränkungen des Überlebenstriebes und der damit einhergehenden Aufblähung seines Selbst befreit wird. Ein Opfer zu bringen, um den Gott zu besänftigen, bessert den inneren Zustand des Menschen nicht. Die Prediger hielten ihre Jünger dazu an, ihre Herzen zu erheben, die Niederungen des bloßen Überlebenwollens hinter sich zu lassen. »Niemand hat eine größere Liebe«, sagte Jesus, »als der, der sein Leben für seine Freunde hingibt.« Dieser Gedanke ist in den Lehren der Hochreligionen zentral. Das Leben hat einen Sinn, der über den Überlebensinstinkt hinausgeht und der im Gegensatz zur Selbsterhöhung steht.

In der Hochreligion findet der Mensch einen Sinn in der Ausrichtung oder Qualität seines emotionalen Handelns sich selbst und anderen gegenüber. Die Sache, auf die er Wert legt und um derentwillen er handelt, deckt sich nicht mit seinen persönlichen Interessen und seinen Wünschen nach Macht und Grandiosität. Jemand ist in diesem höheren Sinne religiös, wenn er dieser Sache Vorrang über alle anderen Belange einräumt und wenn er sich ihr, frei von allen niederen Verlokkungen, widmet.

Das geistige Leben eines Menschen, der die Grundwerte einer Hochreligion in sich aufgenommen hat, ist Welten entfernt von jemandem, der von der Mentalität primitiver Religion beherrscht wird. Daß die psychoanalytische Literatur es versäumt hat, diesen gravierenden Unterschied zu berücksichtigen, hat einige Verwirrung gestiftet.

Literatur

Aelred von Rieval, *Über die geistliche Freundschaft (De spirituali amicitia)* (um 1150), Lateinisch und Deutsch, (Trier: Spee, 1978).

I. F. Görres, *The Hidden Face: A Study of St Thérèse of Lisieux* (London: Burns & Oates, 1959).

John Hick, *An Interpretation of Religion* (London: Macmillan Press, 1989), S. 29.

Godfrey Lienhardt, *Divinity and Experience: The Religion of the Dinka* (Oxford: Clarendon Press, 1987), S. 3 f.

3. Die jüdisch-christliche Tradition

> Womit soll ich den Herrn versöhnen,
> mich bücken vor dem hohen Gott?
> Soll ich mit Brandopfern
> und jährigen Kälbern ihn versöhnen?
> Wird wohl der Herr Gefallen haben an viel tausend
> Widdern, an unzähligen Strömen Öl?
> Oder soll ich meinen ersten Sohn für meine Übertretung
> geben, meines Leibes Frucht für die Sünde meiner Seele?
> – Es ist dir gesagt, Mensch, was gut ist
> und was der Herr von dir fordert,
> nämlich Gottes Wort halten
> und Liebe üben
> und demütig sein vor deinem Gott.
>
> *(Micha 6. 6–8)*

> Und wenn ihr betet, sollt ihr nicht viel plappern wie die Hei-
> den; denn sie meinen, sie werden erhört, wenn sie viel Worte
> machen. Darum sollt ihr euch ihnen nicht gleichstellen. Euer
> Vater weiß, was ihr bedürfet, ehe denn ihr ihn bittet.
>
> *(Matthäus 6. 7–8)*

Unsere Zivilisation ist so von den Idealen des Judentums, des Christentums und des Islam durchdrungen, daß es extrem schwierig ist, diese Tradition mit der Unbefangenheit eines Außenseiters zu betrachten. Der Konflikt zwischen Hochreligion und primitiver Religion tritt in den flehentlichen Bitten der Propheten deutlich hervor, die hauptsächlich zwei Botschaften enthielten: Hüte dich vor der Anbetung falscher Götter und kehre zu Jahwe zurück; und auch: Rechtschaffenheit drückt sich nicht in Opfern und religiösen Zeremonien aus, sondern in unserem gerechten Verhalten gegenüber jenen, die in ihrer Not unserer Aufmerksamkeit bedürfen.

Die große Zeit der Propheten war zwischen dem achten und dem sechsten Jahrhundert vor Christus. Zur gleichen Zeit hatte Zarathustra im nahen Persien mit einer ganz ähnlichen Botschaft seine Blütezeit. Er verbot das Opfern von Rindern, verfluchte die Verehrung der *Daevas,* der falschen Götter der Heiden, und forderte die Verehrung des höchsten Wesens, *Ahura Masda.*

Der Unterschied zwischen Jahwe und einem *Baal* oder Götzen lag in der Vorstellbarkeit. Von Jahwe durfte man sich kein Bildnis machen; sobald die Israeliten ihn bildlich darstellten, war er zum *Baal* geworden. Jahwe kann nicht sinnlich wahrgenommen werden, das ist die klarste Botschaft der Propheten, die in der Geschichte Israels immer wieder wiederholt wird.

Die Menschen finden vor Gott nicht durch Opfergaben, sondern durch gute Taten Gnade:

> Was soll mir die Menge eurer Opfer?
> spricht der Herr.
> Ich bin satt der Brandopfer von Widdern
> und des Fetten von den Gemästeten,
> und habe keine Lust zum Blut der Farren [...]
> [...] tut euer böses Wesen von meinen Augen,
> laßt ab vom Bösen;
> lernet Gutes tun,
> trachtet nach Recht,
> helfet dem Unterdrückten,
> schaffet dem Waisen Recht,
> führet der Witwe Sache. (Jesaja 1. 11, 16–17)

Und doch ist Jahwe mit menschlichen Eigenschaften ausgestattet, die dem hinduistischen Begriff des Brahman fremd, wenn nicht gar ein Greuel sind. Brahman ist die höchste Realität, zu seiner Erkenntnis gelangt man durch eine Phase der Askese, durch philosophische Reflexion über die Seinsstruktur des Menschen und durch emotionale Erleuchtung. Nach dieser Tradition ist die so verstandene Realität vollkommen frei von anthropomorphen Qualitäten. Das gilt hingegen durchaus nicht für den jüdischen Begriff von Jahwe: Zwar geißelten die Propheten die Ungläubigen, weil sie Altäre und Statuen bauten, doch läßt uns gerade die Heftigkeit ihres Urteils vermuten, daß hier eine Projektion stattfand und Jahwe selbst Sinnesqualitäten zugesprochen wurden. Wir brauchen nicht lange zu suchen, um die menschlichen Züge zu entdecken, mit denen die Seher der Israeliten Jahwe ausgestattet haben. Jahwe hat mit den Israeliten vor allen anderen Völkern der Erde einen speziellen Bund geschlossen, das ist der Kern der jüdischen Religion. Die Vorstellung, dieser Stamm sei vor allen anderen Stämmen bevorzugt, ist ein Relikt primitiver Religion: das Überleben meines Stammes hat absolute Priorität. Zwar hat es Äußerungen von Propheten gegeben, die dem entgegenzuwirken suchten, wie die berühmte Äußerung im Deuteronomium:

Nicht hat euch der Herr angenommen, und euch erwählt, darum daß euer mehr wäre als alle Völker – denn du bist das kleinste unter allen Völkern. (5. Mose 7.7)

Doch blieb der Glaube unerschütterbar, der Herr habe Israel auserwählt und diesen Stamm unter allen Völkern der Erde als einen besonderen ausgezeichnet. Insoweit diese Vorstellung den Begriff des höchsten Wesens prägte, war Jahwe ein falscher Gott, ein *Baal*. Christentum und Islam übernahmen diese primitive Vorstellung, und sie ist in der ganzen Tradition bis zum heutigen Tag erhalten geblieben. Meine Überzeugung, ich sei unter all meinen Geschwistern das Lieblingskind meiner Eltern, läßt sich nur mit Hilfe einer tiefsitzenden Allmachtsphantasie aufrechterhalten.

Der Glaube, Erlösung sei durch äußerliche Rituale, durch Opfer oder Zeremonien zu erreichen, ist untrennbar mit dem Anbeten eines Götzen verbunden. Die Propheten wetterten gegen den Glauben, auf diesem Wege könnten die Menschen sich von der Mühsal ihres irdischen Daseins befreien. Sie hielten sie än, Gutes zu tun, sich um Gerechtigkeit zu bemühen und den Unterdrückten zu helfen. Die Propheten forderten einen Wandel im Herzen, doch das brachte sie in einen unlösbaren Widerspruch zu ihrer Grundüberzeugung, Jahwe habe das Volk Israel vor allen Völkern der Erde auserwählt. Zu einem Realitätsverständnis, wie es die Seher in den Upanishaden erreicht haben, konnten die Propheten nicht vordringen. Statt dessen verkleideten sie die Realität nicht minder sinnenhaft als die *Baalen,* die sie so nachdrücklich verurteilten. Man stelle sich vor, ein Seher in den Upanishaden würde jene verfluchen, die Götzenbilder aufstellen; das wäre sinnlos, denn er kämpft auf einem anderen Schauplatz. Anders die Propheten des alten Israel. Gläubige der jüdisch-christlichen Tradition müssen sich die Worte von Bede Griffiths (1982) zu Herzen nehmen:

> In fast allen Ländern begegnen sich Menschen verschiedener Religionen und Religionslose und sind gezwungen, mit ihren Unterschieden zu leben. Für einen Christen und für Angehörige anderer, semitischer Religionen stellt das in der Tat ein Problem dar. Jeder von ihnen hat gelernt, seine eigene Religion als die wahre Religion anzusehen und alle anderen Religionen als falsch abzulehnen, so daß es schwer ist, mit anderen Religionen in einen Dialog zu treten.

Das heißt, die Propheten waren, auch wenn sie einer Hochreligion den Weg bereiteten, doch noch einer primitiven Mythologie verhaftet, und das heißt auch, die Versuche, die menschlichen Probleme in unserer heutigen Welt aus der antiken Tradition herauszulösen, sind notwendig zum Scheitern verurteilt, es sei denn, es bestünde die Bereitschaft, die primitive Mythologie durch eine höher entwickelte Struktur zu ersetzen. Das aber würde bedeuten, Judentum, Christentum und Islam, wie wir sie heute kennen, fallenzulassen und nur noch ihre Grundwerte beizubehalten.

Was ich gerade über das Judentum sagte, setzte sich folgendermaßen im Christentum fort: Auch Jesus, dessen Lehre ebenso prophetisch war wie die seiner Vorgänger in den frühe-

ren Jahrhunderten, betonte, daß Opfergaben und Tempel-
rituale ganz ungeeignet seien, die Menschen von ihrer Seelen-
last zu befreien. Nur wenn sie den Geboten des Gewissens
folgten, könne ihnen das gelingen:

Darum, wenn du deine Gabe auf dem Altar opferst und
wirst allda eingedenk, daß dein Bruder etwas wider dich
habe, so laß allda vor dem Altar deine Gabe und gehe
zuvor hin und versöhne dich mit deinem Bruder, und als-
dann komm und opfere deine Gabe. (Matthäus 5.23–24)

Er spiritualisierte das Gesetz:

Ihr habt gehört, daß zu den Alten gesagt ist: »Du sollst
nicht ehebrechen.« Ich aber sage euch: Wer ein Weib
ansieht, ihrer zu begehren, der hat schon mit ihr die Ehe
gebrochen in seinem Herzen. (Matthäus 5.27–28)

Und wir haben erkannt und geglaubt die Liebe, die Gott
zu uns hat. Gott ist Liebe; und wer in der Liebe bleibt, der
bleibt in Gott und Gott in ihm. (1. Brief des Johannes 4.16)

Er verurteilte die Vorstellung, äußerliche Rituale könnten
Sinn stiften:

Wehe euch, Schriftgelehrte und Pharisäer, ihr Heuchler,
die ihr die Becher und Schüsseln auswendig reinlich hal-
tet, inwendig aber ist's voll Raubes und Fraßes! Du blinder Pharisäer, reinige zum ersten das Inwendige an
Becher und Schüssel, auf daß auch das Auswendige rein
werde! (Matthäus 23.25–26)

Der Haß Jesu auf die Schriftgelehrten und Pharisäer läßt sich
als eine Projektion eines verhaßten Teils seiner selbst interpre-
tieren; daraus aber folgt, daß Jesus zum Teil selbst dafür verantwortlich wäre, daß es zur Kreuzigung kam.

Er sah es als seine Aufgabe an, das Gesetz und die Vorhersagen zu erfüllen. So deutet alles darauf hin, daß er kam, um die jüdische Religion von ihren primitiven Elementen zu reinigen. Doch hier stoßen wir auf einen bizarren Widerspruch: Die Tatsache, daß seine frühen Anhänger ihn zum Gott erhoben, verkehrte seine Läuterung in einen neuen Götzendienst, der noch schlimmer war als der, den man um Jahwe gemacht hatte. Obwohl in der frühen Kirche die göttliche Natur von Jesus Christus als etwas Spirituelles verstanden wurde, als etwas, das in den Herzen des Gläubigen lag, degenerierte diese Vorstellung später zur Anbetung des Menschen Jesus, wie uns die zahllosen Statuen in der ganzen Welt beweisen. Die jüdische Auserwähltheit aber blieb in neuer Form erhalten. Hatte zuvor das jüdische Volk die von Jahwe Auserwählten gestellt, so waren jetzt all diejenigen auserwählt, die durch die Taufe der christlichen Gemeinschaft angehörten. Zwar setzte das in den ersten christlichen Jahrhunderten eine persönliche Herzensentscheidung jedes einzelnen voraus, doch wurde es nach dem Toleranzedikt Kaiser Konstantins zur Gewohnheit, ganze Völkerschaften der Kirche einzuverleiben, sobald der Herrscher des Landes konvertiert war; und heute werden die meisten Menschen bereits als Säuglinge getauft, wenn sie dazu noch gar keine eigene Meinung haben können. Ein Christ ist so sehr von Jahwe zum Christentum erwählt, wie der Jude zum Judentum.

Psychologisch bedeutete das die Beibehaltung des Götzen, begleitet von den Zeremonien, von denen sich die Menschen Erlösung erhoffen. Notwendig geht mit diesem Glauben im Inneren eine Allmachtsphantasie einher und mit ihr Passivität und ein Erlahmen der intrapsychischen Aktivität. Insofern war die Botschaft Jesu zwar ein Schritt vorwärts in jenem Prozeß vom Äußeren zum Inneren, doch als mit Jesus ein neuer *Baal* etabliert wurde, war das ein großer Schritt zurück.

Die Spaltung zwischen Judentum und Christentum macht beide Religionen ärmer. Das Judentum hat seine Religion in der Familie bewahrt, daher liegen seine Werte in den Bezie-

hungen zwischen den Menschen, die dieser Struktur angehören. In dieser Hinsicht kommt die jüdische Religion der These
meines Buches am nächsten: Die Strukturen der heutigen
Welt erfordern eine Religion, die gerade im emotionalen
Raum des Zwischenmenschlichen lebendig ist. Freud verwies
dagegen auf den Haß, der häufig zwischen Menschen besteht,
die eng miteinander verbunden sind. Hier fehlt dem Judentum etwas, das sich in der christlichen Tradition stärker erhalten hat. Im Christentum und im Islam sind Heilige und Mystiker Zeugen des Kampfes zwischen Gut und Böse, den wir alle
auch in unserer eigenen Seele kennen. Diese Mystiker haben
die Tiefen des Bösen, dessen der Mensch fähig ist, erfahren,
und ihre Leistungen stellen einen heldenhaften Triumph des
Guten dar. Eine solche Sichtweise ist dem jüdischen Geist
ganz fremd; und obwohl der christliche und der islamische
Mystiker sie einnehmen kann, bleibt sie dort immer getrennt
von engen menschlichen Bindungen; das gleiche gilt für die
buddhistische und hinduistische Mystik. Die Juden sollten
sich diese Vision der christlichen und islamischen Mystiker zu
eigen machen, und Christen und Muslime sollten ihrerseits
ihre Einsicht auf die emotionalen Bindungen, die zwischen
Familienmitgliedern bestehen, übertragen.

Primitive religiöse Elemente sind im Judentum und Christentum noch greifbarer als im Islam. Obwohl Mohammed,
anders als Jesus, durch die Lehre nicht offiziell zum Gott erho-
ben worden ist, gilt er inoffiziell dennoch als Gott. In beiden
Traditionen war die Idealisierung ihrer Stifter extrem, im Islam
führte sie sogar so weit, daß eine Kritik an Mohammed als
Sakrileg gilt und mit der Todesstrafe geahndet wird. Allah
besitzt wie Jahwe, aber mehr noch als dieser, menschliche
Eigenschaften. Mohammed unterwarf sich Allah, und im
Zustand der Ekstase glaubte er, die Lehren und Gesetze
Allahs, wie sie im Himmel auf Tafeln verzeichnet sind, in jene
Worte zu übertragen, die heute den Koran bilden; der Koran
selbst wurde zum Gegenstand der Anbetung. Im Islam ist
Textkritik nicht erlaubt, denn die Worte des Koran sind heilig

und dürfen nicht verfälscht werden. Wir haben hier also eine für primitive Religionen typische Anbetung. Die Elemente einer Hochreligion finden sich im Mystizismus der Sufis und in einigen ihrer Lehren, doch sind sie in einen primitiven Rahmen eingebettet.

Alle drei Traditionen besitzen die Grundwerte reifer Religion, die mit diesen Traditionen von Generation zu Generation weitergegeben wurden. Aber diese Grundwerte, die den interpersonalen Beziehungen einen Sinn verleihen könnten, und intrapsychisch für die Entwicklung des Denkens notwendig sind, bleiben an einen primitiven religiösen Rahmen gebunden und stehen somit für den säkularen Gebrauch in der heutigen Welt nicht zur Verfügung.

Literatur:

Philip S. Bernstein, *What the Jews Believe* (London: W. H. Allan, 1960).

Paul Demann, *The Jewish Faith* (London: Burns & Oates, 1961).

Mircea Eliade, *Geschichte der religiösen Ideen* (1978), Bd. 2: *Von Gautama Buddha bis zu den Anfängen des Christentums* (Freiburg: Herder, [4]1987).

Erich Fromm, *Psychoanalyse und Religion* (1950a), in: *Gesamtausgabe,* Bd. VI (Stuttgart: Deutsche Verlags-Anstalt, 1980), S. 227–292.

Bede Griffiths, *The Marriage of East and West* (London: Collins, 1982), S. 24 f.

Alfred Guillaume, *Islam* (Harmondsworth: Pelican Books, 1976), S. 56.

4. Religiöse Weisheit aus dem Osten

> Aus diesem Augenblick, wo die Welt rings von ihm weg-
> schmolz, wo er allein stand wie ein Stern am Himmel, aus die-
> sem Augenblick einer Kälte und Verzagtheit tauchte Siddhar-
> tha empor, mehr Ich als zuvor, fester geballt. Er fühlte: dies war
> der letzte Schauder des Erwachens gewesen, der letzte
> Krampf der Geburt.
>
> *(Hesse, 1922)*

Während der Achsenzeit erreichte in Indien die spirituelle
Weisheit ihren Höhepunkt in den Upanishaden. Vier Gigan-
ten des spirituellen Lebens erhoben sich in dieser Zeit im Fer-
nen Osten: Konfuzius, Laotse, Mahavira und der Buddha. Wir
werden hier nur auf die Upanishaden und die Lehren des
Buddha eingehen, weil die Religion in ihnen ihren reifsten
Ausdruck fand.

Intuitive Weisheit ließ die Seher der Upanishaden den
Schleier der Sinne durchdringen und zu einer Erkenntnis des
Selbst, zur Erkenntnis des *Atman* gelangen, der identisch ist
mit dem Brahman. Beide Begriffe lassen sich am besten mit
»das Selbst« beziehungsweise »die letzte Wirklichkeit« übersetzen. Diese tiefe Spiritualität ruht inmitten eines höchst
sinnlichen Pantheons von Göttern, Göttinnen, Riten, Opfern
und Zeremonien. »Hinduismus« ist ein Wort, das die Euro-
päer zur Bezeichnung verschiedener religiöser Formen in
Indien geprägt haben; es ist ein Sammelbegriff für alles mögliche, vom ländlichen Ganesha-Kult bis zum Vedanta, der
Philosophie der Upanishaden. Dem Unkundigen mag diese
Aufzählung verwirrend vorkommen, doch hat man erst den
spirituellen Kern erfaßt, ordnet sich alles andere wie von
selbst.

Die Veden, das früheste Zeugnis der hinduistischen Religion, bestehen aus Versen und Prosa, die die Wunder der
äußeren Welt preisen. Den Abschnitten des Rigveda, die auf
Brahma hinweisen, fehlt alle Innerlichkeit. Die Brahmanas,

die an die vedische Zeit anschließen, sind eine Kompilation von Anweisungen und Opferriten und kennzeichnen bereits eine Degeneration der religiösen Praxis. Sie sind typisch für eine Regression auf primitive Religion, und in Reaktion auf sie erhoben sich die Seher der Upanishaden. Es scheint, daß im Individuum wie in der Kultur erst einmal die Tiefen des Niedergangs ausgelotet werden müssen, bevor neues Leben entstehen kann. Bezeichnenderweise kam es in der Geschichte Israels erst nach dem Exil zu einer tieferen Spiritualität, und das gleiche gilt für die Entfaltung des religiösen Bewußtseins in Indien. Nach weitverbreiteter Ansicht enthalten die Upanishaden die tiefsten Einsichten über Bewußtsein, Seele und Geist und sind bis heute unübertroffen. Im Westen war Schopenhauer einer der ersten Philosophen, der die Überlegenheit der Upanishaden erkannte.

Durch unsere Sinne nehmen wir Farben, Töne, Geschmack, Geruch, Wärme und Kälte wahr. In der Philosophie bezeichnet man diese Eigenschaften als »sekundäre Eigenschaften« der Wirklichkeit. Während wir diese Manifestationen der Wirklichkeit über die Sinne erfahren, kennen wir die Wirklichkeit selbst nur durch einen Akt der Intuition. Die Sinne vermitteln uns die Vielfalt der Wirklichkeit, doch deren Einheit, die ihr eigentliches Wesen ausmacht, kennen wir nur durch Einsicht. Die upanishadischen Seher waren die ersten Menschen, die durch das *phenomenon* hindurch zum *noumenon* haben vordringen können; das war die Geburt des abstrakten Denkens. Die Intentionalität des Menschen wurde geboren, als die Menschen begannen, ihre Toten zu begraben, und der zweite große Evolutionsschritt des menschlichen Bewußtseins ereignete sich, als diese Seher die »letzte Wirklichkeit« durch die sinnliche Hülle hindurch intuitiv erfaßten. Diese beiden Phasen der Entwicklung des menschlichen Bewußtseins sind in den Phänomenen der primitiven Religion und der Hochreligion festgehalten.

Da es nichts außerhalb der Wirklichkeit gibt, wurde diesen Sehern klar, daß ihr eigenes Selbst Teil der Wirklichkeit oder, genauer gesagt, diese selbst ist. Ihre tiefste Erkenntnis lautete demnach: »Daß du bist«. Solches Begreifen der eigenen Existenz geschah nicht vermittels einer intellektuellen Deduktion wie bei Descartes zweitausend Jahre später, sondern unmittelbar in einem Akt personaler Erkenntnis, die nur durch Meditation und eine Loslösung der Person vom Sog der Sinne zu erreichen ist. In dieser spirituellen und mentalen Loslösung liegt der Unterschied zwischen Religion und gesellschaftlichem Wohlergehen. Mystiker haben immer geglaubt und gelehrt, daß politische oder gesellschaftliche Reformen nur dann eine Veränderung unserer Welt bewirken, wenn sie mit einer solchen Losgelöstheit des Geistes einhergehen.

Es geht dabei nicht darum, sich von den Objekten selbst, die sinnlich erfahrbar sind, zu lösen, sondern davon, daß diese Objekte dem Selbst den Eindruck der Grandiosität vermitteln. Solche Selbstübersteigerung aber kann sogar die Askese bewirken. William Law sagt:

> So verstehen wir, weshalb viele Leute, die sich selbst kasteien, nicht nur nichts Gutes erreichen, sondern gerade noch schlechter dran sind. Denn sie verkennen völlig, welchen Sinn und welchen Wert diese Kasteiungen haben. Sie praktizieren sie um ihrer selbst willen, als handle es sich dabei um etwas, das an sich gut ist; sie halten sie für einen echten Beitrag zur Heiligkeit und beharren daher auf ihnen, und anstatt weiterzusuchen, sonnen sie sich in der Hochachtung vor sich selbst und bewundern sich selbst wegen der Fortschritte, die sie in der Selbstkasteiung machen. (Huxley, 1944)

Aus eigener Beobachtung kann ich sagen, wenn jemand sich aus diesem Grunde selbst kasteit, dann ergötzt er sich unwissentlich an einem unbewußten sinnlichen Bild; beispielsweise sucht er dann die Bewunderung anderer, um so unbewußt den imaginativen Prozeß bei sich zu nähren. Eine echte Askese bedeutet den Verzicht auf ein aufgeblähtes Selbst, wenn *Atman* verwirklicht werden soll. Die Realität, Brahman, *ist* einfach da. Jegliche Aufblähung des Selbst, gleich in welcher Form, entfernt das Bewußtsein von Brahman, von der Seinshaftigkeit des eigenen Seins. Psychoanalytiker bezeichnen dieses aufgeblähte Selbst entweder als Allmachtsphantasie (Omnipotenz) oder als Größenwahn (Grandiosität), und manche sind der Überzeugung, daß dieser Zustand ein Auslöser für geistige Störungen sein kann. Die Erkenntnis des *Atman* gehört nicht zu den Zielen der Psychoanalyse. Eine beachtenswerte Ausnahme macht da Wilfred Bions Konzept »O«. Doch weder seine Theorie noch die Praxis, die Bion diesbezüglich anempfahl, fand viele Anhänger.

Wie der Buddha so waren auch die Seher der Upanishaden gegenüber den zu ihrer Zeit gebräuchlichen Ritualen und zeremoniellen Praktiken tolerant. Auf diese Weise konnten sie ein höheres Niveau erreichen als Zarathustra, Jesus und Mohammed im Nahen Osten und auch als Mahavira, der Begründer des Jainismus in Indien. Die Fähigkeit, jene zu tolerieren, die eine primitive religiöse Mentalität praktizieren, muß als die absolut höchste spirituelle Leistung angesehen werden, eine Leistung, die die zuletzt Genannten nicht zustande brachten. Es ist wichtig, sich bewußt zu machen, daß Mystiker und Heilige des Parsismus, des Christentums, des Islam und des Jainismus in ihrer Spiritualität die Stifter dieser Religionen möglicherweise übertrafen.

Siddhartha Gautama, der im Palast seines Vaters im größten Luxus lebte, war vor jeder Begegnung mit Krankheit, Alter, Tod oder freiwilliger Askese abgeschirmt. Die Legende erzählt, sein Vater habe bei der Geburt die Vorahnung gehabt, der Sohn werde das Haus verlassen und als Einsiedler leben; so traf der Vater diese Vorsorge. Etwa im Alter von sechzehn Jahren heiratete Siddhartha.

Dreizehn Jahre später, bald nach der Geburt seines Sohnes, fuhr Siddhartha mit Channa, seinem Wagenlenker, einmal aus dem Palast hinaus und sah am Wegrand einen Kranken; er fragte, was das sei, und erfuhr, das sei ein von Krankheit Gezeichneter. Später sah Siddhartha einen alten Mann und fragte Channa erneut, was für eine Art Mensch dies sei. Der Wagenlenker antwortete, dies sei ein Greis. Dann kamen sie an einer Gestalt vorbei, die reglos am Boden lag, und Channa erklärte, dies sei der Körper eines Toten. Schließlich begegnete ihnen ein Mann mit geschorenem Haupt und in zerrissenes gelbes Tuch gehüllt. Der spätere Buddha fragte Channa, was denn ein solches Gewand zu bedeuten habe, und erhielt zur Antwort, das sei das Gewand eines Einsiedlers. Als Siddhartha in den Palast zurückkehrte, war er tief in Gedanken versunken über das, was er gesehen hatte. In der Dunkelheit der Nacht stahl er sich aus dem Palast fort und ließ sich von Channa zum Waldrand begleiten. Dort schnitt er sich das Haar, legte seine edlen Kleider ab und zog die Lumpen eines Bettlers an; Channa kehrte zurück, und Siddhartha begann ein neues Leben. Er war 29 Jahre alt, und dies ereignete sich etwa 534 vor Christus.

Sechs Jahre lang lebte Siddhartha unter größten Entbehrungen zusammen mit anderen Asketen im Wildpark bei Benares, dann wurde ihm klar, daß er die Erlösung von *Dukkha*, dem Leiden, nicht allein durch äußere Kasteiung erreichen würde. Als die anderen Asketen sahen, wie er von einer Frau, Sujata, eine Schale Reis annahm, waren sie so entsetzt, daß sie ihn sofort verließen. Bis zu diesem Augenblick waren in Siddhartha noch Spuren eines falschen Mystikers gewesen, jetzt aber löste er auch diesen letzten Rest einer Bindung. Er setzte sich mit gekreuzten Beinen unter einen Bodhi-Baum, entschlossen, so lange sitzen zu bleiben, bis ihm die Erleuchtung käme. Hier versuchte nun Mara, die Verkörperung des Bösen, ihn von seinem Vorhaben abzubringen und ihn zu besiegen, doch jetzt konnte ihm kein Übel, auch wenn es noch so mächtig war, etwas anhaben. Der Buddha bestand den Kampf siegreich, und am Ende einer langen, dunklen Nacht gelangte er zur Erleuchtung. Hier besteht ganz offensichtlich eine Parallele zu Zarathustras Kampf mit dem Bösen und auch zum Kampf Jesu, der als Versuchung in der Wüste bekannt ist. Es ist bezeichnend, daß der Buddha dies erst erreichte, nachdem er sich von jeglichem Verlangen befreit hatte; erst wenn jemand sich vom Verlangen, von allen Begierden losgelöst hat, nimmt er den spirituellen Kampf in seiner ganzen Schärfe auf. Das ist der Grund, weshalb die Loslösung vom Verlangen so gefürchtet wird. Das spirituelle Ringen, das auf die Loslösung von den Sinnen folgt, ist der finstere Terror der Einsamkeit, in der es keinen Trost gibt. Der Mensch fühlt sich von einer fremden Macht angegriffen, die droht, ihn völlig zu vertilgen. Das ist eine erschreckende Erfahrung; eine Angst, die viel schlimmer ist als alles, was die materielle Welt mit sich bringen kann. Seit jeher haben Mystiker davon berichtet.

Wozu versucht Mara, diese Verkörperung des Bösen, den Spirituellen zu verleiten? Ich glaube, im Grunde will Mara, daß er sich selbst zerstört, daß er aufgibt, was er erreicht hat. Mara ist eine Macht, die vom Inneren des Menschen Besitz ergreift, ihm das Gefühl vermittelt, eine satanische Dunkelheit sei in ihn gedrungen und habe alles, was bisher gewiß war, durcheinander gebracht. Alles wird von Zweifel und Unschlüssigkeit zerfressen. Vielleicht sind die Einflüsterungen dieser Spottdrossel ja wahr? In diesem Augenblick höchster Krise steht alles, was bis dahin erreicht ist, in Frage. Möglich, daß die Hitlers der Geschichte sich innerlich einer solchen Macht verschrieben haben.

Wie dieser Höhepunkt im Leben des Buddha sich dann zu einer neuen religiösen Bewegung entwickelte, und wie es zum Sangha (dem buddhistischen Mönchsorden) und einer ganzen neuen Lehre kam, braucht uns hier nicht zu beschäftigen. Die einzigartige persönliche Erfahrung des Buddha wurde zum Ausgangspunkt seiner Lehre, deren Herzstück die »Vier Edlen Wahrheiten« sind.

Die »Erste Edle Wahrheit« ist *Dukkha,* was gewöhnlich als »Leiden« wiedergegeben wird, doch ist dieser Begriff viel weiter und tiefer zu verstehen; er enthält auch die Vorstellung von

Unvollkommenheit, Unbeständigkeit, Nichtigkeit und Körperlosigkeit, aber auch eine spezifische Vorstellung von Glück. *Dukkha* bezeichnet das Gebundensein an alle diese Qualitäten, aber unter dem Blickwinkel, daß sie nichts Bleibendes sind und dadurch der Erkenntnis der letzten Wirklichkeit im Wege stehen.

Die »Zweite Edle Wahrheit« ist *Samudaya*, die Entstehung von *Dukkha*, dem Leiden. Es erwächst aus der Begierde nach sinnlichen Genüssen, nach Wissen, Glück, Ehre und Macht. Das Verlangen nach all diesen Dingen hat *Dukkha* zur Folge, und auf diese Weise bleiben wir ans Dasein gebunden.

Die »Dritte Edle Wahrheit« ist *Nirodha*, sie bedeutet, daß die Aufhebung von *Dukkha* möglich ist. Die völlige Aufhebung von *Dukkha* ist *Nirvana*.

Die »Vierte Edle Wahrheit« ist *Magga*, der Weg, der zur Aufhebung von *Dukkha* führt. *Magga* stellt den sogenannten »Mittleren Pfad« dar. Der Buddha hatte erkannt, daß das Glück weder auf dem Weg über die Sinnenfreuden noch durch Askese zu erreichen war, weil Sinnenfreuden wie Askese äußerliche Dinge sind. Die »Vierte Edle Wahrheit« hebt hervor, daß der wahre Weg im moralischen Handeln liegt, und dieses ist in acht Kategorien unterteilt. Daher die Bezeichnung »der Edle Achtgliedrige Pfad«: rechte Erkenntnis, rechte Gesinnung, rechte Rede, rechtes Tun, rechter Lebensunterhalt, rechte Anstrengung, rechte Achtsamkeit, rechte Sammlung. In diesen Fähigkeiten verbinden sich Mitgefühl und Weisheit. Nach der buddhistischen Psychologie ist es notwendig, beides zu entfalten und sicherzustellen, daß sich beides ergänzt. Die Meditation, deren Ziel es ist, den Geist vom Reiz der Erscheinungswelt abzuziehen und ihn der Kontemplation der letzten Wirklichkeit zuzuführen, dient der Förderung der rechten Achtsamkeit und ist für den praktischen Buddhismus zentral. Daran sieht man, daß der Buddhismus eine praktische Philosophie des Geistes ist:

Er hat nichts zu tun mit Glaube, Gebet, Gottesdienst oder Kult. In diesem Sinn hat er nichts von dem an sich, was man gewöhnlich als »religiös« bezeichnet. Er ist ein Weg, der durch sittliche, spirituelle und intellektuelle Vollendung zu der Erfahrung der endgültigen Wirklichkeit, zu völliger Freiheit, zu Glück und Frieden führt. (Rahula, 1982)

Obgleich wir erdverbundenen Kreaturen nicht wissen können, worin die Erleuchtung des Buddha bestand und wie er sie erlebte, sollten wir doch versuchen, sie zu verstehen, schließlich war sie das zentrale spirituelle und seelische Ereignis seines Lebens. Es kann nicht wörtlich gemeint sein, wenn wir erfahren, Siddhartha sei im Palast seines Vaters nie mit Krankheit, Alter und Tod in Berührung gekommen; die Legende gibt uns zu verstehen, daß er emotional von diesen Realitäten abgeschnitten war. Die Fahrt mit Channa versinnbildlicht, wie er aus dem tranceartigen Zustand, der ihn von diesen Aspekten der Wirklichkeit abgeschirmt hatte, aufgerüttelt wurde. Bis dahin wußte er zwar, daß es solche Zustände gibt, aber dieses Wissen war *inert,* es packte weder seine Imagination, noch weckte es in ihm den Wunsch zu handeln. Ich nenne es deshalb *inertes Wissen.* Als er aus seiner Trägheit erwachte, wurde sein Wissen um diese Realitäten für ihn emotional bedeutsam und brachte seine Vorstellungskraft und Phantasie in Bewegung. Diesen neuen Geisteszustand nenne ich *vitale Erkenntnis.* Eine solche Transformation von *inertem Wissen* in *vitale Erkenntnis* läßt sich in der Psychoanalyse häufig beobachten, und sie ist eines ihrer wichtigsten Ziele. Wenn ein Patient sagt: »Mein Leben lang habe ich über Vertrauen gesprochen, aber jetzt erst verstehe ich, was Vertrauen eigentlich ist«, dann ist das ein Beispiel einer Umwandlung von *inertem Wissen* in *vitale Erkenntnis.*

Der Buddha schlug nun den Weg ein, der zur Aufhebung des Leidens führen sollte. Er wußte, daß die Wurzel des Leidens in einem Durst oder Verlangen liegt. (Das Wort *Tanha* ist besser mit »Verlangen«, »Gier« oder »Durst« zu übersetzen als mit »Wunsch«.) Hinter jedem Verlangen, sei es nun sinnlich, sexuell, geistig oder spirituell, steht der Wunsch, das Selbst zu erhöhen. Zusammen mit den anderen Asketen machte er sich im Wildpark daran, dieses Verlangen niederzuringen. Vermutlich wußte er, daß die Entsagung nun ihrerseits zu einem Objekt der Begierde geworden war. Sehr häufig unterwirft sich jemand extremen Entbehrungen aus einem Schuldgefühl heraus. Sollte das bei Buddha der Fall gewesen sein, so dürfen wir annehmen, daß sein Weggang aus dem Wildpark eine Aufhebung seiner Schuld bedeutete, und seine psychische Aktivität nun aus dem Ich, nicht mehr aus dem Über-Ich kam.

Karma, das ist die Überzeugung, die Menschheit gestalte ihr Schicksal selbst; *Karma* ist der Kern der buddhistischen Lehre: Was der Mensch sät, das erntet er. Erntet er es nicht in diesem Leben, dann in einem späteren. Eine solche Auffassung steht im Gegensatz zum jüdisch-christlichen Glauben, wonach Gott den Menschen von seinen Sünden und von den Folgen seines eigenen Handelns erretten kann. Die Lehre des Theravada-Buddhismus vom *Anatta,* dem Nicht-Ich, leugnet explizit die Existenz Gottes. Der Sinn der *Conditio humana,* nicht die Erlösung von ihr ist das Ziel des Buddhismus. Das wird sehr anschaulich, wenn man die beiden folgenden Ereignisse miteinander vergleicht, das eine aus dem Leben Jesu, das andere aus dem Leben des Buddha:

Als er aber nahe an das Stadttor kam, siehe, da trug man einen Toten heraus, der ein einziger Sohn war seiner Mutter, und sie war eine Witwe; und viel Volks aus der Stadt ging mit ihr. Und da sie der Herr sah, jammerte ihn derselben, und er sprach zu ihr: Weine nicht! Und trat hinzu und rührte den Sarg an; und die Träger standen. Und er sprach: Jüngling, ich sage dir, stehe auf! Und der Tote richtete sich auf und fing an zu reden; und er gab ihn seiner Mutter. Und es kam sie alle eine Furcht an und sie priesen Gott und sprachen: Es ist ein großer Prophet unter uns aufgestanden, und Gott hat sein Volk heimgesucht. (Lukas 7.12–17)

Kisa Gautami verlor ihr einziges Kind und wurde fast wahnsinnig vor Trauer und Schmerz. Sie erlaubte niemandem, ihr totes Kind wegzutragen, in der Hoffnung, es könnte durch irgendein Wunder wieder zum Leben erwachen. Sie ging überallhin und kam schließlich auch zum Buddha. Der Buddha verstand den tiefen Kummer, der die arme Mutter so blind machte. Nachdem er ihr Trost zugesprochen hatte, sagte er ihr, er könne das Kind wieder zum Leben erwecken, vorausgesetzt, sie brächte eine Handvoll Senfsamen aus einem Hause, das niemals vom Tod heimgesucht worden war. Da schöpfte sie Hoffnung und ging von Haus zu Haus und bat um eine Handvoll Senfkörner. Überall gab man ihr die Samen mit tiefem Mitgefühl. Doch wenn sie dann fragte, ob es in der Familie jemals Tod gegeben habe, dann beklagte jeder den Verlust einer Mutter, eines Vaters, eines Sohnes, einer Tochter und so fort. Lange wanderte sie auf der Suche nach den wertvollen Samen, die ihr die Wiedererweckung ihres Sohnes versprachen, doch niemand konnte sie ihr geben. Da hatte sie eine Vision, und sie verstand, was der Buddha ihr hatte sagen wollen. Sie verstand, daß der Tod zu unserem Leben hinzugehört und daß das Leben der Ursprung allen Leidens und allen Irrglaubens ist. Um Leben und Tod zu meistern, muß man die höchste Sicherheit und Unabhängigkeit vom Leiden erlangen, darin liegt die wahre Bedeutung des heiligen Lebens. Als ihr diese Einsicht dämmerte, empfand sie eine große Erleichterung, dann ging sie, nachdem sie für ihr Kind die letzten Riten erfüllt hatte, zum Buddha und bat um die Aufnahme in seinen Orden.

Reinkarnation gehört zur inneren Logik dieser Lehre. Wird jemand blind geboren, so, weil er in einem früheren Leben gesündigt hat. Die entscheidende Frage ist jedoch: »Durch welches Handeln wird man vom Leiden erlöst?« Der Buddha sagt klar: nicht durch Vorteile der Geburt, auch nicht durch Rituale oder Opfergaben und ebensowenig durch Selbstkasteiungen. Man erreicht das *Nirvana* nicht über Wissen, wie es in den Upanishaden gelehrt wird, sondern durch moralisches Handeln. Und der einzelne muß in einem freien Akt des Verstehens begreifen, was moralisches Handeln ist.

Ich habe hier die Lehre des Theravada-Buddhismus beschrieben. Sie wird manchmal auch als Hinayana oder »Buddhismus der südlichen Schule« bezeichnet. Im dritten Jahrhundert nach dem Tod des Buddha gab es viele, die aus politischen, weniger aus spirituellen Motiven zum Buddhismus übertraten, und viele von diesen kehrten später zum Brahmanismus zurück:

> Die negative Philosophie des Hinayana konnte nie ohne weiteres zu einer Volksreligion werden. Als sich der Geist des Buddhismus allgemein verbreitete und die Massen erfaßte, konnte der Hinayana-Buddhismus nicht mehr genügen. Es bedurfte einer Religion, die vielseitiger war und ein weniger asketisches Ideal vertrat. (Humphreys, 1951)

Im Mahayana-Buddhismus und mehr noch im Tantrismus wurde der Buddha zum Gott erhoben, während man im Hinduismus glaubte, er sei die neunte Inkarnation des Gottes Krishna. Aussicht auf Erlösung versprach nun eher der Glaube als das Verdienst guter Taten. Die Vergöttlichung des Buddha in Verbindung mit abergläubischen Riten war die schlimmste Degeneration; andererseits war der Aufbau eines metaphysischen Systems hilfreich, denn praktische Weisheit bedarf einer metaphysischen Grundlage.

Der Buddha selbst hatte gesagt, der Weg führe über die rechte Achtsamkeit und die anderen Qualitäten des »Edlen, Achtgliedrigen Pfades«, nicht aber über die Verrichtung brahmanischer Rituale und Zeremonien. Davon war er zutiefst überzeugt und lehrte es mit Nachdruck. Trotzdem hielt er seine Anhänger dazu an, den Brahmanismus zu respektieren. Diese Haltung unterscheidet sich sehr von der Haltung Jesu gegenüber den Schriftgelehrten und Pharisäern.

Ich glaube, daß der Buddhismus eine Religionsphilosophie besitzt, die dem Wertesystem der Psychoanalyse sehr nahesteht. Als traditionelle Religion unterliegt der Buddhismus jedoch Beschränkungen, die ihn für das emotionale Leben des Menschen in der modernen Welt ungeeignet machen. Sein spiritueller Weg ist die Weltflucht. Der Buddha verließ Frau und Kind und fand die Erleuchtung in der Einsamkeit, fern aller menschlichen Gemeinschaft. Aus diesem Grunde versagt der Buddhismus ebenso wie andere traditionelle Religionen, wenn es darum geht, den modernen Menschen auf der emotionalen Ebene zu erreichen, auf der er lebt.

Literatur:

Edmund Capon, *Taped commentary on ›Imperial China‹* Exhibition (New South Wales Art Gallery, 1993).

Erich Fromm, *Psychoanalyse und Religion* (1950a), in: *Gesamtausgabe,* Bd. VI. (Stuttgart: Deutsche Verlags-Anstalt, 1980), S. 238.

Bede Griffiths, *The Marriage of East and West* (London: Collins, 1982).

Hermann Hesse, *Siddhartha. Eine indische Dichtung* (1922), in: *Gesammelte Schriften,* Bd. 3 (Frankfurt: Suhrkamp, 1957), S. 649.

Christmas Humphreys, *Buddhism* (1951), (London: Cassell, [2]1962), S. 48.

Aldous Huxley, *Die ewige Philosophie* (1944), (München: Piper, 1987).

Lao-tse, *Tao Te King* (um 300 v. Chr.), (Frankfurt: Fischer, 1995).

Walpola Rahula, *Was der Buddha lehrt* (Bern: Origo, 1982), S. 89.

5. Sokrates – religiöser Lehrer im antiken Griechenland

> Der Stifter einer neuen Religion besitzt anfangs nicht mehr Autorität als der Begründer einer neuen philosophischen Schule. Viele wurden verhöhnt, verfolgt oder gar getötet, wobei sie sich letztlich, wie nicht anders zu erwarten, immer auf den Geist der Wahrheit beriefen, nicht auf zwölf Legionen Engel und auch nicht, wie in späterer Zeit, auf Konzilsdekretalien, päpstliche Bullen oder auf ein Buch der Heiligen Schrift.
>
> *(F. Max Müller, 1985)*

Sokrates war einer der großen religiösen Lehrer der Achsenzeit, obgleich er gewöhnlich nicht als solcher angesehen wird, denn er schuf keine neue religiöse Dynastie; zumindest ist er für die Nachwelt der einzig bekannte Lehrer dieser Art.

Der Sokrates, um den es mir geht, ist der Sokrates der Dialoge Platons. Viele Forscher sind sich einig, daß der Sokrates, der uns in *Der Staat* und in *Die Gesetze* begegnet, bloß eine Marionette Platons ist, konzipiert, um dessen philosophische Argumente vorzuführen, und vom historischen Sokrates wahrscheinlich weit entfernt. Die Person hingegen, die wir hier untersuchen wollen, ist der Sokrates der frühen Dialoge. Diese Werke zeichnen ein viel getreueres Bild des historischen Sokrates.

Ähnlich wie Buddha und Jesus stellte auch Sokrates die zu seiner Zeit in Griechenland verbreitete primitive Religion in Frage. Er predigte eine Ethik, die ebenso anspruchsvoll war wie die eines Buddha oder Jesus; Sokrates lehrte, wie die Menschen leben sollen, und skizzierte, auf welchen Prinzipien seine Moral gegründet war. Seine Prinzipien haben alle Merkmale einer für Hochreligionen typischen Ethik, denn sie sind weit mehr als nur vom Überlebensinstinkt geleitete Bräuche. Die sokratische Religion unterscheidet sich insofern von der Religion des Buddha oder der Religion Jesu, als sie das Ergebnis eines Denkprozesses ist.

Aus der sokratischen Lehre geht vielleicht klarer als aus allen anderen Lehren hervor, daß sie zum Wohl des Menschen gemacht ist. Doch da sich Sokrates' Prinzipien nicht in einer lebendigen Glaubensgemeinschaft verkörpert haben und nicht für die Nachwelt institutionalisiert worden sind, wollen wir im Falle der sokratischen Lehre lieber von Spiritualität als von Religion sprechen.

Der Inbegriff seiner spirituellen Lehre ist in *Gorgias* enthalten. Dieser Dialog besteht aus drei Streitgesprächen, die Sokrates mit den drei Sophisten Gorgias, Polos und Kallikles führt. Gorgias, ein älterer Mann, ist ein berühmter und angesehener Lehrer der Rhetorik. Damals war die Rhetorik in Athen eine außerordentlich wichtige Kunst; in einer Zeit, in der die Bürgerschaft über alle wichtigen Alltagsprobleme in öffentlichen Diskussionen zu entscheiden hatte, konnte das Leben eines Menschen von der Rhetorik abhängen. Gorgias sagt, Redekunst sei:

> Wenn man durch Worte zu überreden im Stande ist, sowohl an der Gerichtsstätte die Richter, als in der Ratsversammlung die Ratmänner, und in der Gemeinde die Gemeindemänner, und so in jeder andern Versammlung, die eine Staatsversammlung ist. (452e)

Nachdem Sokrates Gorgias diese Wahrheit entlockt hat, zeigt er, daß die Redekunst mit Ethik nichts zu tun hat:

> Also belehrt auch der Redner nicht in den Gerichts- und andern Versammlungen über Recht und Unrecht, sondern macht nur glauben. (455a)

Man erfährt, daß es Sokrates darum geht, zu lehren, was richtig und was falsch ist. Die Redner hingegen wollen das Gericht von der Ansicht des Tyrannen überzeugen. Sokrates stellt die weitverbreitete Annahme der Sophisten in Frage, Macht gehe vor Recht. Am Ende dieses Streitgespräches zieht

Sokrates den Schluß, der Redner verstehe sich darauf, sein Publikum durch Tricks zu einer bestimmten Überzeugung zu bringen, und darin bestehe das Geschick seines Metiers.

Im Dialog mit Polos geht Sokrates einen Schritt weiter und sagt, die Rhetorik sei keine Kunst, sondern »nur eine Geübtheit«, die man durch Erfahrung erwerbe.

> Polos: Und eine Übung worin?
> Sokrates: In Bewirkung einer gewissen Lust und Wohlgefallens. (462c)

Sokrates fährt dann fort, indem er sagt, die Rhetorik sei eine Art Schmeichelei:

> [...] auf das Beste aber gar nicht denkend fängt sie durch das jedesmal angenehmste den Unverstand und hintergeht ihn so, daß sie ihm scheint überaus viel wert zu sein. (464d)

Wenig später stellt Sokrates fest:

> Schmeichelei nun nenne ich das, und behaupte, es sei etwas schlechtes, o Polos, denn zu dir sage ich dies, weil es das Angenehme zu treffen sucht ohne das Beste. Eine Kunst aber leugne ich, daß es sei; sondern nur eine Übung, weil sie keine Einsicht hat von dem, was sie anwendet, was es wohl seiner Natur nach ist, und also den Grund von einem jeden nicht anzugeben weiß. (464c, 465a)

Unmittelbar zuvor hatte Sokrates gesagt, es gebe so etwas wie einen falschen Schein von Gesundheit:

> Viele haben das Ansehn, sich ganz wohl zu befinden dem Leibe nach, denen nicht leicht jemand abmerken würde, daß sie sich nicht wohl befinden, außer ein Arzt etwa und

einer von den Turnverständigen [...]. Dergleichen nun, sage ich, gibt es am Leibe und in der Seele, welches macht, daß Leib oder Seele scheint sich wohl zu befinden, befindet sich aber deshalb doch nicht so. (464a, b)

Eine bemerkenswerte Einsicht, wonach sich hinter einem scheinbar gesunden Äußeren eine ungesunde Seele verbergen kann! Sokrates ist mit seiner Lehre vom falschen Selbst Donald Winnicott etwa 2 400 Jahre voraus. Und er hat auch eine klare Auffassung vom wahren Selbst:

Mir aber ist es genug, daß du nur einzig und allein mir beistimmst und Zeugnis gibst, und deine Stimme allein abfordernd lasse ich die Anderen alle gehn. (476a)

Wir kommen hier zu einer der zentralen Thesen des Sokrates: Das Ziel des Menschen ist das Gute, nicht das Angenehme. Diese Erkenntnis hebt ihn über die Mentalität der primitiven Religion hinaus. Und sie erhebt ihn auch über den theoretischen Philosophen und verleiht ihm den Rang eines Heiligen, denn er lehrt seine höhere Einsicht nicht nur, sondern er lebt sie auch und stellt seine Prinzipien über sein eigenes Leben.

Für Sokrates ist demnach das Gute das Lebensziel des Menschen. Einen Menschen schätzen heißt, zu wissen, was gut für ihn ist. Gegen Ende des Dialogs zieht er den Schluß:

daß man das Unrechttun mehr scheuen müsse als das Unrechtleiden, und daß ein Mann vor allem andern darnach streben müsse, nicht daß er scheine gut zu sein, sondern daß er es sei in seinem besonderen Leben sowohl als in dem öffentlichen. (527b)

Doch Sokrates sagt uns nicht, was das Gute ist, und so stehen wir vor der Frage: In welchem Verhältnis stehen Gutes und Angenehmes zueinander? Die Antwort muß, glaube ich, in der Unterscheidung zwischen dem Ephemeren und dem

Ewigen liegen, und das schafft die Verbindung zur oben getroffenen Unterscheidung zwischen primitiver Religion und Hochreligion. Das Angenehme, die Lust, hängt mit dem physischen Überleben zusammen, und Sokrates sagt, wir müssen uns zum Ziel setzen, das zu überwinden, um das Gute zu erreichen. Nach unserem Kriterium für die Unterscheidung zwischen primitiver Religion und Hochreligion zählt Sokrates zu den großen spirituellen Leitfiguren der Menschheit.

Folgt daraus aber, daß der Mensch mit seinem Streben nach dem Guten sich des Angenehmen beraubt?

> [...] Glück liegt nicht darin, es sich gut gehen zu lassen [...] sondern darin, etwas zu tun, was einem wertvoll erscheint; blickt man dann zurück, so stellt man fest, daß man glücklich dabei war. (Ashby, 1968)

Freud geht in dieselbe Richtung, wenn er sagt, sofortige Befriedigung müsse zugunsten einer späteren Befriedigung geopfert werden. Doch Freud hängt noch einer Überlebenstheorie an und ist daher, anders als Sokrates, nicht imstande, zwischen dem Guten und dem Angenehmen (der Lust) so zu unterscheiden, wie Sokrates das tut.

Hier wäre es überaus wichtig zu wissen, worin das Gute besteht, doch da scheint Sokrates uns im Stich zu lassen, oder vielleicht doch nicht? Er gibt uns zwar keine konkrete Antwort, aber er setzt ein paar Zeichen, die uns, wenn wir sie genau und aufmerksam verfolgen, an das Gute heranführen.

Allen großen spirituellen Lehrern ist eines gemeinsam: Als eine spirituelle Eigenschaft muß das Gute mit dem inneren Auge erfaßt werden. Kein Lehrer kann sagen: »*Das* ist das Gute.« Denn das Gute liegt nicht *in* einem bestimmten Objekt, sondern zwischen den Objekten.

Zwischen dem Subjekt und dem Objekt liegt der Wert. Dieser Wert wird unmittelbarer, direkter erfahren als jedes

»Selbst« oder jedes »Objekt«, dem er später zugeschrieben werden mag. (Pirsig, 1991)

Als Jesus gefragt wurde: »Und wer ist mein Nächster?«, erzählte er eine Geschichte, deren Moral augenfällig war, aber er mußte die Geschichte erzählen, denn der bloße Verweis auf einen Gegenstand oder eine Person hätte die Frage nicht beantwortet: Die Antwort liegt *dazwischen*.

Das Gute ist etwas Bestimmtes und Erkennbares, und doch ist es nicht konkret lokalisierbar. Es ist ein wirkliches Objekt, das nur durch einen psychischen Akt zu begreifen ist. So gesehen ist das Gute so etwas wie Wahrheit, und doch unterscheidet es sich von Wahrheit, sofern der erforderliche Akt nicht nur intellektuell, sondern auch emotional akzeptabel sein muß. Der Unterschied zwischen beidem ist enorm; wir werden darauf zurückkommen.

Der Buddha wie auch Jesus verweisen uns auf das Gute. Auch Sokrates gibt uns entsprechende Hinweise, zum Beispiel im Dialog mit Polos:

> Sokrates: [...] wie ja Unrecht tun das größte
> aller Übel ist.
> Polos: Also dies ist das größte? nicht Unrecht
> leiden größer?
> Sokrates: Keineswegs.
> Polos: Du also wolltest Unrecht leiden lieber als Unrecht
> tun?
> Sokrates: Ich wollte wohl keines von beiden; müßte
> ich aber eines von beiden, Unrecht tun
> oder Unrecht leiden, so würde ich
> vorziehen, lieber Unrecht zu leiden als
> Unrecht zu tun. (469b, c)

Diese Antwort des Sokrates ist sehr bedeutsam. Er würde sich nicht freiwillig dafür entscheiden, Unrecht zu leiden; er ist kein Masochist. Wie Thomas Morus würde er alles daran setzen, sich zu verteidigen.

Sokrates verurteilt auch die Verehrung der Macht. Unter Macht versteht er die Macht eines Diktators oder die Macht, die ein Redner im Dienste eines Diktators ausübt. Macht ist Mittel zu einem Zweck und verdient nur dann Lob, wenn sie im Dienste des Guten steht.

Von zwei Übeltätern, sagt Sokrates, sei derjenige, der bestraft wird, der glücklichere. Die Strafe könne ihn davon heilen, Unrecht zu tun. Zu dieser Einsicht gelangt Sokrates durch logische Deduktion, durch Argumentation. Wie die Arznei den Körper heilt, so wirkt die Strafe bessernd auf den Geist des Übeltäters und bringt ihn auf den rechten Weg. Schaden anzurichten ist schlimmer als Schmerz zu erleiden. Gerechtigkeit ist der »moralische Doktor«, der den Menschen von seiner Verderbtheit heilt, deshalb ist der, der bestraft wird, der Glücklichere.

Im Dialog mit Kallikles sagt Sokrates, »daß das Ziel allen Handelns das Gute ist« (499b) und daß alles um seinetwillen getan werden muß: »Um des Guten willen also muß man alles übrige und so auch das Angenehme tun, nicht aber das Gute wegen des Angenehmen.« (500a) Das gibt uns einen Einblick in Sokrates' Begriff des Guten.

Ein weiterer wichtiger Zug der sokratischen Lehre ist, daß sich ihre religiöse Botschaft an diejenigen richtet, die im Getriebe des täglichen politischen und gesellschaftlichen Lebens stecken. Sokrates verlangt vom einzelnen nicht, den Marktplatz des Lebens zu verlassen; er meint nicht, daß jene, die wirklich den Weg des Guten gehen möchten, dafür ihre Alltagsbeschäftigungen aufgeben müßten. Er verweist auf das Gute, nicht auf sich selbst. Anders als Jesus, der seine Jünger aufforderte, ihm zu folgen. Anders auch als Buddha, der eine Institution gründete; das alles tat Sokrates nicht.

Sokrates' Lehre impliziert die Abkehr von den Göttern, die die politischen Ideologien des Athener Lebens sanktioniert haben. Auch wenn Sokrates die Gottesanbeter nicht verunglimpfte, wie Jesus das mit den Schriftgelehrten und Pharisäern tat, besaß er doch auch nicht die Toleranz des Buddha.

Das war letztlich auch der Grund, weshalb er vom Athener Gericht zum Tode verurteilt wurde.

In sorgfältiger Argumentation weist Sokrates nach, daß weder das Gute mit dem Angenehmen noch das Böse mit dem Unangenehmen, dem Schmerz, gleichgesetzt werden könne. (497d) Damit steht er ganz im Gegensatz zu Freud, der ebendiese Gleichsetzung macht. Während Freud meint, unter Umständen müsse um der späteren Befriedigung willen Lustverzicht geübt werden, ist Sokrates der Ansicht, ein solcher Verzicht geschehe um des Guten willen, das in eine andere Kategorie gehöre. Was gut ist, sage einem das Gewissen und das eigene Urteil, wann man Böses erleidet, sage einem hingegen das Gefühl. Wer an das Prinzip des Hedonismus glaubt, müsse unweigerlich behaupten, Böses zu erleiden sei ein größeres Übel als Böses zu tun.

Obgleich Gefühle ebenfalls Urteile sind, impliziert Sokrates' Lehre, daß Gefühle nur dann als Leitfaden zum Handeln taugen, wenn sie innerlich dem höheren Prinzip des Guten verpflichtet sind. Die Gefühle sagen uns, wenn wir Unrecht leiden. Wenn mich jemand mit dem Stock auf die Hand schlägt, dann empfinde ich Schmerz, nicht aber, wenn ich selbst jemanden mit dem Stock schlage. Gibt es ein inneres Signal, das mir verbietet, jemanden mit dem Stock zu schlagen? Ja, mein Gewissen. Was aber, wenn es mir große Lust bereitet, jemanden mit dem Stock zu schlagen? Gibt es irgendeinen Grund, meinem Gewissen zu gehorchen, das mir signalisiert, meinen Freund nicht mit dem Stock zu schlagen? Wenn Lustgewinn und Schmerzvermeidung meine einzigen Leitlinien sind, dann habe ich keinen Grund, nicht zu schlagen, schließlich habe ich ja große Lust dazu.

Sokrates war also einer der großen spirituellen Meister der Weltgeschichte, blieb als solcher aber weitgehend unbeachtet, weil er keine Religionsgemeinschaft begründet hat. Man sieht ihn als Philosophen, vielleicht sogar als Moralphilosophen, nicht aber als einen spirituellen Menschen, er wird nicht mit Buddha oder Jesus verglichen. Ich bin jedoch der Ansicht, daß er für die heutige Welt ein besseres Modell abgibt als die anderen beiden, weil er eine auf Vernunft begründete Spiritualität einführte, die dem denkenden Menschen zugänglich ist. Es handelt sich um eine rationale Spiritualität, die sich damit befaßt, wie Menschen in der Welt ein tugendsames Leben führen sollen. Anders als Buddha und Jesus lehrte Sokrates eine Spiritualität für das Leben in dieser Welt. Er befahl nicht, sich von der menschlichen Gemeinschaft zu trennen; seine Spiritualität war ohne Ritual, einzig auf Demut, Weisheit und die Aneignung von Tugend ausgerichtet. Diese Lehre ist für den geschäftigen Bürger auf dem Forum ebenso praktikabel wie für den modernen Menschen mit seinen Beziehungsproblemen, bei seiner Arbeit, in seiner Freizeit.

Sokrates lehrt eine natürliche Religion in dem Sinne, daß sie der Vernunft zugänglich ist und keiner Offenbarung bedarf. Es ist nicht überliefert, ob Sokrates irgendwann eine Erleuchtung erlebt hat; wir wissen, daß er sich manchmal einen ganzen Tag lang in Trance versetzte, wobei er in tiefe Gedanken versunken zu sein schien, aber die Devise, die Freud zu Recht so mißbilligte – *credo quia absurdum* – wird von einer sokratischen Spiritualität nicht minder abgelehnt. Der Moralphilosoph John Macmurray hat die rationalen Wurzeln der natürlichen Religion untersucht, und ich will versuchen, seine Auffassung hier kurz zu referieren. Sie ist, meiner Meinung nach, das natürliche Ergebnis einer modernen religiösen Suche; diese Suche steht denjenigen offen, denen es gelingt, sich den verführerischen Kräften sowohl einer traditionellen Religion wie auch einer positiven Philosophie zu entziehen. Die natürliche Religion von John Macmurray ist eine sokratische Religion im Kontext unserer heutigen Welt.

Wissenschaft, Ästhetik und Religion, sagt Macmurray, sind Gebiete allgemeiner menschlicher Erfahrung. Sie unterscheiden sich hinsichtlich der Geisteshaltung, mit der man diesem allgemeinen Gebiet der Erfahrung gegenübertritt: Mit der wissenschaftlichen Haltung erforscht und beurteilt man die Welt nach ihrer Nützlichkeit für den Menschen; mit der ästhe-

tischen Haltung genießt und bewundert man Dinge aufgrund
der ihnen eigenen Schönheit. In beiden Fällen dienen die
Gegenstände in der Welt unserem Gebrauch oder der Befriedigung unserer höheren Sensibilität; die Gegenstände sind
unsere Diener, wenn nicht gar unsere Sklaven. Die religiöse
Haltung enthält dagegen das Eingeständnis, daß die Welt des
Menschen Ansprüche an uns hat, weil jeder von uns einen
Wert besitzt, der Anerkennung fordert. Macmurray schreibt
(1936):

> Das erste und wichtigste an der Welt der gemeinsamen
> Erfahrung ist, daß für jeden von uns alle anderen von uns
> zur gemeinsamen Erfahrung dazugehören. Wir sind ge-
> zwungen, einander zu bewerten, und diese Bewertung
> geschieht wechselseitig.

In dem Eingeständnis, daß der »andere« Ansprüche an mich
hat, liegt die religiöse Geisteshaltung, und das Signal für diese
Ansprüche ist das Gewissen. Wenn es mir Vergnügen bereitet,
jemanden mit dem Stock zu schlagen, dann gibt es in der
Ästhetik kein Prinzip, das mir geböte, auf dieses Vergnügen zu
verzichten. Nur die religiöse Geisteshaltung versucht, mich
davon abzuhalten. Sokrates sagte, das Gute übe diesen Einfluß auf mich aus. Macmurray beschreibt das aus moderner
Perspektive, wenn er behauptet, das Gute sei im anderen oder
das Gute sei anderen Menschen immanent, und daraus leite
sich ein Anspruch hinsichtlich meines Handelns ab.

Macmurray gelangt zu der Auffassung, Gott symbolisiere
diesen Anspruch, den der andere an mich hat. Dazu gibt es
bei Erich Fromm eine Parallele, wenn dieser sagt: »*Gott ist
nicht ein Symbol der Macht über den Menschen, sondern der
eigenen Kräfte des Menschen.*« Ich glaube allerdings, daß Macmurray den symbolischen Bezug richtiger definiert hat als
Fromm. Mit der Definition Gottes als eines Symbols für die
eigenen Kräfte des Menschen ist nichts darüber ausgesagt,
wie diese Kräfte eingesetzt werden. Macmurray hingegen

meint, der symbolische Bezug liege im »anderen«. Und ich möchte dem gern hinzufügen: Dieser »andere« sollte nicht als das von mir getrennte menschliche Wesen aufgefaßt werden, das ich »dort draußen« sehe, sondern so, wie ihn die Upanishaden verstehen, nämlich als die »letzte Wirklichkeit«, die ebenso in mir ist wie im anderen. Für Macmurray besteht diese Realität innerhalb der menschlichen Gemeinschaft und ist mit ihr untrennbar verbunden. Was Sokrates das Gute nannte, entspricht der »letzten Wirklichkeit« der Upanishaden.

Die Sphäre des Religiösen definiert Macmurray folgendermaßen:

> Die religiöse Haltung stellt das Verhältnis des Selbst zu anderen Selbsts ins Zentrum der Bewertung und bewertet alles andere dementsprechend. Einer solchen Haltung zufolge besteht die wichtigste Aufgabe im Leben darin, personale Beziehungen in ihrer umfassenden Wirklichkeit zu verstehen, anzuerkennen und zu schaffen. Die Religion hat die Aufgabe, Gemeinschaft zu verwirklichen. Die religiöse Aktivität des Selbst ist das Bemühen, mit dem anderen in Kontakt zu treten.

Eine persönliche Beziehung in ihrer umfassenden Wirklichkeit zu schaffen, ist die religiöse Aufgabe. Das Gebiet der Religion ist die menschliche Gemeinschaft; in ihr muß diese Aufgabe bewerkstelligt werden. Es wäre der falsche Weg, sich der Gemeinschaft zu entziehen.

Das Gebiet der Psychoanalyse liegt ebenfalls innerhalb der menschlichen Gemeinschaft, denn sie beschäftigt sich mit dem emotionalen Handeln, dessen wir uns nicht bewußt sind. Sie beschäftigt sich mit einer zwischenmenschlichen Interaktion, von der wir nichts wissen, ja sogar mit Aktivitäten, die sich innerhalb unseres Selbst abspielen, deren wir uns ebenfalls nicht bewußt sind. Diese unsichtbare Aktivität ist »emotionale Interaktion«; sie besteht aus interpersonaler

Interaktion und intrapsychischer Interaktion und bildet das eigentliche Forschungsgebiet der Psychoanalyse. Doch die Patienten kommen nicht zur Psychoanalyse, um als Versuchskaninchen zu dienen, sondern weil sie von ihren Krankheiten geheilt werden wollen. Die Psychoanalyse zielt daher darauf ab, die unsichtbare und destruktive Aktivität in konstruktives Handeln zu verwandeln, allerdings in einem Bereich, den die hebräischen Propheten ebensowenig kannten wie Jesus, wie die Seher der Upanishaden, wie der Buddha oder Sokrates. Diesem Bereich wollen wir uns jetzt zuwenden.

Literatur

Roy Ashby, *Where Shall I Sow My Seed* (Doddington: The Stansfield Association, 1968), S. 7.

Platon, *Gorgias* (399 v. Chr.), in: *Sämtliche Werke in zehn Bänden*, Bd. 2 (Frankfurt: Insel, 1991), S. 175–417.

Walter Hamilton, *Introduction to Plato's* Gorgias (Harmondsworth: Penguin Classics, 1960), S. 15.

John Macmurray, *The Structure of Religious Experience* (London: Faber & Faber, 1936), S. 28.

– *The Self as Agent* (London: Faber & Faber, 1957).

– *Persons in Relation* (New Jersey: Humanities Press, 1991).

Friedrich Max Müller, *The Vedanta Philosophy* (New Delhi: Cosmo Publications, 1985), S. 12 f.

Robert M. Pirsig, *Lila oder ein Versuch über die Moral* (1991), (Frankfurt: Fischer, 1992), S. 79.

Erich Fromm, *Psychoanalyse und Religion* (1950a), in: *Gesamtausgabe*, Bd. VI (Stuttgart: Deutsche Verlags-Anstalt, 1980), S. 255.

6. Die Beziehung zwischen Moral und Spiritualität

Jetzt möchte ich sagen, daß es dem Wesen eines Menschen eine Feierlichkeit, eine stille Würde, die nie ganz sich verlieren, gewährt, wenn er wählt. Es gibt so manche, welche einen außerordentlichen Wert darauf legen, das eine oder andere bemerkenswerte welthistorische Individuum von Angesicht zu Angesicht gesehen zu haben. Dieser Eindruck ist ihnen unvergeßlich, er hat ihrer Seele ein ideales Bild geschenkt, welches ihr Wesen adelt; dennoch ist sogar dieser Augenblick, so bedeutungsvoll er sein mag, ein Nichts gegen den Augenblick der Wahl. Wenn da um einen her alles still geworden, feierlich gleich einer sternklaren Nacht, wenn die Seele allein ist in der ganzen Welt, da zeigt sich vor ihr nicht ein hervorragender Mensch, sondern die ewige Macht selbst, da tut der Himmel sich gleichsam auf, und das Ich wählt sich selbst, oder richtiger, es empfängt sich selbst. Da hat die Seele das Höchste geschaut, das kein sterblich Auge zu schauen vermag, und das sie niemals vergessen kann, da empfängt die Persönlichkeit den Ritterschlag, der sie für eine Ewigkeit adelt. Der Mensch wird nicht ein andrer als er zuvor gewesen, nein, er wird er selbst; das Bewußtsein schließt sich zum Ringe, und er ist er selbst. Gleich wie ein Erbe, und wäre er auch Erbe aller Schätze der Welt, diese gleichwohl nicht besitzt, ehe denn er mündig geworden, ebenso ist auch der Mensch mit der reichsten Persönlichkeit ein Nichts, ehe denn er sich selbst gewählt hat, und auf der anderen Seite ist sogar ein Mensch, den man etwa die dürftigste Persönlichkeit nennen möchte, alles, wenn er sich selbst gewählt hat, denn das Große ist nicht, dies oder das zu sein, sondern man selbst zu sein; und das vermag ein jeder Mensch, so er will.

(Kierkegaard, 1843)

Wir haben gesehen, daß ein entscheidender Unterschied zwischen primitiver Religion und Hochreligion darin liegt, daß die letztere vom Individuum eine Aktivität verlangt, die einer »Beschneidung des Herzens« gleichkommt, nämlich eine mitfühlende Haltung gegenüber unseren Mitmenschen. Moral ist unsere mentale Ausrichtung auf unseren Nächsten und auf uns selbst. Wahre Spiritualität schließt das Moralische mit ein.

Selbstbezogenheit hieße, meinen Nachbarn zum Sklaven meiner eigenen Bedürfnisse zu machen. Gelingt mir das, so müßte das logischerweise bedeuten, daß ich emotional befriedigt bin. Doch das Gegenteil ist der Fall. Es gibt zwei mögliche Handlungsweisen gegenüber dem Selbst. Entweder benutze ich andere Menschen als Objekte, um mein eigenes Selbst aufzublähen. Oder ich investiere emotional in andere, ohne dabei eine Gegenleistung zu erwarten. Letzteres führt unbeabsichtigt zu einer Bereicherung des Selbst, wohingegen das erstere dessen Verarmung zur Folge hat. Das heißt, Handeln bereichert entweder das Selbst oder schadet ihm. Handeln, das dem Selbst schadet, ist unmoralisch, und Handeln, das das Selbst bereichert, ist moralisch. Schüchternheit, Minderwertigkeitsgefühle, mangelndes Selbstvertrauen und ähnliches ist mit unmoralischem Handeln verbunden.

Wahre Spiritualität besteht darin, die seelische Aufmerksamkeit auf eine Läuterung und Verbesserung des moralischen Handelns zu konzentrieren. Um sich über das eigene geistige Handeln Klarheit zu verschaffen und dessen Ursprung und Objekt zu bestimmen, ist Distanz notwendig. Ohne eine solche Distanz ist das geistige Handeln nicht zu läutern. Mystiker und spirituelle Autoren aller religiösen Traditionen betonen, wie leicht es zu Selbsttäuschungen kommen kann. Die Neigung, an unsere Rechtschaffenheit zu glauben, ist tief verwurzelt. Deshalb muß es ein zentrales spirituelles Anliegen sein, die eigene Motivation zu erforschen. Je reiner diese Motivation, desto besser das Verhalten, das daraus erwächst.

Die Läuterung unserer Motivation bedeutet, nach und nach auch die Art unseres Handelns zu ändern. Es bedeutet, daß Erkenntnis zu einer Handlungsänderung führt, folglich liegt das Ziel im Handeln. Je reiner die Handlung, desto besser wissen wir, was unrein ist. Wer auf dem Pfad der Spiritualität schon weit gekommen ist, sieht um so klarer die eigenen Unzulänglichkeiten. Wissen ermutigt zum Handeln, und Handeln führt zu neuer Erkenntnis. Der heilige Augustin drückte das so aus: Erkenntnis führe zu Liebe und Liebe öffne das Tor der Erkenntnis.

Spiritualität ist diejenige geistige Disziplin, die auf die Läuterung der Motivation abzielt. Die Psychoanalyse konzentriert sich auf unsere Motivation, doch bleibt sie dabei nicht stehen. Patienten kommen zur Psychoanalyse, weil sie seelisch leiden. Dagegen möchten sie etwas tun. Sie sind nicht einfach Beobachter ihrer Motive, sie versuchen auch ihre Motivationsstruktur zu verbessern. Daraus ergibt sich zwangsläufig, daß Psychoanalyse eine spirituelle Funktion hat.

Der spirituelle Mensch ist jemand, für den die Läuterung seiner Motivationen zum strukturierenden Mittelpunkt seiner Aktivität geworden ist. Ein Mensch kann sich im Laufe seines Lebens nur dann moralisch weiterentwickeln, wenn er sich mit Hingabe von Spiritualität leiten läßt. Spiritualität ist wesentlich individuell, wohingegen Religion eine Institutionalisierung der individuellen spirituellen Erleuchtung darstellt.

Falsche Spiritualität verfolgt – wie die falsche Mystik – das Ziel, das Selbst zu erhöhen, es aufzublähen. Sie vermittelt dem Selbst das *Gefühl* der Rechtschaffenheit, auch ohne von ihm moralisches Handeln zu verlangen. Falsche Spiritualität umgeht die Moral. Die Formen der Spiritualität, die sich in dieser Weise als falsch erwiesen haben, sind die Gnosis, die in den ersten christlichen Jahrhunderten verbreitet war, der Jansenismus, der im siebzehnten Jahrhundert in Frankreich aufkam, und solche modernen Typen von Spiritualität, die nicht ohne Drogen auskommen. Alle diese Spiritualitäten verbindet, daß sie mit moralischem Handeln nichts zu tun haben. Häufig sind sie nicht mehr als erniedrigende Sexorgien und für das Selbst wie für andere nur zerstörerisch.

Daß wir moralische Wesen sind, heißt, daß unser Leben ein Produkt der von uns getroffenen Wahl ist. Diese Wahl wird häufig von einem Teil unseres Selbst getroffen, ohne daß wir uns dessen bewußt sind. Unter Spiritualität verstehen wir einfach die Aufmerksamkeit, mit der wir die Entscheidungen begleiten, die in jedem Augenblick unseres Lebens anstehen und vollzogen werden.

Wahre Spiritualität ist Aufmerksamkeit für die moralische Dimension unseres Lebens. Demnach wäre es falsch, Moral und Spiritualität voneinander zu trennen: Es kann moralische Weiterentwicklung nur geben, wenn sie von einer Spiritualität unterstützt und vertieft wird; eine von der Moral getrennte Spiritualität würde nur die Illusion von Rechtschaffenheit fördern.

Literatur

S. Kierkegaard, *Entweder/Oder* (1843), Zweiter Teil. Zwei erbauliche Reden (Übersetzung von E. Hirsch), in: *Gesammelte Werke*, 2. und 3. Abt. (Düsseldorf: Diederichs, 1957), S. 188.

7. Versuch einer Definition von Religion

> Die Religion ... ist das Opium des Volkes.
>
> *(Karl Marx, 1843)*

Die primitive Religion kam auf, als die Menschen anfingen, ihre Toten zu begraben, und die Hochreligion begann mit den spirituellen Meistern der Achsenzeit. Dies sind zwei phylogenetische Meilensteine in der Entwicklungsgeschichte des menschlichen Bewußtseins. Religion ist daher gleichzusetzen mit Bewußtsein von Selbstheit.

Was wurde den Menschen bewußt, so daß sie begannen, ihre Toten zu bestatten? Das Begräbnis der Toten signalisiert einen inneren Wandel und eine Erkenntnis. Bis dahin war ein Stammesmitglied einfach Bestandteil eines Organismus gewesen; in ihm gab es keine autonomen, bestimmenden Teile. Vergleichen wir den Volksstamm mit einem menschlichen Körper, dann entsprach das einzelne Stammesmitglied einem Körperglied. Guy de Maupassant erzählt in einer seiner Kurzgeschichten, wie ein Seemann bei einem Schiffsunglück einen Arm verliert und der Arm an Land gebracht und begraben wird. Das mutet den Leser seltsam an: Einen Arm begräbt man nicht, denn er besitzt kein Selbst. Ähnlich haben die Stämme im Frühstadium der Menschheit ihre einzelnen Glieder nicht begraben.

Den frühesten archäologischen Beweis für ein Begräbnisritual liefert uns die Entdeckung des Neandertalers, des *Homo sapiens neanderthalensis*. Der Fossilnachweis deutet darauf hin, daß der Neandertaler vor etwa 100 000 Jahren erstmals auftrat und vor etwa 40 000 Jahren ausgestorben ist. Er lebte während der letzten Eiszeit, die vor 70 000 Jahren begann. Aller Wahrscheinlichkeit nach entwickelte er sich aus dem *Homo erectus,* und sein Aussterben fällt mit der Entwicklung des modernen Menschen, des *Homo sapiens sapiens* zusammen. Sicher ist, daß die Neandertaler ihre Toten bestatteten, während der *Homo erectus* das nicht tat. Es gibt einen besonders erstaunlichen Fund aus der Shanidar-Höhle im Sagrosgebirge im Irak. Dort wurde vor 60 000 Jahren ein Mann bestattet, dessen Skelett dicht mit Blütenpollen umgeben ist. Sie müssen von Blumen stammen, die nicht zufällig dorthin geraten sein können, sondern sorgfältig arrangiert gewesen sein müssen. Richard Leakey sieht darin einen klaren Beweis, daß der Neandertaler ein tiefes Empfinden für die spirituelle Seite des Lebens hatte. Dementsprechend sucht er zu belegen, daß der damalige Mensch seinem inneren Wesen nach altruistisch gewesen sein müsse. Ich halte es für eine Überstrapazierung der vorhandenen Beweismittel zu behaupten, der Neandertaler sei altruistisch gewesen, aber die Toten mit solcher Anteilnahme zu begraben, läßt zumindest auf Respekt schließen, und das wiederum bedeutet ein Anerkennen von Selbstheit. Daraus folgt, daß hier jemand aus einem intentionalen Antrieb gehandelt hat. Also hatte der Neandertaler eine Selbstheit entwickelt, und so begann, was wir primitive Religion nennen.

Was verstehen wir unter Selbstheit? Um diese Frage zu beantworten, wollen wir uns die Stammesgruppe ansehen und einen Vergleich mit einer Affenhorde anstellen. Gorillas beispielsweise besitzen eine soziale Organisation, die für ihr Überleben notwendig ist. Auch die menschliche Stammesgruppe hat eine für ihr Überleben notwendige Organisation. Um sicherzustellen, daß sich die einzelnen Stammesmitglieder einordnen, setzt sie als Mittel die Androhung psychischer Strafen ein. Bei den Gorillas geschieht die Bedrohung unmittelbar physisch. Der Anführer der Horde droht bei jedem abweichenden Verhalten mit körperlicher Bestrafung. In der Stammesgruppe wird der Außenseiter mindestens mit psychischer Isolation bestraft.

Bei den Pygmäen in den Ituriwäldern von Zaire, die keine hierarchische Gesellschaftsorganisation kennen, straft die Gruppe abweichendes Verhalten damit, daß sie den Schuldigen isoliert. Colin Turnbull, der mehr als zwei Jahre bei den

Pygmäen gelebt hat, beschreibt in seinem Buch *The People of the Forest*, wie Cephu seine Stammesgenossen bei einer Jagd betrog. Zum Jagen spannen die Pygmäen Netze zwischen den Bäumen, dann betätigen sich Frauen und Kinder als Treiber, so daß das Wild ins Netz läuft. Der Erfolg dieser Aktion hängt von der Kooperation innerhalb der Gruppe ab. Cephu war heimlich vorausgegangen und hatte ein Stück weit vor dem Gemeinschaftsnetz sein eigenes Netz gespannt; er erbeutete ein Wild und nahm es mit nach Hause, wurde aber entdeckt. Eine solche individuelle Gewinnsucht, die die Arbeit der Gruppe sabotiert, gilt bei den Pygmäen als eines der schlimmsten Vergehen. So wurde Cephu für mehrere Stunden vom Umgang mit der übrigen Gruppe ausgeschlossen. Auch wenn uns das kaum eine schwerwiegende Sanktion zu sein scheint, so ist es, sagt Turnbull, in einer Gesellschaft, in der der soziale Zusammenhalt das eigentlich Wesentliche im Leben ihrer Mitglieder ist, eine sehr harte Strafe.

Bereits in der Affenhorde finden sich Ansätze psychischer Bedrohung, doch ist sie hier, weiter unten auf der Evolutionsleiter, weitaus schwächer. Es gibt also zwei verschiedene Arten, die Ehrerbietung des einzelnen sicherzustellen: Instinkt und Religion. Im Falle des Instinkts folgt die Horde oder Gruppe einem Handlungsprinzip, das für alle Mitglieder gilt und ihnen nicht die Wahl läßt, sich anders zu verhalten. Das galt solange auch für die Menschengruppe, bis die Menschen anfingen, ihre Toten zu begraben.

Man ehrt jemanden, wenn klar ist, daß er seinen Beitrag für die Gemeinschaft aus freien Stücken geleistet hat; umgekehrt drückt sich in der Weigerung, einen Menschen zu begraben, die tiefste Verachtung für ihn aus. In Sophokles' Tragödie *Antigone* beschließt die Titelheldin sich der Anordnung des Kreon zu widersetzen. Dieser hatte verfügt, Polyneikes solle nicht bestattet, sondern auf dem Schlachtfeld den Aasvögeln zum Fraß überlassen werden. Wird einem Toten die Ehre zuteil, bestattet zu werden, so ist das ein Zeichen dafür, daß er einen Beitrag geleistet hat, der die Gruppe zur Ehrung verpflichtet.

Wir wollen diese Evolutionsstufe, in der die Menschen begannen, ihre Toten zu begraben, *Klimax der Totenehrung* nennen.

Die Einsicht, daß das Individuum es verdient, geehrt zu werden, geht auf einen Wandel zurück, der dies erforderlich machte. Wenn wir Instinkt oder Trieb als ein Handeln definieren, das *seinen Ursprung in der Gruppe* hat, dann ist intentionales Handeln ein Handeln, das *seinen Ursprung im Individuum* hat. Zu einem bestimmten Zeitpunkt, etwa vor 100 000 Jahren, fand bei den Menschen ein Übergang vom instinktiven zum intentionalen Handeln statt. Damit wuchs die Plastizität des Menschen, entfalteten sich seine späteren technologischen Fähigkeiten und Möglichkeiten, die Umwelt seinen eigenen Bedürfnissen anzupassen. Äußeres Anzeichen für die neue Einsicht, daß wir intentionale Wesen sind, ist die Totenbestattung.

Die Totenbestattung war ein religiöser Akt, ein Akt der Gruppe und zugleich die Anerkennung der Intentionalität des Individuums. *Unter einem religiösen Menschenbild verstehen wir demnach eines, das den Menschen als ein intentionales Wesen postuliert.* Dem steht das positivistische Modell gegenüber, das den Wandel von vor 100 000 Jahren nicht anerkennt und behauptet, der Mensch sei ein triebgeleitetes Wesen. Es wäre falsch zu behaupten, die positivistische Auffassung sei wissenschaftlich, die religiöse hingegen nicht. Die Wissenschaft muß erweisen, welche dieser beiden Auffassungen am ehesten den Tatsachen entspricht. Der Positivismus erkennt nicht an, daß es grundlegende Veränderungen geben kann. In diesem Fall leugnet er den Wandel vom instinkthaften Handeln zum Ich-Handeln.

Ein weiterer Irrtum des Positivismus besteht in der falschen Verwendung der Trieb-Theorie. Auf einer bestimmten Erklärungsebene ist sie durchaus angebracht. Wir behaupten nicht, es sei theoretisch falsch zu sagen, jemand sei triebgeleitet. Wir behaupten nur, daß diese Aussage nicht die Ebene der sozialen emotionalen Interaktion betrifft. Auf dieser Ebene unterliegt das menschliche Verhalten anderen Prinzipien, für die

die Triebe keine Rolle spielen. Angenommen, ich bin Journalist und berichte über den Wahlkampf in Amerika und wie Bill Clinton aus seinem Wagen steigt und über ein Stück Asphalt zu einem Podium geht. Doch statt dann seine Rede zu schildern oder zu erzählen, wie er von der Menge aufgenommen wird, sage ich, er hätte von seinem Wagen nicht zum Podium gehen können, wenn da nicht fester Grund unter seinen Füßen gewesen wäre, um dann zu erläutern, wie die Erdkruste entstanden ist und sich der amerikanische Kontinent bildete, und daß es ohne all dies in Amerika keine Wahl, keine Menschen und keine Evolution der Säugetiere hätte geben können. Das alles wäre vollkommen richtig, aber gänzlich irrelevant. Es entspräche nicht der hier erforderlichen Erklärungsebene. Der Herausgeber meiner Zeitung würde mich feuern. Mit der Trieb-Theorie ist es ebenso. Ihre Erklärungskraft ist für den Bereich des menschlichen Handelns, um den es uns geht, nicht relevant. Sie spielte meiner Ansicht nach nur für die Zeit vor der *Klimax der Totenehrung* eine Rolle.

Wie steht es mit der Auffassung von Ernst Haeckel, daß sich in der Ontogenese die Phylogenese wiederholt? Das würde bedeuten, daß Züge unserer evolutionären Entwicklung erhalten bleiben, und in unserem Fall hieße das genauer, daß instinktive Triebhaftigkeit in der Persönlichkeit erhalten bleibt. Wir müssen diese Frage paradigmatisch so fassen, daß instinktives Handeln gruppengeleitet ist, wohingegen intentionales Handeln auf individueller Entscheidung beruht. Daß das Individuum innerhalb der Gruppe regrediert, scheint unstrittig und wird von Freud in *Massenpsychologie und Ich-Analyse,* von Le Bon in seinem Buch *La Foule* und auch von Bion in *Experiences in Groups* überzeugend nachgewiesen. Der augenfälligste Beweis ist aber die Art und Weise, wie in Nazi-Deutschland eine große Masse von Menschen auf ihr persönliches Urteil verzichtet hat; das gleiche geschah in Sowjetrußland und im kommunistischen China. In diesen Fällen wurde das Individuum auf einen Bestandteil eines Systems reduziert. Allerdings deutet der Umstand, daß es in diesen Fällen immer auch einige heldenhafte Individuen gab, die sich der allgemeinen Strömung widersetzten, darauf hin, daß diese Regression auf den Trieb nicht automatisch geschieht, sondern daß das Individuum imstande ist, zu wählen und sich dagegen zu entscheiden. Die Gruppensituation übt einen Druck in Richtung der Triebregression aus, und doch: Die Tatsache, daß die Möglichkeit der Wahl gegeben ist, bedeutet, daß diese Triebregression nicht das gleiche ist wie das Triebgeleitetsein der Menschen, die lebten, bevor die Stammesgruppe begann, ihre Toten zu begraben. Entscheidend ist die Wahlmöglichkeit. Hinsichtlich der Triebregression befinden wir uns nicht in derselben Lage wie unsere Vorfahren, die Hominiden vor der *Klimax der Totenehrung,* denn in der Regression liegt die Wahl, auf unser heutiges Menschsein zu verzichten. Damit ist diese Situation von der der Hominiden radikal verschieden.

Offenbar werden wir durch den Verzicht auf das, was wir sind, durch den Verzicht auf das, was wir werden können, nicht auf das Niveau wilder Tiere zurückgeworfen, sondern auf etwas Schlimmeres. Umgangssprachlich sagen wir oft, jemand benimmt sich wie ein Tier oder ist eine wahre Bestie, aber immer meinen wir damit ein bestimmtes Verhalten, das viel schlimmer ist als das eines Tieres. Die Brutalität eines Hitler ist weitaus schlimmer als die ärgsten Verwüstungen, die ein Tier anrichten kann. Ein Adler oder Löwe beispielsweise tötet, weil er Futter braucht. Seine Zerstörung hängt mit seinem Überlebensinstinkt zusammen, während bei Hitler die Zerstörung eine Leidenschaft bar jeder »Vernunft« ist, eine spirituelle, von der »Vernunft« abgekoppelte Leidenschaft. Infolge seines Losgelöstseins vom Instinkt ist der Mensch ein je nach seinen Entscheidungen umherschweifender Geist. Die Brutalität eines Hitler ist keine Sache des Instinkts, sondern eine spirituelle Leidenschaft. Das ist mit ein Grund, weshalb Sozialwissenschaftler in ihren Analysen des Naziphänomens dessen eigentliches Wesen nicht zu begreifen vermögen. Dieses Phänomen läßt sich nicht positivistisch erklären. Spirituelle Leidenschaft kann heldenhaft gut oder teuflisch schlecht sein.

Wir haben bereits gesehen, daß Loslösung vom Sinnenhaften keine Garantie für Rechtschaffenheit ist; vielmehr signalisiert sie die Freisetzung einer Spiritualität, die entweder zu den Gipfeln des Guten oder in die Tiefen des Bösen führen kann. Mit den beiden Kategorien Gut und Böse wollen wir das unterschiedliche Wesen der spirituellen Entscheidungen beschreiben. Deshalb muß die Frage, ob Haeckels Prinzip, in der Ontogenese wiederhole sich die Phylogenese, gültig ist, letztlich abschlägig beantwortet werden. Die Tatsache, daß Dinge nicht einfach »geschehen«, sondern ihnen eine Wahl vorausgeht, verändert die Handlungsebene, so daß der Mensch nie dahin zurückkehren kann, wo er einmal stand. Kehrt er aber zurück, dann hat er etwas dazu getan, dann hat er sich dafür entschieden, und das ist vor der *Klimax der Totenehrung* nicht so gewesen.

Wir sehen also, daß Religion in zwei verschiedenen, wenn auch miteinander verbundenen Ereignissen in der Evolution der Menschheit auftritt. Zwischen diesen beiden Ereignissen liegt eine Zeitspanne von 60 000 bis 100 000 Jahren. Die Mentalität, deren Vorbote das erste Ereignis war, haben wir als »primitiv« bezeichnet, ihr hauptsächliches Motivationsprinzip war das physische Überleben. Die Mentalität, die sich im zweiten Ereignis ankündigte und die ich »reif« oder »hochentwickelt« genannt habe, bestand in einer weiteren Loslösung vom Instinkt sowie einer Veränderung der Mentalität. Dabei stellte sich heraus, daß ihr Sinn in einem Handlungsmuster liegt, das über den Überlebenstrieb hinausgeht. Ich habe diese beiden verschiedenen Mentalitäten hervorgehoben, weil sie zwar in vielen anthropologischen Forschungsarbeiten und Untersuchungen über Religion einen zentralen Platz einnehmen, in der Psychoanalyse ihre Bedeutung aber fast gänzlich ignoriert worden ist. Weder Freud noch Jung hatten einen Begriff von dieser Unterscheidung, und das, obgleich diese Differenz für unser Verständnis sowohl von Religion als auch von Psychoanalyse entscheidend ist. Die einzige Ausnahme, die ich kenne, ist Erich Fromm; ihm habe ich ein späteres Kapitel gewidmet. Ich glaube, das Problem liegt darin, daß sich die meisten Sozialwissenschaftler mit ihrer Arbeit in einem verstümmelten Darwinismus bewegen und somit selbst aus primitiver Mentalität heraus handeln.

Literatur

Richard Leakey, Roger Lewin, *People of the Lake* (London: Collins, 1979).

Karl Marx, *Zur Kritik der Hegelschen Rechtsphilosophie.* Einleitung (1843), in: *Marx Engels Werke*, Bd. 1 (Berlin: Dietz, 1964), S. 378–391.

Colin Turnbull, *The Forest People* (London: Triad/Paladin Books, 1984), S. 102.

Zweiter Teil

In diesem Abschnitt betrachte ich psychoanalytische Arbeiten zum Thema Religion. Wenn ich dies auch nicht umfassend tun kann, so doch, wie ich hoffe, ausführlich genug, um die wichtigsten Punkte zu illustrieren. Mit meiner Sichtung der Haupttendenzen möchte ich zeigen, warum es dieser Literatur größtenteils nicht gelungen ist, die spirituelle Funktion der Psychoanalyse zu erhellen.

8. Freuds Religionsdiagnose

> An die unpersönlichen Kräfte und Schicksale kann man nicht
> heran, sie bleiben ewig fremd. Aber wenn in den Elementen
> Leidenschaften toben wie in der eigenen Seele, wenn selbst
> der eigene Tod nichts Spontanes ist, sondern die Gewalttat
> eines bösen Willens, wenn man überall in der Natur Wesen
> um sich hat, wie man sie aus der eigenen Gesellschaft kennt,
> dann atmet man auf, fühlt sich heimisch im Unheimlichen,
> kann seine sinnlose Angst psychisch bearbeiten.
>
> *(Freud, 1927)*

In diesem Kapitel will ich *Die Zukunft einer Illusion* untersuchen, ein Werk, das in erster Linie den psychischen Ursprüngen primitiver Religion gewidmet ist, ferner *Der Mann Moses
und die monotheistische Religion,* das sich mit der Entstehung
der Hochreligion beschäftigt. Um Freuds Theorien in diesen
beiden Werken zu verdeutlichen, werde ich Hypothesen aus
Totem und Tabu heranziehen. Der Ursprung der Religion ist
unlösbar mit dem Ursprung von Kultur und Zivilisation verbunden, daher durchzieht das Thema Religion auch viele
andere Schriften Freuds, insbesondere seine Abhandlung *Das
Unbehagen in der Kultur.*

Nach Freud liegt der Ursprung primitiver Religion in der Hilflosigkeit des Menschen gegenüber den Kräften der unpersönlichen Natur; demgegenüber liegt der Ursprung der Hochreligion in der Schuld, die der Mensch durch Vatermord auf sich
lädt. In Freuds Deutung der Religion durchzieht der Vatermord wie ein roter Faden sowohl die primitive Religion als
auch die Hochreligion. Am Anfang von *Die Zukunft einer Illusion* stellt Freud fest, daß »jeder Einzelne virtuell ein Feind
der Kultur ist«. Dies folgt aus seiner Überzeugung, daß wir
gefangen sind zwischen unseren unersättlichen Trieben und
einer Kultur, die uns verbietet, diese Triebe auszuleben. Hier
ist zu beachten, daß die Triebe in ihrer unzivilisierten Form

fortbestehen und in unserem Inneren in Schach gehalten werden müssen. Ohne den äußeren Druck, den die Kultur ausübt, sagt Freud, würden die Menschen ihren habgierigen Leidenschaften frönen:

> Denkt man sich ihre [der Kultur] Verbote aufgehoben, man darf also jetzt zum Sexualobjekt jedes Weib wählen, das einem gefällt, darf seinen Rivalen beim Weib, oder wer einem sonst im Wege steht, ohne Bedenken erschlagen, kann dem anderen auch irgendeines seiner Güter wegnehmen, ohne ihn um Erlaubnis zu fragen, wie schön, welch eine Kette von Befriedigungen wäre dann das Leben! (Bd. IX, S. 149)

Da diese in der Seele tobenden Leidenschaften ein Ausdruck der Triebe sind, muß ihr Objekt die personale Aufblähung des Individuums auf Kosten anderer sein und müssen sich die Verbote der Kultur gegen diese Selbsterhöhung richten. Freud ist jedoch der Meinung, daß keine anderen als diese gierigen Impulse existieren, daß sie auf den Trieben beruhen und daß sie sich auch im Laufe der Kulturentwicklung nicht verändert haben. Einer dieser Impulse ist der Wunsch, den eigenen Vater zu töten, wobei die aus diesem Wunsch resultierende Schuld zahlreiche Verbote nach sich zieht. Im Tabu gegen die Tötung des Totemtieres sieht Freud eine Ersatzhandlung für die Vatertötung, ähnlich wie in den sexuellen Verboten, die die Gesellschaft dem Individuum auferlegt. Doch das Verbot richtet sich immer gegen den ursprünglichen Impuls.

Es gibt eine Erfahrung, die man in der therapeutischen Praxis häufig machen kann, die aber bei Freud nicht vorkommt, da er nicht an die Wunschtransformation glaubte. Ich möchte für diese Erfahrung ein Beispiel anführen. Ich behandelte einmal einen Mann, der seiner Frau mehrfach untreu war. Er fühlte sich deswegen schuldig und pflegte zu sagen, »Ich darf nicht, ich darf nicht«, tat es aber trotzdem. Nach langer Analyse sagte er eines Tages: »Gestern hatte ich ein merkwürdiges Erlebnis. Ich sah Martha im Büro und merkte, daß ich nicht mit ihr schlafen *wollte*. Ich sah, wie anziehend sie ist, aber ich begehrte sie sexuell nicht.« Er wollte es nicht, und zwar nicht etwa, weil die Kultur in der Person seines Über-Ichs es ihm verbot, sondern weil er keinen Wunsch verspürte; die Quelle seines Verlangens hatte im Ich gelegen. Er konnte ehrlich sagen, »Ich will es nicht«, nicht aus Angst, sondern aus eigenem Wunsch.

Der Einfachheit halber wollen wir diese Erfahrung Ich-Transformation nennen. Wir werden später untersuchen, was unter »nicht aus Angst, sondern aus eigenem Wunsch« zu verstehen ist, vorläufig wollen wir es hier bei der Feststellung bewenden lassen, daß dies eine Erfahrungskomponente ist, die bei Freud keinen Platz hat und die er nicht zu kennen scheint. Ja, er behauptet, daß es eine solche Transformation des Ich gar nicht gibt. Während den meisten Psychoanalytikern schon Patienten begegnet sind, die zwar ernsthaft versicherten, sie hielten viel von Wahrheit, Gerechtigkeit und Mitgefühl, aber ihrer inneren Veranlagung nach äußerst rücksichtslos waren, sind dieselben Analytiker sehr häufig aber auch Zeugen einer Transformation, bei der das, was anfangs vom Über-Ich besetzt war, in den Besitz des Ich übergeht. Die Werte, die in einer solchen Ich-Transformation zu einem Bestandteil der Ich-Struktur werden, sind auch die Grundwerte der Hochreligion, nämlich Mitgefühl, Wahrheit und Güte.

Man könnte hier einwenden, eine Transformation des inneren Wunsches finde sich bei Freud in der Sublimierung. Ich meine jedoch, daß Freuds Begriff der Sublimierung vollkommen mit dem soziologischen Begriff »Legitimierung« übereinstimmt: Ein Soziologe würde beispielsweise sagen, daß der sadistische Impuls bei einem Chirurgen »legitimiert« ist – ebenso könnte er auch sagen, er sei »sublimiert«. In beiden Fällen ist gemeint: Der sadistische Impuls hat ein rechtmäßiges Ventil gefunden. Hier wird jedoch impliziert, daß der Betreffende in seinen inneren Wünschen sadistisch bleibt. Sublimierung sagt deshalb nichts über den Zustand des inneren Wunsches aus. Der Begriff der Sublimierung gehört in die Form der soziologischen Analyse, die man bei Freud häufig antrifft.

Nach Freud sind die von der Kultur gesetzten Verbote auf die Schuld zurückzuführen, die ihren Ursprung in der Tötung des Urvaters hat. In *Totem und Tabu* vertritt Freud die anthropologische Hypothese, die Primitiven hätten ähnlich wie die Affen in Horden gelebt und seien von einem patriarchalischen Vater regiert worden, so wie die Gorillahorde vom männlichen Oberhaupt regiert wird. Die Söhne hätten sich gegen den Vater erhoben und ihn erschlagen; die Schuld an diesem Mord sei der Ursprung der kulturellen Verbote. Damit ist auch gesagt, daß wir ungestillte Triebe in uns haben, die darauf abzielen, das eigene Selbst auf Kosten der anderen zu erhöhen: »Man [...] kann dem anderen auch irgendeines seiner Güter wegnehmen, ohne ihn um Erlaubnis zu fragen, wie schön, welch eine Kette von Befriedigungen wäre dann das Leben!« Freud suggeriert hier, die Befriedigung dieser Triebe könne für den Menschen die allerhöchste Erfüllung bringen, deshalb ist für ihn die entscheidende Frage, ob und in welchem Maße die dem Menschen auferlegten Triebopfer gemindert werden können. Unausgesprochen verneint Freud damit den Gedanken, die menschliche Rücksichtslosigkeit sei transformierbar. Seine Auffassung impliziert, die Auferlegung von Opfern führe zu einer Minderung menschlichen Glücks; er zieht dabei nicht in Betracht, daß eine solche Negation imstande ist, die schöpferischen Fähigkeiten des Individuums freizusetzen. Den klinischen Beweis sowohl für diese Fähigkeiten wie für ihre Befreiung durch Wissen und Wunsch erhält man häufig genug im Sprechzimmer.

Für Freud hängt Religion mit den Verboten des Über-Ich zusammen. Er berücksichtigt nicht die Möglichkeit eines höheren motivierenden Prinzips, wie es bei den Religionsstiftern der Achsenzeit und in den Epochen nach der Achsenzeit zu finden ist. Damit will ich nicht sagen, daß er selbst nicht nach einem höheren Prinzip gehandelt habe. Beispielsweise sagt er in seiner Einführung zum Narzißmus (1914): »Ein starker Egoismus schützt vor Erkrankung, aber endlich muß man beginnen zu lieben, um nicht krank zu werden, und muß erkranken, wenn man infolge von Versagung nicht lieben kann.« (Bd. III, S. 52) Aber er gestand einem solchen Prinzip nicht zu, daß es seine Konstanztheorie, seine hedonistischen und Trieb-Theorien veränderte, also die einzigen motivierenden Prinzipien, die Freuds Metapsychologie überhaupt zuläßt. Mit Mühe konnte er Liebe in sein theoretisches System einordnen; das gelang ihm, indem er behauptete, daß auf der Grundlage gegenseitigen Austauschs die Liebe, die jemand gibt, durch die Liebe ersetzt wird, die er oder sie erhält. Doch diesem Prinzip wird an anderer Stelle widersprochen. Wir sehen also, wie Freud sich bemüht, ein höheres Prinzip zu wahren, während er zugleich versucht, dieses mit seiner hedonistischen beziehungsweise seiner Trieb-Theorie vereinbar zu machen.

Freuds Denken ist dem Überlebenstrieb, wie wir ihn in der primitiven Religion kennen, verpflichtet, doch glaubte er an Liebe und an das Wahrheitsstreben, an Prinzipien also, die der Hochreligion angehören. Freuds Religionsdefinition trifft daher nur für die primitive Religion zu, denn er lehnte es ab, diese Prinzipien als religiöse Werte zu betrachten. Tatsächlich sind sie aber die zentralen Werte der Hochreligion.

Freud vertritt den Hobbes'schen Standpunkt, daß die meisten Menschen nur aus Angst vor einer äußeren Macht darauf verzichten, böse Taten zu begehen:

> Unendlich viele Kulturmenschen, die vor Mord oder Inzest zurückschrecken würden, versagen sich nicht die Befriedigung ihrer Habgier, ihrer Aggressionslust, ihrer sexuellen Gelüste, unterlassen es nicht, den anderen durch Lüge, Betrug, Verleumdung zu schädigen, wenn sie dabei straflos bleiben können. (Bd. IX, S. 145 f.)

Freud schreibt das oben Gesagte »unendlich vielen Kulturmenschen« zu, impliziert aber, es gelte nicht für alle. Das ist schon etwas anderes. Darf man diese Menschen »Kulturmenschen« nennen? Es wäre wohl angebrachter, sie »Menschen in der Kultur« zu nennen und die Bezeichnung »Kulturmenschen« jenen vorzubehalten, die innerlich eine Ich-Transformation vollzogen haben, das heißt denen, die nicht von der Angst vor Strafe beherrscht werden.

In dem Zitat zu Beginn dieses Kapitels behauptet Freud, der Ursprung der Religion liege in der Angst angesichts unserer Hilflosigkeit in einer Welt unpersönlicher Mächte.

> An die unpersönlichen Kräfte und Schicksale kann man nicht heran, sie bleiben ewig fremd. Aber wenn in den Elementen Leidenschaften toben wie in der eigenen Seele, wenn selbst der eigene Tod nichts Spontanes ist, sondern die Gewalttat eines bösen Willens, wenn man überall in der Natur Wesen um sich hat, wie man sie aus der eigenen Gesellschaft kennt, dann atmet man auf, fühlt sich heimisch im Unheimlichen, kann seine sinnlose Angst psychisch bearbeiten. (Bd. IX, S. 150 f.)

Das ist der Kern von Freuds Theorie. Er fährt fort, beim Kleinkind wiederhole sich dasselbe Muster in der Projektion auf seine Eltern, besonders auf den Vater. Die Religion entspringe dieser »sinnlosen Angst«, aber mit den Eltern um sich sei es möglich, seelische Kräfte aufzubieten, um die Angst zu besänftigen. Angesichts der unpersönlichen Mächte der Natur sind wir hilflos, daher glauben wir, wir könnten durch primitive religiöse Rituale und Opfer das Unvorhergesehene unter Kontrolle halten. Dann dämmerte den »alten Weisen« die Einsicht, daß das Schicksal über den Göttern steht. Das Reich der Götter oder später das Reich des Schicksals schrumpfte mit der Zunahme wissenschaftlicher Erkenntnisse. Moral wurde damit zu einer Domäne des Religiösen, und moralischen Grundsätzen wurde ein göttlicher Ursprung zugesprochen. Freud behauptet, erst als Gott zu einer einzelnen Person geworden und nicht mehr eine Flut von Geistern war, konnte sich das Individuum in ihm den beschützenden Vater neu schaffen, der den Menschen vor dem Tod bewahrt, indem er ihm ein zukünftiges Leben verspricht. Daraus entwickelte sich der Glaube an sich selbst als das geliebte Kind, das auserwählte Volk, das sich Gottes besonderen Schutzes erfreut. Diese Offenbarung, sagt Freud, »hatte den väterlichen Kern, der von jeher hinter jeder Gottesgestalt verborgen war, freigelegt«. (Bd. IX, S.153)

Freud bleibt vage, wenn er sich auf die »alten Weisen«, jene Hauptgestalten der Achsenzeit bezieht, die die primitive Religion in eine Hochreligion verwandelt haben. Obgleich er den Übergang von animistischer Religion zum Monotheismus anerkennt, schreibt er letzterem primitive Eigenschaften zu. Der Unterschied zwischen den beiden liegt für Freud im Unterschied zwischen Polytheismus und Monotheismus. Hauptaufgabe der Religion sei die Besänftigung des Gottes, und das gelte für primitive Religion ebenso wie für Hochreligion. Freud hat daher die für die Kultur entscheidende Transformation während der Achsenzeit nicht verstanden. Er scheint dem Faktum gegenüber blind zu sein, daß hier eine neue Moral geboren wurde.

Eines haben alle großen Meister der Achsenzeit gemeinsam: Sie lehrten eine neue humanitäre Moral. Freud erkannte nicht, daß sich in diesen Meistern eine Wunschtransformation vollzogen hatte: Der Buddha strebte nicht deshalb nach einem moralischen Leben, weil es ihm auferlegt war, sondern weil er es selbst wollte. Es besteht keine notwendige innere Verbindung zwischen der neuen Moral und dem Monotheismus, der ebenso primitiv sein kann wie ein Animismus. Ja, im Taoismus und frühen Buddhismus war diese neue Moral ausdrücklich mit Atheismus verbunden. *Die primitive Religion unterscheidet sich von der Hochreligion nur, was den Ursprung der psychischen Handlung angeht.*

In *Totem und Tabu* liegt nach Freud die Wurzel der Religion in der Schuld des Menschen. In *Die Zukunft einer Illusion* liegt sie in der kindlichen Hilflosigkeit und dem Angstterror, dem der Mensch ausgesetzt ist; hier kommt der Mutter eine Bedeutung zu, wie sie sie in *Totem und Tabu* an keiner Stelle hat. Freud sagt, die Mutter sei die erste Objektliebe und der erste Schutz gegen die unbestimmten Gefahren, die von der äußeren Welt drohen. Die Hilflosigkeit ist daher ein frühkindlicher Zustand in Beziehung zur Mutter.

Später übernimmt der Vater die Rolle des Beschützers. In *Der Mann Moses und die monotheistische Religion* rückt wieder der Vater auf den Ehrenplatz, und die Mutter tritt in den Hintergrund. Es wird davon ausgegangen, daß der Urmord und die damit verbundene Schuld mit dem Wechsel zum Vater zum Tragen kommt. Freud stellt dann fest, daß die Beweise für religiöse Vorstellungen sehr dürftig sind, und zieht folgenden Schluß: Erstens verdienen sie geglaubt zu werden, weil sie von unseren Urvorfahren geglaubt wurden; zweitens besitzen wir Beweise, die von alters her überliefert sind; drittens ist es nicht gestattet, die Echtheit in Zweifel zu ziehen.

Freuds Kollege, Oskar Pfister, mit dem wir uns im nächsten Kapitel beschäftigen werden, hat Freuds mangelnde Kenntnis der Bibelkritik sowie der theologischen Schriften und der Apologetik aufgedeckt. Hätte Freud irgendwelche Kenntnis dieser Dinge gehabt, dann hätte er nicht in einer Weise argumentiert, die eines Gebildeten nicht würdig ist, erst recht nicht eines Gelehrten und Genies von Freuds Format. Er sagte, religiöse Vorstellungen ergäben sich nicht aus Erfahrung oder Denken, sondern seien Illusionen, das heißt, sie seien die Erfüllung unserer stärksten und dringlichsten Wünsche, die bestehen blieben, weil sich die Hilflosigkeit des Kindes durch das Erwachsenenalter hindurch fortsetze. Der Glaube an eine Religion sei somit Ausdruck einer kindlichen Übertragung, die unverarbeitet bleibe; und die religiöse Mythologie halte das Individuum emotional in einem infantilen Zustand. Die Möglichkeit einer auf der Erfahrung des Erwachsenen gegründeten Religion sieht Freud nicht vor, ebensowenig eine Religion auf der Basis natürlicher Theologie. Mit anderen Worten, er schließt aus, daß es eine Religion geben kann, die auf unserer allgemein menschlichen Erfahrung mit der Welt beruht und die mit einer Offenbarung für Auserwählte nichts zu tun hat.

Freuds Religionsdefinition umfaßte primitive Religion, Judentum und Christentum, schloß aber alle anderen Formen aus. Seine Religionskritik erwuchs wahrscheinlich aus einem leidenschaftlichen Haß gegen das Judentum und gegen den Katholizismus, wie er sie aus dem Wien des Fin de siècle kannte. Der Gedanke, es könnte eine auf Vernunft gegründete Religion geben, kam ihm nicht in den Sinn. Freud hatte wahrscheinlich nur eine Religiosität kennengelernt, die zu den abergläubischen Varianten gehörte und ihre Bestätigung aus übernatürlichen, außer Reichweite der Vernunft liegenden Erfahrungen bezog. Er sagt an einer Stelle, der deistische Gottesbegriff, an den Philosophen glauben, sei nur ein schwacher Abklatsch jenes mächtigen personalen Gottes der religiösen Doktrinen; doch das beweist nur, wie wenig er über die eigentliche religiöse Haltung der großen Religionsstifter wußte, die für die Menschheit und den Sinn des Lebens von so grundlegender Bedeutung war.

Freud behauptet, daß die Religion die ungelösten Aspekte des Ödipuskomplexes rechtfertige:

> Es bedeutet eine großartige Erleichterung für die Einzelpsyche, wenn die nie ganz überwundenen Konflikte der Kinderzeit aus dem Vaterkomplex ihr abgenommen und einer von allen angenommenen Lösung zugeführt werden. (Bd. IX, S. 164)

Um erwachsen zu werden, sagt Freud, muß das Individuum immer eine Neurose, nämlich den ödipalen Konflikt, durchmachen, ebenso wie die Menschheit in ihrer Entwicklung zur Kultur ein Stadium der Neurose durchmacht. Diese Neurose ist die Religion, ein Stadium, das auf dem Weg zur wissenschaftlichen Rationalität durchlaufen werden muß.

Wenn die Religion keinen Schaden anrichtet, warum stellt man denen, die daran glauben wollen, nicht frei zu glauben? Für Freud ist Religion nichts Neutrales: Sie schadet dem Geist, weil sie die intellektuelle Entwicklung hemmt. Es ist besser, wenn sich die Menschen das ganze Ausmaß ihrer Hilflosigkeit eingestehen. Freud geht nicht auf die Mechanismen ein, durch die sich die Menschen von ihrem Gefühl der Hilflosigkeit befreien, indem sie sich mit einem allmächtigen Wesen identifizieren. (Ich identifiziere mich mit Gott, und auf diese Weise schütze ich mich vor dem Wissen um meine eigene Hilflosigkeit, um das Kind in mir.) Statt dessen müssen wir den Menschen beibringen, wie sie der Welt begegnen und erwachsen werden können: »Der Mensch kann nicht ewig Kind bleiben, er muß endlich hinaus ins ›feindliche Leben‹.« (Bd. IX, S. 182) Wir müssen aufhören, uns anzuklammern. Wenn ich an Gott glaube, dann bleibe ich ein Kind, das sich an Mutter und Vater klammert, auch wenn mir nicht klar ist, daß ich das tue. Sich seiner Hilflosigkeit bewußt zu werden, statt sie zu verleugnen, indem man illusionäre, schützende Eltern vor sich aufbaut, das ist ein Kernziel der Psychoanalyse. Und eine erfolgreiche Bearbeitung des Ödipuskomplexes kann dieses Ziel erreichen.

Freud bringt gegen seine eigene Ansicht ein überzeugendes Argument vor, indem er es einem imaginären Opponenten in den Mund legt, der behauptet, Freuds Begeisterung für eine auf rationalen Prinzipien gründende Gesellschaft sei selbst eine Illusion. Freud gibt zur Antwort, es bestehe ein Unterschied zwischen seiner Illusion und der religiösen Illusion: Während seine Illusion korrigierbar sei, gelte das für die religiöse Illusion nicht. »Auf die Dauer kann der Vernunft und der Erfahrung nichts widerstehen, und der Widerspruch der Religion gegen beide ist allzu greifbar.« (Bd. IX, S. 187) Er schließt sein Buch mit einem Lobgesang auf die Wissenschaft: »Unsere Wissenschaft ist keine Illusion. Eine Illusion aber wäre es zu glauben, daß wir anderswoher bekommen könnten, was sie uns nicht geben kann.« (Bd. IX, S. 189) Wir werden später sehen, daß Freuds die Wissenschaft unterstützendes Modell selbst dogmatisch und unflexibel ist.

Freud schrieb seine Abhandlung *Der Mann Moses und die monotheistische Religion* in drei Phasen; er begann damit Anfang der dreißiger Jahre und beendete den letzten Teil erst, nachdem er 1938 nach London übersiedelt war. Seine Behauptung, Moses sei kein Israelit, sondern Ägypter gewesen, mußte bei den orthodoxen Juden Anstoß erregen, und der große jüdische Orientalist Abraham Shalom Yahuda riet Freud, das Buch nicht zu veröffentlichen. Doch dieser hatte bereits die ersten beiden Teile in *Imago* drucken lassen und beabsichtigte nun, das Ganze als Buch zu publizieren. In einer Zeit, in der der Antisemitismus so gravierende Formen angenommen hatte, mußten die Juden es als einen schweren Schlag empfinden, daß Freud, ein so bedeutender Vertreter ihres Volkes und ihrer Kultur, ihnen die größte Gestalt ihrer Geschichte entzog. Berücksichtigt man diesen Umstand, so wird deutlich, daß Freud gewichtige Gründe gehabt haben muß, sein Werk zu publizieren.

Seine These, Moses sei ein Ägypter gewesen, belegt Freud zunächst mit dem Hinweis, daß Mosheh (Moses) ein ägyptisches Wort sei, das »Kind« bedeute. Er zitiert das Buch *Der Mythus von der Geburt des Helden* von Otto Rank, in dem zu lesen ist, daß die Kulturvölker ihren Helden immer eine phantastische Geburt zugeschrieben haben. Ihrer Geburt geht häufig eine Zeit der Unfruchtbarkeit voraus und auch eine das Kind betreffende warnende Prophezeihung. Das Kind ist gewöhnlich ein Sproß vornehmster Eltern; es wird ausgesetzt und dann von Tieren oder einer Familie in bescheidenen Verhältnissen aufgezogen. Aus der Psychoanalyse wissen wir, daß die vornehme und die einfache Familie eigentlich zwei Aspekte derselben Familie sind, wobei meistens erst die »vornehme« und dann die »einfache« Familie im Vordergrund steht.

Bei Moses ist es umgekehrt, er ist das Kind einfacher Eltern und wird von vornehmen Eltern angenommen; ein Teil des

Mythos bleibt – nach Freud – jedoch erhalten: Das Kind überlebt trotz starker äußerer Widerstände. Freud zieht nicht in Betracht, daß für den Juden die Geburt als Sohn des auserwählten Volkes weit höher und vornehmer einzuschätzen gewesen sein mußte als die eines Ägypters. Statt dessen erklärt er, in derartigen Mythen sei immer die zweite Familie die eigentlich richtige, so daß Moses in Wirklichkeit Kind der ägyptischen Familie sei.

Als ein Ägypter, behauptet Freud, nahm Moses in Ägypten die monotheistische Religion in sich auf und bekehrte dann einen Stamm Israels. Lange Zeit hindurch war Ägyptens Religion polytheistisch, mit Ausnahme nur der kurzen Regierungszeit von Amenophis IV., der einen Monotheismus einführte – es war der erste Versuch dieser Art in der Welt. Freud geht davon aus, daß Moses ein Schüler von Amenophis war. Dieser nannte seinen Gott Aton und sich selbst Echnaton. Nach dem Tode Echnatons wurde der fanatische Glaube – den er seinem Volk mit dem gleichen Eifer aufgezwungen hatte, wie das später Mary Tudor im Englischen Königreich mit dem Katholizismus tat – von den Priestern revidiert. Moses, der damals immer noch ein glühender Gläubiger war, blickte enttäuscht auf sein treuloses Land und wandte sich statt dessen einer Gemeinschaft armer semitischer Sklaven zu. Er stellte sich an ihre Spitze und führte sie aus Ägypten, um in Kanaan ein neues Königreich zu gründen. Es gibt eine Lücke zwischen dem Tod Echnatons und dem angenommenen Zeitpunkt des Exodus, aber Freud geht davon aus, daß sich die Religion von Aton in einem kleinen, aber treuen Kreis von Gläubigen weiter erhalten hat.

Aus dem Wunsch, die Wurzeln des Monotheismus zu erklären, und nicht, wie das in der Bibel geschieht, dessen Beginn Abraham zuzuschreiben, behauptet Freud, der Monotheismus habe mit Echnaton angefangen, dieser habe ihn an Moses weitergegeben, der dann seinerseits die Israeliten bekehrte. Doch Freuds Darstellung vermag nicht zu erhellen, wie es überhaupt zum Monotheismus kam. Es macht wenig

Unterschied, ob wir sagen, der Monotheismus habe mit Abraham oder er habe mit Echnaton angefangen; es folgt schließlich nichts daraus, wer nun diesen Glauben an die Israeliten weitergegeben hat. Wichtig ist die Unerschütterlichkeit ihres Glaubens und interessant vor allem, wie ein Mensch auf die Idee kam, es gebe nur einen Gott. Wie gelangte er zu einer solchen Überzeugung? Was hatte sie für einen Sinn? Warum vertrat er diese Überzeugung mit solch fanatischer Gewißheit? Warum wurden alle anderen Götter so entschieden verbannt? Alle diese Fragen beantwortet Freud nicht.

Es gibt aber zwischen Moses und Abraham einen außerordentlich wichtigen psychologischen Unterschied (wobei allerdings nicht klar ist, ob Freud ihn im Auge hatte): Moses wendet sich aus Einsamkeit und Enttäuschung der Bekehrung der Israeliten zu, während Abraham aus einem Gefühl von Hoffnung und Abenteuer auf die Suche nach seinem Gott geht. Es fällt schwer, daraus nicht den Schluß zu ziehen, daß Freud mit seiner Behauptung, Moses sei ein Ägypter gewesen, den Abgott seines Volkes hat entthronen wollen.

Nachdem Freud diese Fakten etabliert hat, kommt er auf eine Überlieferung zu sprechen, auf die der Prophet Hosea als erster hinwies, daß nämlich Moses von seinem eigenen Volk in Kadesch ermordet worden sei, woraufhin das Volk zur Anbetung der Götzen zurückgekehrt sei. Erst später sei der Monotheismus wieder aufgelebt, und in mehreren Migrationswellen über Generationen hin hätten die Israeliten Kanaan kolonisiert.

Freud plaziert den Mord an Moses an einer höchst bedeutsamen Stelle: Es ist der Stammes-Vatermord, der die Schuldgefühle auslöst, aus denen dann der ethische Monotheismus geboren wird. Daß die Kultur mit einem Vatermord beginnt, ist die These im letzten Teil von *Totem und Tabu*. Freud kehrt nun zu dieser These zurück und postuliert, daß die abendländische Kultur, die sich tatsächlich von der jüdisch-christlichen Kultur ableitet, auf Schuld gründet. Weil diese Religion auf Besänftigung aus ist, gleicht sie in ihrer psychischen Haltung wesentlich dem Animismus, den Freud in *Totem und Tabu* abhandelt.

Entsagung oder Loslösung aus dem Wunsch heraus, frei zu sein, um zu lieben, das zieht Freud nicht in Betracht. Er geht auch nicht auf jene Passagen bei den Propheten ein, wo in tiefem Ernst um ein humanes Verhalten gerungen wird:

> Denn ich habe Lust an der Liebe, und nicht am Opfer; und an der Erkenntnis Gottes, und nicht am Brandopfer. (Hosea 6. 6)

> Und ob ihr mir gleich Brandopfer und Speisopfer opfert, so habe ich kein Gefallen daran; so mag ich auch eure feisten Dankopfer nicht ansehen.
>
> Tue nur weg von mir das Geplärr deiner Lieder; denn ich mag dein Psalterspiel nicht hören!
>
> Es soll aber das Recht offenbart werden wie Wasser, und die Gerechtigkeit wie ein starker Strom. (Amos 5. 22–24)

> Es ist dir gesagt, Mensch, was gut ist und was der Herr von dir fordert, nämlich Gottes Wort halten und Liebe üben und demütig sein vor deinem Gott. (Micha 6. 8)

Die hier genannten ethischen Ideale sind entweder – wie viele religiöse Menschen glauben – von Gott gegeben und von Freud abgetan worden, oder man muß sie aus dem hedonistischen Schema heraus erklären, das faktisch narzißtisch ist: Ich handle so, nur um mich selbst zu befriedigen; deshalb kann eine Gesellschaft nur funktionieren, wenn sie gegen ein solches Verhalten schwere Sanktionen verhängt.

Zusammenfassend kann man sagen: Freud verurteilt hier die primitive Religion, die sich Götter oder auch nur einen Gott schafft, der uns vor den unpersönlichen, unkontrollierbaren Kräften der Natur schützen soll. Diese Religion erklärt die Geheimnisse der Natur zu einer Schöpfung Gottes und hemmt so die intellektuelle Neugier und hindert uns daran, die Welt um uns her zu ergründen. Für Freud gehören alle Religionen, primitive wie höhere, in diese Kategorie. Alle Religionen entstehen aus Schuldgefühlen, folglich sind ihre Handlungen auf Besänftigung ausgerichtet und rauben uns die Energie, die wir brauchen, um mit unserer Welt zurechtzukommen. Freud geht auf das Thema Ethik nicht ein, sieht nur den Verzicht im selben pejorativen Licht. Es ist ganz klar, daß Freud an die großen humanitären Ideale der Hochreligion glaubte, aber er brachte diese Ideale nicht mit Religion in Verbindung. Wir müssen uns nun Meissners Kritik an Freud und seinem Religionsbegriff zuwenden.

Literatur

Sigmund Freud, *Die Zukunft einer Illusion* (1927c), in: *Studienausgabe*, Bd. IX, S. 135–189.

– *Totem und Tabu* (1912–1913a), in: ebd., S. 287–444.

– *Der Mann Moses und die monotheistische Religion: Drei Abhandlungen* (1939a [1934–1938]), in: ebd., S. 455–582.

– *Das Unbehagen in der Kultur* (1930a [1929]), in: ebd., S. 191–270.

– *Zur Einführung des Narzißmus* (1914c), in: ebd., Bd. III, S. 37–68.

Peter Gay, *Freud. Eine Biographie für unsere Zeit* (Frankfurt: S. Fischer, 1989).

9. Meissners Kritik an Freud

> Ganz nebenbei, warum hat keiner von all den Frommen die
> Psychoanalyse geschaffen, warum mußte man da auf einen
> ganz gottlosen Juden warten?
>
> *(Freud, Brief an Pfister vom 9. 10. 1918)*

Die umfassendste Würdigung der Religionsauffassung
Freuds findet sich in dem Buch *Psychoanalysis and Religious
Experience* von William W. Meissner. Meissner untersucht
hier Freuds Argumentation anhand seiner wichtigsten Schrif-
ten zur Religion und setzt sich dann vor allem mit der großen
Religionsdebatte zwischen Freud und dessen Freund und
Kollegen Oskar Pfister auseinander.

Freud veröffentlichte *Die Zukunft einer Illusion* (1927) in der
Zeitschrift *Imago*, und Pfister antwortete im folgenden Jahr
mit seinem Aufsatz *Die Illusion einer Zukunft* ebenda. Oskar
Pfister, lutheranischer Pastor einer Züricher Gemeinde, hatte
1908 die Schriften Freuds für sich entdeckt und war von da an
ein begeisterter Anhänger der Freudschen Lehre. Obgleich
Pfister strenggläubiger Christ war, blieben Freud und er
lebenslang gute Freunde. Wahrscheinlich lag es an Pfisters
grenzenloser Hochachtung vor dem Genie Freuds, daß Freud
die von seiner eigenen religiösen Einstellung abweichende
Meinung des Freundes tolerieren konnte. So war Freud froh,
daß gerade Pfister die Entgegnung auf seinen religionskriti-
schen Aufsatz schrieb. (Pfisters Replik trug den Untertitel
»Eine freundschaftliche Auseinandersetzung mit Prof. Dr.
Sigm. Freud«.) Freud war sich im klaren, daß seine Schrift die
Verteidiger des religiösen Glaubens zu Entgegnungen heraus-
fordern würde, und unter diesen Umständen war ihm ein Beitrag von Pfister willkommener als aus irgendeinem anderen
Lager, das vermutlich feindseliger eingestellt sein würde.
Pfister geht in seinem Aufsatz davon aus, daß dem Totem-
kult ganz andere Determinanten zugrunde liegen als dem

101

sozialethischen Monotheismus der Propheten Israels. Er bezieht sich hierbei im Grunde auf dieselbe Unterscheidung, wie ich sie zwischen primitiver Religion und Hochreligion hervorgehoben habe, wenngleich das bei ihm nicht ganz so deutlich ist. Zu Recht macht Pfister darauf aufmerksam, wie Freud für den jüdischen Monotheismus ursprünglich dieselbe Determinante nachweist wie für den Totemismus: nämlich den Vatermord. Pfister fährt fort, die von Freud so betonten Zwangsbildungen müßten der Religion nicht inhärieren; ganz im Gegenteil, die »höchsten Religionsbildungen« (Pfister, *Imago*, S. 154), wie er sie nennt, höben den Zwang gerade auf. Nach Pfister wirkt die Religion Jesu dem von Freud beklagten »zwangsneurotischen Nomismus« entgegen. Er betont, der christliche Glaube eröffne eine neue Freiheit, seit Jesus die Liebe ins Zentrum seiner Religion gestellt hat. Jesus gelange durch die Symptome hindurch zu dem ihnen zugrunde liegenden sittlich-religiösen Konflikt, womit er gewissermaßen 1900 Jahre vor Freud Psychoanalyse betreibt.

Pfister unterstreicht, der christliche Gott sei kein versöhnender Gott, sondern einer, der gemäß der Religion Jesu in unserem Nachbarn geliebt werden müsse. Er vertritt die Ansicht, das protestantische Prinzip der Freiheit sei eine Botschaft der Befreiung nicht nur von religiösen, sondern von allen Zwängen. Die Entwicklung der Religion betrachtet er als einen Prozeß der Humanisierung und leugnet daher »rundweg, daß der Religion *als solcher* neurotischer Zwangscharakter eigne« (ebd., S. 156). Ich selbst glaube, ein solcher Zwangscharakter ist zwar primitiven Religionen inhärent, nicht aber der Hochreligion.

Zwar seien viele Elemente der Religion Produkte von Wunschdenken, sagt Pfister, doch erkläre sich daraus nicht die Religionsbildung als ganze; auch Atheismus sei nicht selten von Wunschdenken geleitet. Zudem träten mit der Höherentwicklung der Religion die egoistischen Wünsche zurück, und tatsächlich sei das, was Jesus im Namen seiner Religion fordere, dem Egoismus direkt entgegengesetzt. Seiner Natur nach sei der Mensch egoistisch, doch die christliche Lehre stelle diese Haltung gerade in Frage.

Pfister behauptet, Wunschdenken spiele auch bei der wissenschaftlichen Theorienbildung eine große Rolle. Obgleich Freud das am Ende von *Die Zukunft einer Illusion* selbst einräumt, mißt er dem doch nicht genügend Gewicht bei, da er offenbar annimmt, daß wissenschaftliche Theorie nichts mit Wuscherfüllung zu tun habe. Pfister meint, Freud idealisiere die Wissenschaft, und sein Wissenschaftsbegriff sei von der Philosophie abgegrenzt, eine Kritik, die auch Jung geäußert hat. Im Grunde hält Pfister Freuds Idealisierung der Wissenschaft für naiv: »Naturwissenschaft ohne Metaphysik gibt es nicht, hat es nie gegeben und wird es nie geben.« (ebd., S. 174)

Doch auf Freuds Hauptpunkt geht Pfister nicht ein, nämlich daß religiöse Dogmen starr sind und neuen Erkenntnissen nicht Rechnung tragen oder Rechnung so tragen können, wie wissenschaftliche Hypothesen das tun. Pfister zufolge ersetzt Freud Gefühle, Wünsche und Werte durch den Intellekt. Das sittliche Leben könne nicht, wie Freud anzunehmen scheine, allein dem Gewissen überlassen bleiben, meint er. Auch gebe es weitere Kernfragen der Religion, die Freud nicht einmal erwähne, beispielsweise die Fragen nach Sinn und Wert des Lebens.

Pfister stimmt Freuds Auffassung, daß Religion die intellektuelle Entwicklung schwächt, nicht zu und nennt eine lange Reihe von Philosophen, Wissenschaftlern, Historikern, Künstlern und Politikern, die sowohl hochintelligent als auch religiös waren. Freuds Ansicht, Religion diene zum Ausgleich für das Elend in dieser Welt, hält Pfister für eine Fehlinterpretation des Christentums.

Meissner weist in seinem Buch auf Freuds pessimistisches Menschenbild hin und zitiert aus einem Brief Freuds an Pfister:

Ich zerbreche mir nicht viel den Kopf über Gut und Böse, aber ich habe an den Menschen durchschnittlich wenig

›Gutes‹ gefunden. Die meisten sind nach meinen Erfahrungen Gesindel, ob sie sich laut zu dieser, jener oder keiner ethischen Lehre bekennen. (Brief vom 9.10.1918, in: Freud/Pfister, *Briefe,* S. 62)

Ich glaube, daß »pessimistisch« ein viel zu schwaches Wort ist für die hier ausgedrückten Gedanken. Es scheint klar, daß Freud hier wie auch an anderen Stellen seines Werkes eine geradezu verächtliche Haltung einnimmt. Meissner zeigt, daß Pfister die Natur des Menschen viel optimistischer beurteilt, wenn er sagt: »Die unterschiedlichen Einstellungen und Geisteshaltungen dieser beiden Forscher bilden den allgegenwärtigen Hintergrund, der subtil, aber durchgängig den Verlauf und Tenor ihrer Debatte beeinflußte.« (Meissner, S. 80 f.) Bei Freud wie bei Pfister fehlt jedoch das heftige Ringen zwischen Gut und Böse, das für Leute kennzeichnend ist, die den spirituellen Fragen in ihrem Leben den ersten Platz eingeräumt haben. Bei Freud finden wir einen düsteren Negativismus und bei Pfister einen etwas naiven Optimismus. Charakteristisch ist für beide ein dogmatisches Festhalten an ihrer Lehre. Pfister sagt: »Die Gefahr ist nicht groß, daß Sie sich zur Taufe melden, oder daß ich von der Kanzel herunterhüpfe.« (Pfisters Brief an Freud vom 20.2.1928, in: *Briefe,* S. 131) Diese Äußerung ist typisch für die Debatte: Keiner von beiden ist bereit, in dieser Frage von seiner Position abzurücken. In weniger wichtigen Fragen mag man sich vielleicht einigen, eine neue Synthese ist jedoch nicht in Sicht, was nur heißen kann, daß mit einem wirklich neuen, kreativen Ergebnis nicht zu rechnen ist. Eine derartig starre Haltung zieht sich durch alle Diskussionen zwischen Psychoanalyse und Religion, selbst bei Analytikern, die der Religion wohlwollend gegenüberstehen. Beide Sphären bleiben parallel, ohne daß es wirklich zu einer Synthese käme.

Meissner beginnt seine Untersuchung mit der Feststellung, die Psychoanalyse habe immer die Neigung gehabt, religiöses

Erleben psychopathologisch zu betrachten; demgegenüber neige das religiöse und theologische Denken dazu, die menschlichen Triebe und Bedürfnisse außer acht zu lassen. Ich halte es für unglücklich, daß Meissner in seinem Einführungskapitel die Dichotomie so faßt und damit offensichtlich das Freudsche Trieb-Bedürfnis-Modell als richtig akzeptiert. Wie wir gesehen haben, wird das Triebmodell der intentionalen Natur des Menschen nicht gerecht, die eine explanatorische Grundvoraussetzung aller höheren Religionsformen ist.

Meissner unterscheidet zwischen Religionen, die auf einer gesunden Grundlage entstanden sind, und Religionen, denen eine neurotische Struktur zugrunde liegt. Er zieht folgende Parallele:

> Die Situation unterscheidet sich nicht wesentlich von der eines Patienten, der unter einer unbefriedigenden Ehebeziehung leidet. Wenn die Beziehung neurotische Züge hat, wird die Analyse – sofern sie hilft, diese Züge aufzudecken und die dahinterliegenden Probleme zu lösen – zur Aufhebung der Ehe führen. Lassen sich in der Beziehung bedeutsame Elemente der Beständigkeit, Liebe und gegenseitiger Respekt feststellen, dann wird die Beseitigung der neurotischen Störfaktoren diese Beziehung nur stärken. (Meissner, S. 6)

Meissner stellt eine Dichotomie zwischen dem Religiösen und dem Humanen her. Die Psychologie kann das menschliche Verhalten und das menschliche Erleben untersuchen, ist jedoch nicht für Offenbarung und übernatürliche Erfahrungen zuständig. Er sagt auch, die eigenen religiösen Überzeugungen sollten nicht das psychologische Verständnis der Psychologen beeinflussen. Doch natürlich beeinflussen religiöse oder sonstige Überzeugungen das psychologische Verständnis. Nur wenn er gespalten ist – ein Zustand, den die Psychoanalyse gerade zu beheben sucht –, kann ein Psychologe einen starken Glauben oder eine feste Überzeugung haben,

105

ohne daß das sein psychologisches Verständnis beeinflußt. Meissner setzt also Religion mit göttlicher Offenbarung gleich, wofür die Psychologie (und auch die Philosophie) nicht zuständig ist. Auf diese Weise läßt Meissner für die natürliche Theologie – die Möglichkeit einer religiösen Erfahrung also, die allein im Lichte der Vernunft zu verstehen ist – keinen Raum. (Der einzige Autor, der über Psychoanalyse und Religion schreibt und dabei der natürlichen Religion einen Platz einräumt, ist Erich Fromm; auf ihn wollen wir später zu sprechen kommen. Merkwürdigerweise wird Fromm bei Meissner mit keinem Wort erwähnt.)

Meissner hält Liebe und gegenseitigen Respekt für die entscheidenden Bestandteile religiöser Erfahrung. Er führt dann eine Dichotomie ein zwischen einem Gott, der gänzlich unerfahrbar und jenseits des menschlichen Verstehens ist, und der Welt des Menschen. Das heißt, daß Religion im menschlichen Gefühlsleben keine Basis besitzt, und es bedeutet eine definitive Scheidung zwischen Moral und Religion. In Meissners Religionsansatz findet die Behauptung Freuds ihre Rechtfertigung, der religiöse Glaube sei fideistisch, sei ein Glaube auf der Basis eines *credo quia absurdum*. Indem Meissner Religion auf Offenbarungsreligion beschränkt, erhärtet er das *credo quia absurdum*.

Das Problem besteht darin, daß eine religiöse Überzeugung, die auf Offenbarung beruht, per definitionem von der Vernunft, also von einem entscheidenden Bestandteil menschlicher Erfahrung getrennt ist. Ein Psychoanalytiker, dessen religiöse Überzeugung auf Offenbarung und nicht auf Vernunft beruht, ist dazu verurteilt, seine religiösen Überzeugungen von seinen wissenschaftlichen Ansichten abzuspalten. Zwar hat die christliche Apologetik immer behauptet, die christliche Offenbarung widerspräche in keinem Punkt der Vernunft, doch ändert das nichts an der Tatsache, daß man den Glauben nur durch eine besondere, übernatürliche Gabe Gottes annehmen kann.

Ich glaube, für Freud war insbesondere die auf Offenbarung gründende Religion problematisch. Meissner sagt zum Beispiel: »Freuds Handicap war, daß er nicht gläubig war und feste Vorstellungen davon hatte, welche Rolle die Religion im Leben des Menschen spielt, so daß er, was Religion anging, kein objektiver und einfühlsamer Beobachter sein konnte.« (Meissner, S. 7) Allerdings könnte man einwenden, daß Freud ein sehr einfühlsamer Beobachter der Offenbarungsreligion war. Meissner befaßt sich nur mit Offenbarungsreligionen. Sein Buch handelt von der jüdisch-christlichen Religionstradition und insbesondere vom Katholizismus.

Aus Bemerkungen am Ende des Buches geht jedoch hervor, daß Meissner sich bewußt war, weite Bereiche nicht behandelt zu haben. Obgleich er ganz richtig darauf hinweist, daß Freuds Religionsauffassung reduktionistisch war, weil Freud Religion in Analogie zur Zwangsneurose verstand und weil (so Meissner zu Recht) das Moment des Zwanghaften allenfalls *ein* Aspekt von Religion ist, ist auch ihm der Vorwurf zu machen, daß seine Religionsauffassung ebenfalls zu kurz greift; vielleicht erwähnt er aus diesem Grunde Erich Fromm nicht, der einen viel umfassenderen Religionsbegriff besaß.

Daß Meissner auf Freuds These in *Der Mann Moses und die monotheistische Religion* eingeht, zeigt, daß Meissner unter den Psychoanalytikern der Vergangenheit und Gegenwart wahrscheinlich der einzige ist, der eine gründliche Kenntnis der Bibelwissenschaft besitzt. Er beginnt mit dem Eingeständnis:

Gewisse Elemente deuten auf eine mögliche Beziehung zum Aton-Kult hin. Eines dieser Elemente ist die Vorstellung, ein Gott allein sei der Schöpfer aller Dinge. Ein anderes ist die Hervorhebung, daß es nur einen Gott gebe, verbunden mit der Erkenntnis, daß eine solche Gottheit keine Stammesgottheit sein kann, sondern daß sie kosmisch und universal sein muß. (Meissner, S. 120)

Allerdings neigt Meissner zu der Ansicht, die Vorstellung von Jahwe habe sich erst allmählich, gewissermaßen durch das Zusammenwachsen der Stammesgötter herausgebildet. Das klingt plausibler als Freuds Gedanke, die Israeliten seien von Moses zum Monotheismus bekehrt worden, woraufhin die Religion mit ihm untergegangen und erst viele Generationen später wieder »erinnert« und neu belebt worden sei. Meissner glaubt, daß das Eingreifen Mose diesen synkretistischen Prozeß vertieft habe. Moses lebte etwa vier Jahrhunderte vor der Achsenzeit. Er legte in der Religion das Gewicht auf den Bund zwischen Jahwe und seinem Volk und forderte, daß das Volk als Ganzes Gott treu sein müsse. Freuds Interpretation, wie die Israeliten zum Monotheismus kamen, ist geradezu märchenhaft, vergleicht man sie mit Meissners nüchternerer, wissenschaftlicher Erklärung. Dieser nimmt an, daß sich der unbedingte Monotheismus in Israel erst zur Zeit der Propheten durchgesetzt hat und bezweifelt, daß dieser Wandel Mose zugerechnet werden kann. Die mosaische Religion besaß lediglich eine Neigung zum Monotheismus; erst viel später in der Geschichte hat man dann Moses einen uneingeschränkten Monotheismus zugeschrieben. Meissner faßt die Position Freuds folgendermaßen zusammen:

Besonders in bezug auf Freuds historische Mutmaßungen können wir durch unsere Untersuchung der Evolution der israelitischen religiösen Traditionen und angesichts heutiger Erkenntnisse über die biblische Geschichte zeigen, daß seine Hypothese – dem jüdischen Volk sei als Ersatz für seinen primitiven Polytheismus ein reiner ägyptischer Monotheismus aufgezwungen worden, der anschließend unterdrückt wurde und später als Verehrung Jahwes wieder auferstand – nicht aufrechterhalten werden kann. Realistischer scheint da die Auffassung, daß die halbnomadischen Hebräer ihre religiöse Überlieferung aus mesopotamischen Wurzeln erhielten, wobei jede Sippe aus einer polytheistischen Glaubensmatrix für sich den

Kult einer besonderen Gottheit entwickelte. Unter diesen Umständen war das Auftreten Mose ein strahlender Augenblick und ein Moment von religiöser Einsicht, ja vielleicht der Offenbarung. Aber sein Monotheismus erweist sich als zweifelhaft und existiert neben dem fortbestehenden Glauben der Hebräer. Hinzu kommt, daß es für die Moralgesetze, die mit den Geboten Gottes der mosaischen Lehre überliefert sind, überzeugendere Parallelen in nicht-ägyptischen Quellen gibt. (Meissner, S. 128 f.)

Es ist paradox, daß ausgerechnet Freud, der passionierte Ungläubige, eine phantastischere und rational weniger einleuchtende Entstehung des Monotheismus annimmt als die nüchterneren, religiösen Bibelforscher. Es ist schwer zu begreifen, was Freud sich davon versprach, als er den Übergang der Israeliten zum Monotheismus einem Ägypter namens Moses zuschrieb.

Meissner untersucht im weiteren, auf welche Weise sich in der Kindheit und Adoleszenz eine Vorstellung von Gott ausbildet und schließt seine Darstellung mit den Worten: »Man kann Freuds Erklärung als einen Versuch werten, eine kritische Einsicht in einen kleinen, aber künstlich von der vollen Breite und Komplexität der religiösen Erfahrung des Menschen isolierten Teil der Dynamik des Glaubens zu bieten.« (Meissner, S. 158) Nach Meissner verfestigt sich der Gottesbegriff auf der frühen Spiegelstufe. Mit etwa sechs Monaten fängt das Kind an, ein Ich-Gefühl zu entwickeln, indem es sein Spiegelbild wahrnimmt und internalisiert. Das wurde erstmals von Jacques Lacan formuliert, der an das konkrete Bild, das das Kind im Spiegel sieht, dachte. Später entwickelte Winnicott die Konzeption weiter und meinte nun das Bild, das das Kind von sich erhält, wenn es »sich« in der Reaktion der Mutter »sieht«. Wir dürfen annehmen, daß Meissner der Auffassung Winnicotts folgte. Ist die Spiegelphase gestört, wird das Individuum ein Gefühl der Allmacht entwickeln, dann wird es meinen, es sei *wie* Gott, statt *mit* Gott zu sein. Danach tritt das Kind in ein Stadium der Abhängigkeit von einem idealisierten Mutterbild, an dem sich seine Vorstellung von Gott herausbildet.

Von diesem Zeitraum an ist der Gottesbegriff des Kindes von elterlichen und familiären Einflüssen gefärbt. Ich bin mit Meissners Formulierung der »bösen Mutter« nicht einverstanden – die sich an der Phantasievorstellung des Kindes orientiert, zerstört und verschlungen zu werden, einer Phantasie, die dadurch gefördert wird, daß die reale Mutter nicht in der Lage ist, die Wünsche des Kindes zu befriedigen. Diese Formulierung berücksichtigt nicht genügend, wie stark das Kind selbst seine Umgebung intentional strukturiert. Hier kann man sehen, was für ein Durcheinander entsteht, wenn jemand Freuds deterministisches Modell annimmt, das libertäre Modell aber ablehnt; trotzdem akzeptiert Meissner Freuds deterministisches Modell mit seiner zugehörigen Trieb-Theorie fraglos. Das ist überraschend, versucht er doch im allgemeinen, das religiöse Menschenbild zu stützen.

Meissner glaubt, es gebe ein autoerotisches Stadium, auf das ein primärer Narzißmus folge. Die Analytiker der Objektbeziehungsschule würden dem nicht zustimmen, da für ihn aber der primäre Narzißmus mit mystischer Erfahrung zusammenhängt, müßten sie für Mystik ein anderes Erklärungsmuster finden. Andererseits faßt Meissner Gott als ein selbst geschaffenes Übergangsobjekt auf; damit postuliert er, dieser Bereich könne intentional strukturiert werden, obgleich er nicht postuliert, daß das Übergangsobjekt selbst die Strukturierung vornimmt: Er übernimmt Winnicotts Auffassung, ohne jedoch zu berücksichtigen, welche Modifikation dieser phänomenologische Standpunkt erfordert.

Jeder Mensch hat sein eigenes, sein persönliches Gottesbild, es drückt sich im Gebet aus und deckt sich nicht mit dem Gott der Bibel, der Theologie oder Philosophie: »Der einzelne Gläubige betet zu einem Gott, der seinem ganz persönlichen Übergangsobjekt in seinem inneren, privaten, persönlichen, idiosynkratischen Glaubenssystem entspricht.« (Meissner, S. 182) Es besteht also eine Dichotomie zwischen dem individuellen Gottesbild und den Konzeptionen in Bibel und Theologie. Mich überrascht diese Dichotomie zwischen dem Glauben des einzelnen und dem Glauben der Gemeinde. Der bedeutendste Beitrag, den die liturgische Bewegung leistete, die wie eine Wellenbewegung in den fünfziger und sechziger Jahren die christlichen Kirchen durchlief, dürfte wohl gewesen sein, daß sie betonte, die Frömmigkeit des einzelnen Christen entspreche der Frömmigkeit der gesamten Christenheit. Auch das jüdische Gebet ist eine private Aneignung dessen, was eigentlich als Andacht des Gottesvolkes gefeiert wird. Die liturgische Bewegung vertrat die Ansicht, eine von der Gemeindestruktur losgelöste Frömmigkeit neige zu Sentimentalität. Im Gegensatz zu Freud sagt Meissner, es wäre ebenso falsch, jemandem sein Gottesbild zu rauben, wie es falsch wäre, einem Kind seinen Teddybären wegzunehmen. Das trifft jedoch nicht Freuds Argument: daß nämlich der Gläubige angesichts seiner Hilflosigkeit in der Religion Trost sucht.

In Meissners Darlegung der Übergangsphänomene herrscht einige Verwirrung, wenn er behauptet, die Illusion liege zwischen dem Subjekt und der Wirklichkeit, so als ob es eine vom Subjekt unabhängige Wirklichkeit gebe, die nicht konstruiert ist. Doch was ist, wenn die gesamte Wirklichkeit eine Konstruktion ist? Dann brauchen wir ein anderes Kriterium, um zwischen dem Wirklichen und dem Unwirklichen zu unterscheiden. Eine solche Argumentation ist zum Scheitern verurteilt, weil sie sich auf die Gottesidee konzentriert, während der Kern der Hochreligion im moralischen Handeln liegt. Was die menschlichen Dinge angeht, liegt die Differenz zwischen dem Wirklichen und Unwirklichen in der Qualität des moralischen Handelns. Bei der Analyse des Wirklichen muß man zwischen der nicht-menschlichen Wirklichkeit, die von den Naturwissenschaften erforscht wird, und der menschlichen Wirklichkeit, die die Humanwissenschaften erforschen, unterscheiden.

Meissner behauptet, nach Freuds Auffassung sei das Nervensystem rein reaktiv, wohingegen die neuere neurologische Forschung zeige, daß das Nervensystem selbst Impulse aussende und daß die verschiedenen Niveaus der Verarbeitung neuronaler Energie mit den Motivationsinstanzen nichts zu tun hätten. Mit seiner Entscheidung für ein hermeneutisches Modell der Psychoanalyse schließt er das naturwissenschaftliche Modell der Psychoanalyse aus. Nach der Phänomenologie, so stellt er fest, ist die Intentionalität das bestimmende Charakteristikum des Seelenlebens, und dieser Auffassung folgt er hier. Man hat den Eindruck, daß das, was Meissner im Zusammenhang mit den Übergangsphänomenen über Wirklichkeit sagt, dem Standpunkt widerspricht, den er in seinem Buch sonst weitgehend vertritt. Ich glaube, er gerät deshalb in diese Widersprüche, weil die von ihm verteidigte intentionalistische Position eigentlich eine Absage an die deterministische Theorie von Freud erfordert. Doch diesen Schritt tut er nicht. Daß für Meissner die Intentionalität zentral ist, darüber besteht kein Zweifel: »Letztlich ist also, sowohl aus philosophischer als auch aus psychoanalytischer Perspektive die Intentionalität für das gesamte Seelenleben fundamental.« (Meissner, S. 210)

Und er zeigt weiter, daß Intentionalität nicht nur kognitiv ist, sondern sich »auf alle Aspekte menschlicher Beziehungen« erstreckt, daß sie sowohl Objekte als auch Personen umfaßt. Nach diesem Verständnis ist Freuds hedonistische Theorie ein »geschlossenes System«. Doch obwohl hier die Hochreligion mit einer Theorie der Intentionalität verbunden ist, beschränkt sich diese Intentionalität auf das Bewußtsein. Meissner stellt fest, daß die Psychoanalyse heute einen größeren Bereich des bewußten Lebens einschließt, darunter auch Anpassung und konfliktfreie Zonen des Ichs.

Ich glaube, daß die Intentionalität in der Psychoanalyse und die Intentionalität in der Religion ähnlicher sind, als Meissner glaubt. An einer Stelle deutet er an, daß bewußte und unbewußte Intentionalität einander näherstehen, als allgemein angenommen wird.

Deshalb kehrt der philosophische, phänomenologische Ansatz die psychoanalytische Dichotomie zwischen bewußten und unbewußten geistigen Prozessen gänzlich um. Er widerspricht der These, das Unbewußte sei die wahre Wirklichkeit, und das bewußte Handeln ließe sich nur erklären oder verstehen, wenn es entsprechend auf unbewußte Prozesse reduziert wird. Statt dessen behauptet er, daß Bewußtes und Unbewußtes an derselben Wirklichkeit und Bedeutung teilhaben. (Meissner, S. 208)

Indem Meissner daran festhält, daß das Unbewußte ein eigener und getrennter Bereich des Geistes sei, hat er sich ein Hindernis in den Weg gelegt, das ihm verwehrt zu erkennen, wie nah das religiöse und das psychoanalytische Modell des Geistes einander sind. Das Unbewußte entsteht durch Verdrängung, und Verdrängung ist, wie Freud gezeigt hat, das *Sich-Zurückziehen* der psychischen Aufmerksamkeit aus einer bestimmten Sphäre des Geistes. Diese Sphäre ist die Handlungsinstanz, die den Objekten gegenüber unmoralisch handelt, das heißt, sie ist das Böse. Das Ich *schafft* also einen Bereich des Unbewußten, frei nach dem sokratischen Prinzip, demzufolge man nicht etwas Böses tun und das zugleich wissen kann; deshalb spalte ich das Böse ab oder, mit anderen Worten, bilde ich das Unbewußte aus. Demnach ist das Unbewußte ganz entschieden ein religiöser Begriff.

Bei seiner Auseinandersetzung über freien Willen und Determinismus sagt Meissner, die Psychoanalyse habe die deterministische Verbindung gelockert. Er dringt jedoch nicht bis zu den Wurzeln der Freiheit vor, weil er Freiheit nicht aus moralischer Perspektive analysiert. Er sieht nicht, daß moralisches Handeln notwendig frei ist, weil darin impliziert ist, daß aus einem über den Überlebenstrieb hinausgehenden Motiv gehandelt wird. Und er sieht auch nicht, daß wir, um der Intentionalität einen Sinn zu geben, eine Theorie moralischen Handelns brauchen, die durch psychoanalytische Deutung erhellt wird. Leider setzt Meissner, wie so viele andere, Determinismus mit Wissenschaftlichkeit gleich. Hier stutzt der Leser, denn der Autor konstatiert: »Die Psychoanalyse ist letztlich eine Naturwissenschaft und kann sich den Erfordernissen naturwissenschaftlicher Methodologie nicht entziehen.« (Meissner, S. 213)

Meissner übernimmt die Ansicht traditioneller katholischer Apologeten, die Psychoanalyse stünde zu den Forderungen der katholischen Kirche nicht in Widerspruch. Er rechnet jedoch nicht mit der Möglichkeit, daß die Psychoanalyse eigentlich eine Moral, ja eine Spiritualität ist, die eine Revision des christlichen Dogmas und der moralischen Einstellung erfordert. Ich glaube, gerade weil die Psychoanalyse eine Spiritualität ist, die auf Vernunft gründet und sich daher als Ersatz für Offenbarungsreligion anbietet, muß Meissner sie sicherheitshalber als Naturwissenschaft verkaufen, denn als solche kann sie keinen Schaden anrichten.

Bei seiner Diskussion von Moral macht Meissner einen Fehler: Es scheint, als setze er Moral mit Moralisieren gleich. Wenn er als Analytiker die Ansicht vertritt, daß triebgeleitetes Verhalten moralisch ist, dann steht das im Widerspruch zu dem, was er vorher über Intentionalität gesagt hat. Intentionales Handeln gegenüber Objekten ist notwendig moralisch. Mag sein, daß wir wünschten, das wäre nicht so, doch es ist so.

Nach Meissner nimmt die Psychoanalyse die menschliche Sphäre ein, die Sphäre der Naturwissenschaften, während Religion etwas Gottgegebenes ist: »Entweder akzeptiert man die religiöse Sicht, weil man daran glaubt, dann wird man auch das religiöse Glaubenssystem akzeptieren. Oder man tut das nicht.« Mit einem Handstreich tut diese Äußerung die Möglichkeit ab, religiöses Handeln könne etwas unbewußt Emotionales sein, und rechtfertigt Freuds *credo quia absurdum* als Grundlage allen religiösen Glaubens. Trotzdem bleibt Meissners Buch eine wertvolle Arbeit, besonders was seine

Klärung der Debatte zwischen Freud und Pfister sowie seinen
Beitrag zur Erforschung der Ursprünge des Monotheismus
angeht.

Literatur

Sigmund Freud/Oskar Pfister, *Briefe 1909–1938*, hg. von Ernst L. Freud
und Heinrich Meng (Frankfurt: Fischer, 1963).

William W. Meissner, *Psychoanalysis and Religious Experience* (New
Haven: Yale University Press, 1984).

Oskar Pfister, »Die Illusion einer Zukunft«, *Imago*, 14. Jg., 1928, Heft 2/3,
S. 149–184.

10. C. G. Jungs Herausforderung

> Unter allen meinen Patienten jenseits der Lebensmitte [...] ist nicht ein einziger, dessen endgültiges Problem nicht das der religiösen Einstellung wäre. Ja, jeder krankt in letzter Linie daran, daß er das verloren hat, was lebendige Religionen ihren Gläubigen zu allen Zeiten gegeben haben, und keiner ist wirklich geheilt, der seine religiöse Einstellung nicht wieder erreicht.
>
> *(Jung, 1932a)*

Es gibt bei C. G. Jung so viele Widersprüche, daß es schwer ist, seine Ansichten kohärent darzustellen. Ich werde die Widersprüche immer dann offenlegen, wenn wir auf sie stoßen.

Jung skizziert sein Religionsverständnis in seinen Terry Lectures von 1937, die später unter dem Titel »Psychologie und Religion« veröffentlicht wurden. Der erste Widerspruch liegt schon in Jungs Begriff von der Beziehung zwischen dem menschlichen Subjekt und der Objektwelt. Einerseits sagt Jung, Tatsachen seien Tatsachen, die sich dem Bewußtsein so einprägten, *wie sie sind;* andererseits hält er Tatsachen für Produkte imaginativer Konstruktion. Ist Jung im einen Fall ein strenger Empirist in der Tradition von Locke, so ist er im anderen ein Konstruktivist in der Nachfolge Kants. In Jungs Religionsanalyse herrscht allerdings die empiristische Perspektive vor, und dem entspricht auch seine Definition:

> Religion ist, wie das lateinische Wort *religere* meint, eine *sorgfältige und gewissenhafte Beobachtung* dessen, was Rudolf Otto treffend das »*Numinosum*« genannt hat, nämlich eine dynamische Existenz oder Wirkung, die nicht von einem Willkürakt verursacht wird. Im Gegenteil, die Wirkung ergreift und beherrscht das menschliche Subjekt, welches immer viel eher ihr Opfer denn ihr Schöpfer ist. (*GW,* Bd. 11, S. 22)

Ich vertrete dagegen den folgenden Standpunkt: Eine Religion, die – unter den in der modernen Welt herrschenden gesellschaftlichen Strukturen – für unser Leben relevant sein soll, ist ein menschliches Konstrukt mit Hilfe der Vernunft. Jung behauptet das genaue Gegenteil: Der wesentliche Punkt ist, daß sich der Mensch der Macht eines äußeren Faktums – des Numinosums – unterwerfen soll, das sich der Seele bemächtigt. Es ist leicht vorstellbar, wie eine solche Unterwerfung zu extremem Masochismus, zu einer Unterdrückung des Selbst führen kann. Nach meiner Erfahrung als Analytiker liegt die Ursache dafür, daß jemand unterdrückt wird – sei es, eine Frau von ihrem Mann, ein Mann von seinem Chef oder jemand von dem gesellschaftlichen System, in dem er lebt – im unbewußten Wirken eines ungehemmten Über-Ichs. Was Jung einer äußeren Wirklichkeit zuschreibt, schreiben die Objektbeziehungstheoretiker einer inneren Wirklichkeit zu, eben dem ungehemmten Über-Ich, das in ein äußeres Objekt projiziert wird.

Jung hat nicht nur gesagt, daß er an die Existenz Gottes glaube, sondern auch, daß er *wisse*, daß Gott existiert. Ich will hier nicht darüber streiten, ob ein rationaler Beweis für die Existenz oder Nicht-Existenz Gottes überhaupt möglich ist, dazu wären erst eine erkenntnistheoretische Analyse und dann eine ontologische Untersuchung erforderlich, was weit über den Rahmen meines Buches und über meine eigene Kapazität hinausginge. Menschen, die an ein absolutes Wesen glauben, können sich in ihrer emotionalen Wahrnehmung dieses Wesens erheblich unterscheiden. Caryll Houselander sagte einmal: »Der größte Trugschluß ist, zu meinen, wir verehrten alle den gleichen Gott.«

Jung sieht im Numinosum etwas, was das menschliche Subjekt »ergreift und beherrscht« (*GW,* Bd. 11, S. 22). Genauso wirkt das ungehemmte Über-Ich in der Persönlichkeit. Der Kleinianische Psychoanalytiker Herbert Rosenfeld versuchte (wie aus einigen seiner klinischen Arbeiten hervorgeht), die

Macht des Über-Ich zu reduzieren. Jung rät dagegen, sich ihm zu unterwerfen.

Hier entsteht jedoch ein moralisches Dilemma. In der Klinik kann man beobachten, daß jemand, der sich, ohne es zu wissen, seinem ungehemmten Über-Ich unterworfen hat, sekundär andere, die in seiner mikrosozialen Umgebung sind, emotional tyrannisiert und primär seinem eigenen Selbst das gleiche antut. Wird ein Analytiker, der das weiß, zulassen, daß ein solcher Patient weiterhin über diesen Mechanismus im unklaren bleibt? Jung scheint von derartigen emotionalen moralischen Wirkungsweisen nichts gewußt zu haben; doch ob er nun davon wußte oder nicht, riet er manchen Patienten, in ihre herkömmliche religiöse »Heimat« zurückzukehren:

> Wenn der Patient ein praktizierender Katholik ist, rate ich ihm ohne Ausnahme, zu beichten und zu kommunizieren, um sich vor der unmittelbaren Erfahrung zu schützen, die leicht für ihn zuviel werden könnte. (*GW,* Bd. 11, S. 61)

Jeder erfahrene Kliniker würde Jung beipflichten, daß es für jemanden, der in der Überzeugung lebt, er habe eine traumatische Kindheit gehabt, er werde in der Arbeit von seinem Chef ausgebeutet und von seiner Partnerin nicht geliebt oder anerkannt, einen schweren Schock bedeutet, wenn er entdeckt, daß er sich seinen Eltern entfremdet, seinen Chef zur Verzweiflung gebracht und sich mit seiner Partnerin auseinandergelebt hat. Trotzdem würden viele Kliniker Jungs Strategie, einen solchen Menschen vor der Erfahrung zu schützen, nicht gutheißen. Ein erfahrener Kliniker wird wie ein geübter Handwerker langsam an der Überzeugung eines solchen Menschen arbeiten, so daß die »unmittelbare Erfahrung« im Laufe der Zeit Stück für Stück integriert werden kann. Ich behaupte nicht, daß das einfach ist oder ungefährlich, aber auch vor Gefahren Schutz zu suchen, birgt Risiken.

Das Individuum, das lieber Schutz sucht, als daß es sich der Gefahr stellt, verurteilt sich zu emotionalem Stillstand. Es entscheidet sich gegen sein emotionales Wachstum; und das bedeutet letztlich, daß die seelische Krankheit – die Neurose oder Psychose – statt erschlossen, verstanden und analysiert zu werden, durch eine Mauer abgetrennt wird. Und was die soziale Seite angeht, scheint fraglich, ob eine Religion oder ein religiöses Bekenntnis gesellschaftlich einflußreicher wird, wenn seine Anhänger sich ihm nur aus Schutzbedürfnis zuwenden. Ist das so, wen wundert es dann noch, daß die traditionellen Religionen heutzutage, in einer Welt voller Gefahren, Schrecknisse und emotionaler Katastrophen der schlimmsten Art, immer mehr an Bedeutung verlieren.

Jung stellt uns vor ein weiteres, verwandtes Problem, indem er objektive Existenz mit dem gleichsetzt, was die Mehrheit glaubt: »Psychologische Existenz ist subjektiv, insoweit eine Idee nur in einem Individuum vorkommt. Aber sie ist objektiv, insoweit sie durch einen consensus gentium von einer größeren Gruppe geteilt wird.« (*GW,* Bd. 11, S. 21) Jung schließt, daß das *Numinosum,* die äußere Wirklichkeit, mit dem *consensus gentium,* der seinerseits eine objektive Wirklichkeit darstellt, identisch sei. Nach dem Prinzip zu verfahren, Objektivität sei gleichbedeutend mit der Meinung der Mehrheit, ist aber gefährlich. Man muß nur einmal daran denken, wie im Zweiten Weltkrieg eine ganze Gesellschaft an die Ideale Hitlers geglaubt hat. Gordon Zahn zeigt in seinem Buch *German Catholics and Hitler's Wars,* daß die gesamte katholische Hierarchie die Kriegsziele Hitlers unterstützt hat und daß die katholischen Bischöfe, als Frankreich fiel, in vielen Domen Deutschlands zum Dank für diesen großen Sieg Hochämter zelebrierten. Dieses Beispiel zeigt, wie hier eine ganze Gesellschaft die Stoßrichtung von Hitlers Idealen unterstützt hat. Wie Erich Fromm bemerkt, scheint Jung sich nicht bewußt gewesen zu sein, daß es eine *folie à millions* geben kann. Das hängt mit Jungs Theorie der Archetypen zusammen, wonach ganze Bevölkerungskreise von einer Idee besessen sein können und dennoch jeder einzelne originell und kreativ sein kann; es scheint auch, als ob er eine derartige Religion durchaus schätzt.

Jung setzt Wahrheit mit dem gleich, was existiert, und reduziert sie damit auf etwas, was auf die unbelebte Welt anwendbar, aber nicht unbedingt auch der Welt des Menschen angemessen ist. Dieser Ansatz läßt keinen Raum für eine menschliche Definition der Wahrheit. Jungs Definition zwingt zu dem Schluß, der Faschismus sei wahr, weil er existiert, statt zu erkennen, daß die Wahrheit in menschlichen Dingen durch Urteile gebildet wird. Jung schließt aus, daß das Urteil ein bestimmender Faktor für Wahrheit und Wirklichkeit ist. Seine Definition des Numinosen und damit von Religion ist ebenso empiristisch:

> Das Numinosum – was immer auch seine Ursache sein mag – ist eine Bedingung des Subjekts, die unabhängig ist von dessen Willen. Jedenfalls erklärt sowohl die religiöse Lehre als auch der consensus gentium immer und überall, daß diese Bedingung einer Ursache außerhalb des Individuums zuzuordnen sei. Das Numinosum ist entweder die Eigenschaft eines sichtbaren Objekts oder der Einfluß einer unsichtbaren Gegenwart, welche eine besondere Veränderung des Bewußtseins verursacht. (*GW*, Bd. 11, S. 22)

Eine solche Auffassung bevorzugt natürlich Religionen, die die Herkunft ihrer Glaubensinhalte einer äußeren Instanz zuschreiben. Das paßt besonders gut zu den Lehren von Judentum, Christentum und Islam. Das anschaulichste Beispiel für ein Numinosum nach Jungs Definition wären demnach die Zustände ekstatischen Ergriffenseins, in denen der Prophet Mohammed die Macht Allahs erlebte. Demnach müßte die im Islam verkörperte religiöse Erfahrung für Jung ein Idealtypus sein. Unter den christlichen Religionen bevorzugte Jung den Katholizismus, weil er weniger mit Subjektivismus behaftet ist als der Protestantismus; entsprechend hat die katholische Kirche es immer mehr mit Jung als mit Freud gehalten. Nach der katholischen Theologie wird in den Sakramenten Gottes Gnade wirksam gemacht, ob nun deren Empfänger sich ihrer würdig erweist und die richtige Geisteshaltung einnimmt oder nicht. Jungs Religionsauffassung rechtfertigt auch autoritäre religiöse Einstellungen; und von hier ist es nur ein kleiner Schritt zu ideologischer Tyrannei. Sein Religionsbegriff umgeht Vernunft und menschliches Urteilsvermögen.

Das Numinose ist eine empirische Tatsache, und das menschliche Bewußtsein wird von ihm beeinflußt; daher glaubt Jung, das Individuum sei für seine seelische Erkrankung nicht verantwortlich: »Wenn man an einem wirklichen Karzinom leidet, glaubt man niemals, man sei selber der verantwortliche Schöpfer eines solchen Übels, obschon sich das Karzinom im eigenen Körper befindet.« (*GW*, Bd. 11, S. 28) Jung fährt fort:

> Aber wenn es sich um die Psyche handelt, fühlen wir sofort eine Art von Verantwortlichkeit, als ob wir die Macher unserer psychischen Zustände wären. Dieses Vorurteil ist verhältnismäßig jungen Datums. Vor nicht sehr langer Zeit glaubten sogar hochzivilisierte Leute daran, daß psychische Agentien unseren Verstand und unser Gemüt beeinflussen können [...]. In früheren Zeiten hätte der Mann mit der Karzinom-Einbildung [...] wahrscheinlich angenommen, daß jemand ein Zaubermittel gegen ihn angewandt hätte oder daß er besessen wäre. Niemals hätte er daran gedacht, sich selber für den Urheber einer solchen Phantasie zu halten. (*GW*, Bd. 11, S. 28)

Meiner Erfahrung nach stimmt das nicht. Ein Mann, der erfuhr, daß er Krebs hat, sagte, »Ich weiß, daß ich mir das selbst zugezogen habe.« Um so mehr haben Leute das Gefühl, sich psychische Krankheiten selbst zugezogen zu haben. Es ist eine klinische Tatsache, daß der Körper zu einem Gefäß werden kann, in das verhaßte innere Erfahrungen abgeleitet werden. Zum Beispiel sagte eine Patientin, als ihr Analytiker in Urlaub fuhr, das sei ganz in Ordnung, es mache ihr nichts aus, doch dann bekam sie während seiner Abwesenheit eine Lungenentzündung. Jedesmal, wenn der Analytiker den Äußerungen ihres falschen Selbst beipflichtete, brachen irgendwelche körperlichen Beschwerden aus. Es scheint, als wollte Jung, daß wir meinen, diese Beschwerden seien von Zauberern, Hexen, Dämonen oder Engeln verursacht, daß es in der Seele autonome Persönlichkeiten mit einem eigenen geistigen Leben gebe, aber er hat keine Theorie darüber, wie sie entstanden sein könnten. Jungs Religionsauffassung ist der Gegenpol zu dem, was der Buddha gelehrt und praktiziert hat, der ja glaubte, daß viele Krankheiten, die uns befallen, eine Folge unseres eigenen Handelns seien.

Wenn Jung betont, daß die Seele eines jeden Menschen verschiedene, autonome Persönlichkeiten enthält, so ist das sicherlich eine geschickte analytische Methode, um dem Individuum das Wirken solcher innerer Persönlichkeiten bewußt zu machen, damit es gegen das kämpft, was das seelische Wohlergehen stört. Doch sein Insistieren darauf, das Individuum sei für diese Persönlichkeiten nicht verantwortlich, widerspricht der eigenen Erfahrung des Autors dieses Buches.

Der befremdliche Widerspruch bei Jung besteht darin, daß er auf der einen Seite behauptet, er gehe empirisch vor, daß er andererseits aber eine Religionstheorie entwickelt, die an Aberglauben grenzt, ohne den Versuch zu machen, das Numinosum oder die Dämonen und Engel, an die er zu glauben scheint, wissenschaftlich zu erklären. Er behauptet einfach dogmatisch, daß all dies existiere.

Zu den ärgerlichsten Zügen von Jungs Argumentation gehört, daß er seine eigenen Werturteile glatt leugnet. Beispielsweise sagt er in einem Satz: »Der Protestantismus hat in der Hauptsache all die feineren Schattierungen des traditionellen Christentums verloren: die Messe, die Beichte, den größeren Teil der Liturgie und die stellvertretende Bedeutung des Priestertums.« Um dann im nächsten Satz zu sagen: »Ich muß betonen, daß diese Feststellung kein Werturteil ist und nicht die Absicht hat, eines zu sein. Ich stelle lediglich die Tatsachen fest.« (*GW,* Bd. 11, S. 38) Doch wenn er sagt, der Protestantismus habe all die »feineren« Schattierungen des traditionellen Christentums verloren, was ist das anderes als ein Werturteil? Ein anderer würde vielleicht sagen, im Protestantismus seien die »grundlegenderen« Aspekte verlorengegangen.

Daß Jung hier darauf besteht, er werte nicht, während er eben dies doch klarerweise tut, läßt hinsichtlich seiner anderen kategorischen Äußerungen Mißtrauen aufkommen. Wenn er beispielsweise über eine Reihe von Träumen sagt: »Sie stellen eine unbeeinflußte, natürliche Abfolge von Ereignissen dar.« (*GW,* Bd. 11, S. 41), so weckt das Argwohn, vor allem, wenn wir dann erfahren: »Der erste Teil des Traumes ist ein ernsthaftes Argument zugunsten der katholischen Kirche. Ein gewisser protestantischer Gesichtspunkt – daß Religion ein bloß individuelles Erlebnis sei – wird durch den Träumer abgelehnt.« (*GW,* Bd. 11, S. 44)

Träume werden durch die Übertragung tiefgreifend beeinflußt, was in der Beziehung dieses Träumers zu Jung offenbar eine große Rolle spielte. Doch obwohl Jung den Leser wissen läßt, daß dies *seine* Religionsauffassung ist, behauptet er kategorisch, die Träume seien unbeeinflußt gewesen. Da Jung für den Katholizismus eintritt, während der Träumer zum Protestantismus neigt, ist es kaum glaubwürdig, daß der Träumer gänzlich »unbeeinflußt« war.

Jung läßt bei der Traumbildung keinerlei intentionale Faktoren gelten: »Der Traum ist ein derartig schwieriger und verwickelter Stoff, daß ich nicht wage, irgendwelche Annahmen über eine ihm möglicherweise innewohnende Täuschungstendenz zu machen. Der Traum ist ein Naturereignis [...].« (*GW,* Bd. 11, S. 43) Und kurz zuvor sagt er: »*Ich nehme den Traum als das, was er ist.*« (Jungs eigene Hervorhebung) Mit anderen Worten, der Traum ist der Ausdruck einer autonomen

Persönlichkeit. Es gibt aber keine Konstruktion, kein Werturteil und auch sonst kein Urteil.

Nimmt man die oben genannte Patientin als Beispiel, so kann die autonome Persönlichkeit auf folgende Weise zustande kommen. Im inneren Kern ihrer Persönlichkeit funktioniert die Patientin wie ein Kind. Sie sagt, sie freue sich auf die Ferien, aber wenn der Analytiker verreist, überfällt sie eine Lungenentzündung. Während der nächsten Ferien entwickelt sie eine Hepatitis, und bei den darauffolgenden Gelegenheiten leidet sie an verschiedenen anderen Krankheiten. Eine zynische, höhnische Einstellung beherrscht ihr Verhalten: Es gehe ihr gut, es mache ihr nichts aus, daß der Analytiker verreise und so fort. Mit fortschreitender Analyse wird deutlich, daß sie innerlich von einer strengen Stiefmutter beherrscht wird, die das Kind einschließt, so wie Hänsel und Gretel eingeschlossen wurden. Diese Stiefmutter/Hexe übernimmt in Abwesenheit des Analytikers die Führung. Es ließ sich rekonstruieren, daß dieselbe Persönlichkeit wahrscheinlich auch die Führung übernahm, als die Patientin, damals ein Kleinkind, ihre Mutter verlor und ihr Vater noch einmal heiratete, als sie etwa drei Jahre alt war. Doch war die Führung der Stiefmutter/Hexe, als der Analytiker in Urlaub ging, kein Reiz-Reaktions-Mechanismus, vielmehr fühlte sich die Patientin verraten und wandte sich verbittert vom Analytiker ab. Diese Persönlichkeit ist daher eine menschliche Schöpfung des Individuums.

Ich bezweifle nicht, daß eine starke Prädisposition vorhanden sein kann, diese Richtung einzuschlagen, und daß sie durch ein vorhergegangenes Trauma noch verstärkt wird, aber das persönliche Element in dieser Schöpfung *und* in ihrer Dauerhaftigkeit scheint Jung gänzlich außer acht zu lassen. Ich möchte dem entgegensetzen, daß auch das Numinose auf diese Weise geschaffen wird, und weiter, daß Unterwerfung unter das Numinose den Menschen im Entwicklungsstadium des Kindes festhält.

Die Grundwerte, die von den großen Religionsstiftern, von Buddha, Jesus und Sokrates, gepredigt wurden, waren für die primitive Religion eine radikale Herausforderung. Jung hält sich an die Glaubenssätze primitiver Religion; es scheint, als billige oder schütze er den primitiven Bewußtseinszustand und schrecke davor zurück, seinen Patienten Mut zu machen, den Schritt zu einer emotional verantwortlichen, moralischen Haltung zu tun. Es scheint ihm nicht klar gewesen zu sein, welch riesigen Schritt die Initiatoren der Hochreligion getan haben. Weder Freud noch Jung haben verstanden, daß es eine viel reifere Religion gibt; der Unterschied zwischen beiden ist nur, daß Freud die primitive Religion kompromißlos verdammt, während Jung sie unterstützt.

Literatur

Isaiah Berlin, »Die Trennung zwischen Natur- und Geisteswissenschaften« (1974), in: *Wider das Geläufige* (Frankfurt: Europäische Verlagsanstalt, 1982), S. 158–195.

C. G. Jung, »Die Beziehung der Psychotherapie zur Seelsorge« (1932a), in: *Gesammelte Werke*, Bd. 11 (Düsseldorf: Walter, 1995), S. 337–355.

– »Psychologie und Religion« (Die Terry Lectures, Yale University, 1937), in: *Gesammelte Werke*, Bd. 11 (Düsseldorf: Walter, 1995), S. 17–125.

Gordon Zahn, *German Catholics and Hitler's Wars* (London: Sheed & Ward, 1963).

11. Vom Kausalen zum Moralischen in der Psychoanalyse

Freuds mechanistische und kausale Sprache steht einer ange-
messenen Würdigung seiner Ziele und Leistungen im Wege.
(Dilman, 1984)

Nach jüdisch-christlicher Auffassung hat Gott den Menschen
erschaffen, und in diesem Akt liegt auch das Ziel der Schöpfung, auf daß der Mensch an der Wohltat und Güte des göttlichen Lebens teilhabe. Das Universum ist diesem Zweck
gegenüber zweitrangig und muß in Relation zu ihm verstanden werden. Als Darwin die These vertrat, der Mensch habe
sich evolutionär aus niederen Lebensformen entwickelt, gab
es zunächst einen Aufruhr. Doch dann erklärten christliche
Apologeten, Gott habe den Menschen mittels Evolution geschaffen; so konnte die jüdisch-christliche Ansicht gewahrt
werden, daß alles aus Gottes vorherbestimmtem weisem Rat-
schluß zu erklären sei. Demzufolge muß das Gegenwärtige in
Begriffen des Künftigen erklärt werden. Ein solches Schema
nennt man in der Wissenschaft eine teleologische Ursache
(im Gegensatz zur Wirkkausalität).

Nach Darwins Erklärungsmuster liegt das Hauptmotiv für
die evolutionäre Entwicklung im Überleben: In geologischen
Zeitspannen entwickelte sich aus der einen Spezies eine
andere, weil sich bei den Nachkommen diejenigen Varietäten
durchsetzten, die am besten überleben konnten, während die
anderen auf der Strecke blieben. Aber Überleben ist nicht dasselbe, wie auf ein Ziel zuzusteuern. Der *Homo sapiens* hat sich
herausgebildet, weil eine Reihe von Varietäten, in denen wir
uns von den Schimpansen unterscheiden, zum Überleben am
besten geeignet waren. Auch ist der *Homo sapiens* nicht der
Endpunkt der Evolution, vielleicht entsteht in den nächsten
200 000 Jahren ein neues Geschöpf. Der heutige Stand der
Dinge ist aus einem *früheren* Zustand, der Wirkursache her-
vorgegangen.

DOCH ÜBERLEBEN!

In einer Welt der Wirkursachen hat Moral keinen Platz. In einer Wirkursache gibt es keine Intentionalität. Ich werde von einem Ereignis, von etwas, das geschehen ist, getrieben, und zwar in eben die Richtung, in die ich mich bewegt habe. Das Entscheidende an der Moral ist, daß ich die Wahl habe, daß ich selbst die Ursache meines Handelns bin. Eine Wirkursache hingegen ist ein blindes Handeln, das in anderen Wesen lediglich Reflexe auslöst und ausschließt, daß ein Stück Wirklichkeit die Quelle des Handelns sei. In dem Moment, in dem das Individuum die Wahl hat, also selbst die Quelle des Handelns ist, kommt Teleologie mit ins Spiel. Ich handle in einer Absicht, und Absicht ist eine teleologische Ursache. Wenn wir nur von Wirkursachen getrieben werden, haben wir keine Wahl.

Bei der Wirkursache geht es einzig ums Überleben. Wahl bedeutet hingegen: Es gibt eine Alternative. Wenn mit dem Überleben Lust verbunden ist, dann heißt, die Wahl zu haben, daß es noch andere Gründe gibt, die das Handeln bestimmen, als nur, überleben zu wollen. Freud arbeitete mit dem Erklärungsmuster der Wirkursachen. Zwar erkannte er die Möglichkeit der Wahl an, meinte damit jedoch die Entscheidung zum Aufschub einer Befriedigung: die Verzögerung der Lust um des Überlebens willen oder die Fähigkeit, eine Wirkursache abzuwenden.

Die Methode der freien Assoziation beruht insofern auf Wirkkausalität, als der Grund für die eine Wortsequenz in einer früheren Wortsequenz liegt. Die entscheidende Ursache ist jedoch ein verbotener Wunsch unterhalb der Bewußtseinsschwelle, der der Person unangenehm ist. Zu Freuds allerersten Entdeckungen über das Bewußtsein gehört daher die Annahme einer Moral: Es gibt Wünsche, bei denen ich mich schlecht fühle, daher gibt es auch Wünsche, bei denen ich mich gut fühle.

Freuds Moralauffassung ist mit dem physikalistischen Modell verquickt, das auf Wirkursachen aufbaut. Der Motivationsfaktor in diesem Modell ist homöostatisch: Im Organis-

127

mus baut sich eine Spannung auf, die, um den früheren Zustand wiederherzustellen, zur Entladung drängt. Die Wirkursache ist der Spannungszustand, der durch die Einverleibung von Speise, Trank oder eines Sexualobjektes reduziert wird. Diese Motivationstheorie liegt Freuds metapsychologischen Schriften zugrunde. Seine Moraltheorie kommt in *Die Traumdeutung* (1900a) zum Ausdruck, wo er Träume als verzerrten Ausdruck jener Wünsche interpretiert, die uns unangenehm sind und von denen wir nichts wissen wollen.

Ein Wunsch ist etwas, das *ich* habe, das *ich* entwickle, etwas, das seinen Ursprung in *mir* hat. Einen Widerspruch hat Freud aber nie aufgeklärt: Sein Modell der Moral impliziert, das Ich sei die Quelle jenes Handelns, das unterdrückt werden muß; in seinem homöostatischen Modell hingegen liegt die Quelle des Handelns im biologischen Substrat der Persönlichkeit, das heißt im Es und nicht im Ich.

Wie läßt sich der Widerspruch zwischen diesen beiden Auffassungen auflösen? Sind wir, weil wir intentionale Wesen sind, nicht den Trieben unterworfen, spielen die Instinkte bei uns keine Rolle? Es ist klar, daß wir sowohl intentionale Wesen als auch den Trieben unterworfen sind. Die Verwirrung rührt aus dem Umstand her, daß die Triebe eine Erklärung bieten, die auf einer anderen, aber für das Handeln irrelevanten Ebene liegt. Angenommen, ich betrachte zusammen mit einem Freund eine Menschenmenge, die um ein rechteckiges Feld herum steht. Er fragt mich, warum die Leute dort sind, und ich antworte, wegen der Schwerkraft, denn gäbe es die Schwerkraft nicht, dann würden sie im Raum schweben, und ich füge noch eine kurze Erklärung über das Gravitationsgesetz hinzu. Meine Erklärung ist gültig und gibt eine Antwort auf die Frage meines Freundes. Sie bildet den notwendigen Hintergrund, ohne den alles andere nicht stattfinden könnte. Und doch sagt sie ihm nicht das, was er wissen möchte.

Nach einer Sitzung verspürt ein Patient quälenden Hunger, er geht in einen Laden und ißt eine Tafel Schokolade. Am nächsten Tag fragt er seinen Analytiker, warum er solchen

Hunger hatte. Der Analytiker erklärt ihm, der Organismus brauche Energie, um das System in Gang zu halten, und Nahrung liefere ihm diese bequem speicherbare Energie. Weiter erklärt er ihm, wenn die Energie aufgebraucht sei, dann baue sich im Organismus ein Spannungszustand auf, und diesen nehme man subjektiv als Hunger wahr. Der Patient fällt ihm an dieser Stelle ungeduldig ins Wort und sagt, das alles wisse er bereits. Da rüttelt sich der medizinisch gebildete Analytiker aus seinem Traum wach und merkt, daß er hier nicht einen Medizinstudenten vor sich hat, sondern als Analytiker einem Patienten gegenübersitzt, der nach der Bedeutung seines gestrigen Hungers fragt, nicht nach dem allgemeinen psychologischen Modell von Hunger. Er sagt seinem Patienten, er glaube, daß ihn die Eröffnung seines auf ihn selbst bezogenen Todeswunsches in der letzten Sitzung dazu veranlaßt habe, die Schokolade zu essen, um seine Angst zu mindern. Die erste Erklärung war nicht falsch, aber sie hatte für den Patienten keine Bedeutung.

Die Trieb-Theorie funktioniert auf einer anderen Ebene und hat auf der interpersonalen und intrapsychischen Ebene keine Erklärungskraft. Warum hielt Freud dann so hartnäckig an ihr fest? Ich glaube, er befürchtete, mit der Aufgabe dieses Modells auf eine wissenschaftliche Erklärung zu verzichten. Mir scheint diese Annahme irrig; sie hat sich in der Psychoanalyse zu Unrecht erhalten und wird in allen Schulen weiterhin bewahrt, wenn auch in manchen mehr und in anderen weniger. Ich möchte hier nur betonen, daß die Trieb-Theorie ebensowenig aufgegeben werden muß wie die Gravitationstheorie, daß sie aber für die Sphäre, um deren Erklärung es uns geht, keine Rolle spielt.

In *Drei Abhandlungen zur Sexualtheorie* (1905d) sagt Freud, ein Trieb habe eine Quelle, ein Ziel und ein Objekt. Die Triebquelle liege im biologischen Substrat; Triebziel sei die Spannungsentladung über eine der erogenen Zonen; und das Objekt des Triebes sei das Mittel, durch das das Ziel erreicht wird. Das Sexualobjekt ist also das Mittel zum Zweck, wobei der Zweck das Ziel ist, nämlich die Reduktion des Spannungszustandes im Organismus. In dieser Theorie kommt es nicht darauf an, welches Objekt die Spannung reduziert: Wodurch auch immer der Sexualtrieb reduziert wird, sei es durch die Kopulation zwischen Mann und Frau, durch die sexuelle Begegnung zwischen Mann und Mann oder Frau und Frau oder durch eine Masturbationsphantasie, solange das Objekt nur den Sexualtrieb reduziert, erfüllt es seinen Zweck. Zwar interessierte sich Freud außerordentlich für die Verschiedenartigkeit dieser Objekte und machte sich Gedanken über sie, doch in seiner Theorie sind sie nicht differenziert, hier spielt ihre Differenz überhaupt keine Rolle.

Dem Objekt wurde von vielen Nachfolgern Freuds, vor allem von Melanie Klein und Donald Winnicott, eine besondere Bedeutung beigemessen. Der einzige Psychoanalytiker, der daraus jedoch die logische Konsequenz zog und die Freudsche Theorie entsprechend abänderte, war Ronald Fairbairn. Er behauptete, ein Trieb sei seiner Natur nach objektsuchend, folglich wurde, was in Freuds Theorie das Ziel war, nach Fairbairn das Mittel. Fairbairn sagte, der Trieb sei objektsuchend und die erogene Zone sei der Weg, den der Trieb nehmen müsse, um sein Ziel zu erreichen, damit sei er ein Mittel zum Zweck. Was für Freud der Zweck war, wurde hier zum Mittel, und was das Mittel war, wurde zum Zweck. Das führte zu einer für die psychoanalytische Praxis außerordentlich wichtigen Entwicklung: Die Art und Weise, wie mit dem Objekt umgegangen wird, wurde zum Brennpunkt der klinischen Arbeit. In England erlangte diese Richtung als die Britische Schule der Psychoanalyse oder die Schule der Objektbeziehungen große Bekanntheit; ihre Koryphäen waren Klein, Winnicott und Fairbairn.

Diese drei Autoren verwendeten für die pathologischen Ursachen sehr verschiedene Formulierungen, stimmten aber in einem überein, daß nämlich der Säugling in seiner frühesten Entwicklungsstufe ganz auf sich selbst und auf seinen

Schmerz konzentriert ist und daß er dann in ein Stadium tritt, in dem er sich auf andere Personen und auf den Umgang mit ihnen konzentrieren kann. Dieses frühe Stadium nennt Klein die paranoid-schizoide Position, Winnicott das Stadium der Rücksichtslosigkeit und Fairbairn die schizoide Position. Das Stadium, in dem der Säugling beginnt, andere Menschen wahrzunehmen und auf sie zu reagieren, erscheint bei Klein als die depressive Position, bei Winnicott als das Stadium der Anteilnahme (stage of concern) und bei Fairbairn als Stadium der Objektliebe. Einen anderen schlecht zu behandeln, weckt ein heftiges Schuldgefühl, das man nicht bewußt ertragen kann. Das Ich projiziert deshalb sein schuldhaftes Handeln in andere, spaltet sich und verlegt die schlechten Teile seiner selbst in äußere Objekte. Sein Handeln ist im Grunde darauf gerichtet, das Selbst aufzulösen und seine verschiedenen Teile auf äußere Objekte, auf den Körper, die Zukunft oder die Vergangenheit zu projizieren.

Die Psychologie der drei genannten Psychoanalytiker gründet auf der Überzeugung, daß die Art und Weise, in der das Individuum den anderen behandelt, seinen eigenen psychologischen Zustand bestimmt, und daß der psychische Status des Selbst wiederhergestellt wird, wenn es den Schaden, den es einem Objekt zugefügt hat, wiedergutmacht. Das beschädigte Objekt ist die Wirklichkeit sowohl des Selbst als auch des anderen.

Trotz aller Unterschiede zwischen diesen drei Theoretikern sind sie sich doch darin einig, daß die seelische Gesundheit von der Fähigkeit des Ichs abhängt, eine gute Beziehung zum anderen, zum Objekt und zur Wirklichkeit des Selbst aufzunehmen. Die fundamentale Ausrichtung des Selbst auf ein Objekt nennen wir das emotionale Leben des Individuums. Auf dieser fundamentalen Ebene fällt das emotionale Leben mit der moralischen Ausrichtung zusammen; unter moralischer Ausrichtung ist hier eine sehr elementare Funktionsebene zu verstehen. Mit der Britischen Schule vollzog sich, wie wir gesehen haben, ein Übergang vom Sexuellen zum

Emotionalen, so daß das letztere anstelle des ersteren zum Brennpunkt psychoanalytischer Forschung wurde.

Dieser Wechsel von deterministischer Wissenschaft (beziehungsweise Wirkkausalität) zu einer moralischen Ausrichtung (beziehungsweise teleologischen Kausalität) war tiefgreifend. Ich glaube, das war die Richtung, die Freud zwar eingeschlagen hatte, aber noch nicht wirklich verfolgen oder auch nur anerkennen konnte. Seine Nachfolger in der Britischen Schule gingen zwar in dieser Richtung weiter, konnten ihrerseits aber, genauso wie Freud, nicht zugeben, daß sie sich vom Modell der Wirkkausalität abgewandt hatten und nun ein moralisches Modell favorisierten.

Hier könnte eingewandt werden, dies sei eine moralische, keine religiöse Auffassung vom Individuum; doch wäre das, wie ich meine, ein Einwand aus jüdisch-christlicher Perspektive. Die These meines Buches ist gerade, daß die moralische Perspektive eine religiöse Perspektive ist. Daß ich sie als moralische und nicht als religiöse Perspektive definiere, hat seinen Grund darin, daß letztere das Vorhandensein eines Gottes annimmt. Das halte ich für falsch, denn einerseits ist der Glaube, daß es einen Gott gibt, mit Irreligiosität vereinbar, andererseits kann die Leugnung der Existenz Gottes mit Religiosität gepaart sein. Ich komme also zu dem Schluß, daß die Objektbeziehungsschule ein moralisches Modell des Menschen vertritt. Daraus folgt beispielsweise, daß Depression von einem Schaden herrührt, der dem Objekt zugefügt worden ist.

Diese Ansicht findet sich in Ansätzen auch bei Freud; da sie seinem physikalistischen Modell aber widerspricht, konnte er sie nicht explizit statuieren. Fairbairn entwickelte sie theoretisch am weitesten; Klein und Winnicott folgten ihr bei ihrer klinischen Arbeit praktisch, auch wenn beide theoretisch an Freuds homöostatischem Modell festhielten.

Eine wichtige psychoanalytische Schule verfolgt also mit ihrer klinischen Praxis ein spirituelles Ziel. In vielen Teilen der Erde konnte sie die Psychoanalyse beeinflussen; allerdings erhielt sie auch beträchtlichen Widerspruch von seiten anderer Schulen. Ich möchte behaupten, daß die enorme Veränderung der Sichtweise, die sich hier vollzogen hat, weder von den praktizierenden Analytikern noch von den an Freuds Auffassungen interessierten Theoretikern erkannt worden ist.

Literatur

Sigmund Freud, *Drei Abhandlungen zur Sexualtheorie* (1905d), in: *Studienausgabe,* Bd. 5 (Frankfurt: Fischer, 1994), S. 37–145.

Ilham Dilman, *Freud and the Mind* (Oxford: Blackwell, 1984), S. 3.

12. Das Verhältnis zwischen Psychoanalyse und Religion heute

> Freud spricht über die »Zukunft einer Illusion« als hielte er die Religion selbst für eine Illusion; vielleicht ist sie das, aber ich glaube, sie ist eine grundlegende Illusion. Jede einzelne Religion ändert sich mit der gerade herrschenden Mode, aber das Grundsätzliche, die Religion an sich, bleibt.
>
> *(Bion, 1992)*

Seit Freud haben nur wenige Psychoanalytiker ihr Augenmerk auf die Religion gerichtet. Und diese wenigen (von einigen bemerkenswerten Ausnahmen abgesehen) beschränkten ihren Blick auf die jüdisch-christliche Religion. Einige wertvolle Erkenntnisse erbrachten kritische Analysen über Freuds *Die Zukunft einer Illusion*. Wie wir gesehen haben, äußerte Freud in dieser Schrift die Überzeugung, der Ursprung der Religion liege in der Hilflosigkeit des Menschen angesichts der unpersönlichen Kräfte der Natur. Um aus der unerbittlichen Welt eine angenehmere Heimstatt zu machen, versah der Mensch diese anarchischen Kräfte mit menschlichen Emotionen und »vermenschlichte« so die Berge, die Ströme, das Sonnenlicht und den Donner. War der Donner der Ärger von Zeus, so tröstete das den Menschen, denn Zeus ließ sich durch Opfergaben besänftigen und so beeinflussen. Damit hörte der Mensch auf, ein hilfloses Opfer des Schicksals zu sein.

Der Animismus – jenes primitive Stadium der Religion, in dem dem System der Natur Geister zugeordnet waren – wurde durch das Pantheon der Götter ersetzt; dank rationaler Denkarbeit folgte auf die Götter ein einziger Gott; so wurde unsere tiefe Sehnsucht nach einem Vater befriedigt, der schützend über uns wacht. Religion ist eine Illusion, geschaffen, um uns vor unseren kindlichen Gefühlen der Hilflosigkeit zu bewahren. Als ein Produkt der Illusion verbraucht die Religion, diese universale Neurose der Menschheit, psychische Energie, die uns – könnten wir uns aus ihrem Gefängnis befreien – für die rationale Bewältigung der Welt zur Verfügung stünde.

Wie wir gesehen haben, stellte Freuds guter Freund Oskar Pfister als erster Psychoanalytiker diese Ansicht in Frage. Da Pfister aus tiefer Glaubensüberzeugung spricht, argumentiert er eigentlich nicht, sondern appelliert an die Gefühle. Pfister behauptet, Kultur sei eine Entwicklungsstufe und Erfüllung der Menschennatur und nicht, wie Freud glaubte, etwas, das unseren Instinkten zuwiderläuft. Es sei verkürzt, die Menschheit auf Triebe und Triebderivate zu reduzieren und damit ihre Wünsche, Ideale und Werte außer acht zu lassen. Pfister war zudem überzeugt, daß Religion das Saatbeet der Moral sei. Die christliche Moral gründe auf Herzenswünschen, nicht auf einem äußeren Gesetzeskodex: Das christliche Ideal der Nächstenliebe sei eine Verwirklichung der Herzenswünsche, keine Forderung von außen, die diesen widerspricht. Die Gebote von Gott Vater seien ein Ausdruck der tiefsten menschlichen Sehnsucht, folglich sei Gott Vater nicht aus dem Wunsch geboren, der kindlichen Hilflosigkeit zu entfliehen.

Pfisters Erklärung ist keine wissenschaftliche Kritik an der Position Freuds; er schlüpft gewissermaßen in die Rolle des schlauen Missionars (während der Missionar früherer Zeiten den Ungläubigen zu seiner eigenen Ansicht zu bekehren suchte, überzeugt der kluge Missionar sich selbst, daß er und der Ungläubige im Grunde dasselbe glauben).

Obgleich die Debatte zwischen Pfister und Freud in wechselseitiger Empathie geführt wird, ist sie letztlich doch steril: Trotz all ihrer Humanität stehen sich hier zwei Dogmatiker gegenüber, die nicht einen Fingerbreit von ihrem Credo abweichen. Mit einer bemerkenswerten Ausnahme haben alle Analytiker, die sich für Religion interessieren, einen Freud und einen Pfister in ihrer Brust – ohne daß zwischen diesen beiden irgendein Austausch stattfände.

Gregory Zilboorg wurde 1890 als Kind orthodox-jüdischer Eltern in Rußland geboren. 1919, kurz nach der Oktoberrevolution, emigrierte Zilboorg in die Vereinigten Staaten, wo er wenig später den jüdischen Glauben aufgab und Quäker wurde; gegen Ende seines Lebens konvertierte er dann zum Katholizismus. Er starb 1959 in New York.

Zilboorg hatte Medizin, Psychiatrie und Psychoanalyse studiert. Ich vermute, daß er, mit Ausnahme von Meissner, der einzige Psychoanalytiker ist, der Thomas von Aquin gelesen hat und sich in dessen Philosophie gut auskannte. Am kreativsten war Zilboorgs Erkenntnis, daß Freud und Thomas von Aquin die Wurzel des Bösen auf ein ähnliches Prinzip zurückgeführt haben. Für Freud lag sie in der polymorphen kindlichen Sexualität, für Thomas von Aquin in der Sinnlichkeit. Sinnlichkeit hieß für ihn Befriedigung der Sexualität, doch wie Zilboorg zeigt, verstand Thomas von Aquin darunter auch Gefräßigkeit. Sinnlichkeit ist Befriedigung der Lust. Über Freud sagt Zilboorg: »Ihm drängte sich der Schluß auf, daß der Mensch erst dann als erwachsen oder normal anzusehen sei, wenn alle infantilen Partialtriebe in einer einheitlichen Geschlechtskonstellation vereinigt sind.«

Im Zustand kindlicher Sexualität wird das Individuum von den Lüsten jeder einzelnen autonomen Zone beherrscht, während im Erwachsenenalter alle diese Zonen der Geschlechtskonstellation unterworfen sind. Das bedeutet, daß sie einem Zweck, nämlich der Liebe, dienen. Freud stellt in seiner Einführung zum Narzißmus (*StA*, Bd. III, S. 43) fest, der Zustand der Verliebtheit sei die Grundlage geistiger Gesundheit. Schöpferische Liebe bildet auch den Kern der thomistischen Moral. Die Quelle des Bösen, das, was den Menschen von seinen Zielen abbringt, ist die Fixierung auf Lust als ein Endziel, nicht als einen sekundären Nebeneffekt des Handelns. Daher behauptet Zilboorg, daß die Freudsche und die thomistische Moral dieselbe Quelle und dasselbe Ziel haben.

Zilboorg zeigt, daß Thomas von Aquin die Wahrheit des Aristotelischen Denkens erkannt und es seiner Theologie einverleibt hat, obwohl Aristoteles als Heide angesehen wurde und die Kirche seine Lehren erst zwei Jahrzehnte zuvor verdammt hatte. Ähnlich sollte sich später die Kirche die psychologischen Entdeckungen des Atheisten Freud zu eigen machen.

Zilboorg sagt, Freuds Ablehnung der Religion beruhe auf persönlichen Vorurteilen, auch stimmten seine antireligiösen Argumente nicht mit seinen anderen Äußerungen über menschliche Phänomene überein. Zum Beispiel verurteile Freud die Neigung des Menschen zu religiösen Illusionen, erkenne aber die Rolle der Illusion in der Kunst an; zwar akzeptiere er in der Kunst die Elemente der Sublimierung, nicht aber in der Religion. Daher seien Freuds Argumente gegen Religion nicht stichhaltig.

Meiner Ansicht nach macht Zilboorg jedoch einen Fehler, wenn er den Katholizismus der einen Sphäre und die Psychoanalyse einer anderen zuordnet. Beispielsweise meint er, die Beichte diene der Vergebung der Sünden, die Psychoanalyse dagegen der Heilung von Neurosen und Psychosen. Er untersucht so wenig, was unter Sünde zu verstehen ist, wie er die Faktoren untersucht, die Neurosen und Psychosen hervorrufen; er hält es einfach nicht für möglich, daß Sünden und Neurosen beziehungsweise Psychosen dieselbe Ätiologie haben könnten. Der Grund dafür scheint mir darin zu liegen, daß die sündhafte Handlung bewußt ist, während seelische Aktivitäten, die zu Neurosen oder Psychosen führen, unbewußt sind. Das heißt jedoch nicht, daß der intentionale Akt in beiden Sphären nicht der gleiche sein kann. Würde Zilboorg das in Betracht ziehen, müßte er den Wert mancher Aspekte seiner katholischen Religionspraxis in Frage stellen, besonders den Wert der Beichte. Er müßte dann auch zugestehen, daß die Psychoanalyse möglicherweise eine moralische Dimension besitzt.

Zilboorg ist von der Wissenschaftlichkeit der Psychoanalyse überzeugt, doch versteht er das im Sinne der Naturwissenschaft. Eine für unsere Intentionalität und interpersonale Kommunikation geeignete Methodologie fehlt seinem Wissenschaftsbegriff. Die Psychoanalyse ist eine Herausforderung für die Religion, ihre Theologie und religiöse Praxis zu ändern, und die Religion ist eine Herausforderung für das positivistische Wissenschaftsmodell, das einem großen Teil von Freuds psychoanalytischen Formulierungen zugrunde liegt. Zilboorg schreckt vor einer so großen geistigen Revolution zurück.

Ähnlich ist es, wenn Zilboorg sagt, *Caritas* oder *Agape* – die Liebe, nach der Heilige und Mystiker streben – bleibe der Psychoanalyse verschlossen. Die Wurzeln von *Agape* liegen in der Persönlichkeit, folglich stehen auch sie der psychologischen Erforschung offen. Zwar stimmt es, daß die tieferen religiösen Probleme von der Psychoanalyse bisher kaum berührt wurden, das liegt aber nicht daran, daß sie nicht erforschbar wären. Ich glaube, Zilboorg vertritt diese Auffassung, weil sein Menschenbild an Freuds Strukturmodell orientiert ist und er folglich die stärksten Triebe ins unpersönliche Es verlegt. So aber bleiben die religiösen Sehnsüchte außerhalb des wissenschaftlichen Zugriffs, weil die stärkste Quelle menschlichen Handelns in einer persönlichen Option liegt, und dieses Modell dem Analytiker Zilboorg nicht zur Verfügung stand. Ich glaube, bei den Psychoanalytikern ist dieses Modell zur Untersuchung der Persönlichkeit deshalb unbeliebt, weil sie mit ihm entdecken würden, daß die religiöse Kategorie des Glaubens oder auch Unglaubens im Zentrum des menschlichen Strebens liegt. Wo Analytiker mit diesem Modell arbeiten, ziehen sie aus ihrer Praxis keine begrifflichen Konsequenzen.

Zilboorg stellt Verbindungen zwischen Religion und Psychoanalyse her, indem er scharfsinnig gewisse gemeinsame Nenner findet, auch wenn er nicht so weit geht, eine grundsätzliche wechselseitige Durchdringung beider Sphären anzunehmen. Trotzdem gehörte in den fünfziger Jahren einiger Mut dazu, dieses Thema anzuschneiden, und Zilboorg handelte sich für seine Mühe prompt die Diffamierungen des Psychoanalytikers Ernest Jones ein; die atheistische Haltung Freuds sowie mancher seiner Nachfolger hatte auch etwas von der Raserei eines Fanatikers.

In jüngerer Zeit schrieb Stanley Leavy, ein Psychoanalytiker und Christ, ein Buch zur Apologie des Christentums mit dem Titel *In the Image of God* (1988), das offenbar an seine Analytikerkollegen sowie an Psychotherapeuten und Fachleute für seelische Gesundheit gerichtet war.

Leavy, ein gebildeter Mann mit sichtlichem Faible für Geschichte, betrachtet die Menschen mit Optimismus. Ganz Christ, ist er überzeugt, Gott habe sich im Leben und in den Lehren von Jesus Christus offenbart. Leavys Buch ist eher eine persönliche Meditation als eine streng wissenschaftliche Untersuchung der Beziehungen zwischen Psychoanalyse und Christentum. Er zieht Parallelen zwischen beiden: Die Psychoanalyse sei ein Verfahren zur Aufdeckung von Verborgenem – die Ereignisse um Jesus Christus offenbarten einen verborgenen Gott. Solche Parallelen sind poetische Metaphern, haben aber keine wirkliche Bedeutung. Demgegenüber war Zilboorgs Entdeckung, daß Freud und Thomas von Aquin in bezug auf die Ursachen unserer Sündhaftigkeit oder Zügellosigkeit gleicher Meinung sind, ein wirklicher Erkenntnisfortschritt.

Doch da Leavy die Psychoanalyse aus religiöser, anstatt, wie sonst üblich, aus medizinischer Sicht betrachtet, hat sein religiöser Standpunkt das vorherrschende positivistische Modell, auf dem die Psychoanalyse basiert, verändert:

> Wenn wir die Psychoanalyse als einen bewußten und systematischen Versuch ansehen, den seelischen Schmerz im Individuum zu verstehen und diesen Schmerz durch die Aufdeckung verborgener Intentionen zu lindern, dann brauchen wir kaum oder überhaupt nicht in medizinischen Kategorien zu denken.

Obwohl Leavy über die Erlösung von Unglück und Leiden spricht, geht er nicht auf das Gefühl des Unbefriedigtseins ein, von dem die Patienten in der Psychoanalyse befreit zu werden hoffen. Und wie Zilboorg spricht auch Leavy über das *Nir-*

vana als »die Sehnsucht eines müden Volkes, das die Hoffnung verloren hat«. Mit diesem Hinweis will ich verdeutlichen, daß beide Analytiker von speziellen Überzeugungen aus argumentieren, die nur eine sehr begrenzte Geltung haben. Leavys Buch ist weniger gründlich als das Zilboorgs und leidet wie dieses an dem Mangel, daß weder die christliche Religion noch die Psychoanalyse radikal hinterfragt werden. In beiden Fällen bleiben der Psychoanalytiker und der Christ weitgehend voneinander getrennt, obgleich Zilboorg ein paar aufschlußreiche Verbindungen zwischen dem Ursprung der Sünde (nach dem thomistischen Verständnis) und dem Ursprung der Neurose und Psychose (nach dem Verständnis Freuds) herstellt.

Leavys Aufsatz »Reality in Religion and Psychoanalysis« ruft die atheistischen Analytiker zu mehr Toleranz gegenüber Patienten auf, die an Gott glauben; er sagt klar, es beruhe auf einem Vorurteil, wenn ein Analytiker den Glauben seines Patienten als neurotisch beurteile. Ich möchte die Gelegenheit nutzen, um hier kurz zu erläutern, was mit »Gott« und der »psychologischen Natur« des Glaubens gemeint ist.

Wenn ich mir einen Gott-Vater vorstelle, um meinem Gefühl kindlicher Hilflosigkeit und den Ängsten, die dieses Gefühl hervorruft, entgegenzuwirken, dann hat mein Analytiker die Pflicht, mir zu helfen, erwachsen zu werden. Der Psychoanalytiker, dessen Aufgabe es ist, mir bei diesem inneren Übergangsprozeß beizustehen, wird dann aufdecken müssen, wie ich diesen beschützenden Gott-Vater habe in mir entstehen lassen, weil ich meinen kindlichen Zustand und auch die emotionale Aufgabe, die vor mir liegt, vor mir selbst zu verbergen suchte. Wenn mein Glaube an Gott in einer solchen Vorstellung besteht und sich diese Vorstellung in der Analyse auflöst, kann es sein, daß ich zum Atheisten werde. Eine solch oberflächliche Veränderung zeigt jedoch, daß mein Glaube an Gott eher eine Gefühlsverirrung als ein auf Wissen gegründetes Urteil war.

Daher gibt es drei mögliche Schlußfolgerungen: Theismus, Agnostizismus und Atheismus, die alle auf ontologischer Reflexion beruhen. Komme ich durch eigenes Urteil zu einer dieser Schlußfolgerungen, dann werde ich auch gegenüber den Standpunkten anderer tolerant sein. Hingegen kann ich die Anschauung eines anderen nicht tolerieren, wenn meine eigene Anschauung das Produkt einer Identifikation mit einem Idealbild ist. Wenn ich mein infantiles Selbst in der Aura der Seelenhaltung eines anderen begrabe, dann werde ich nichts ertragen können, was dessen Aura in Frage stellt, weil sonst meine eigene infantile Abhängigkeit vielleicht aufgedeckt werden könnte. Ich glaube, daß Fanatismus und Intoleranz nicht selten ihre Wurzeln in dieser psychologischen Tatsache haben.

In seinem Aufsatz entwickelt und kommentiert Leavy die Ansichten von Hans Loewald; auf drei spezielle Probleme darin möchte ich eingehen. Erstens auf seine Ansicht, daß innerhalb der präödipalen Mutter-Kind-Einheit dem sich entwickelnden Ich keine Wirklichkeit gegenüberstünde. Um die Mutter-Kind-Einheit möglich zu machen, müsse der Vater ausgeschlossen werden. Während der Vater das wahre Selbst oder die Realität repräsentiere, stehe die Mutter-Kind-Einheit im starken Gegensatz zur Realität. Diese innere Komponente habe ein äußeres Korrelativ, das in der Wahrnehmung des Individuums durch andere besteht. Ein narzißtischer Patient sei gewöhnlich auf den Rahmen der Mutter-Kind-Einheit beschränkt, nach dem Prinzip: Ich sehe nichts vom Standpunkt eines anderen, denn sonst liefe ich Gefahr, mich selbst als Säugling mit Mamas Brust zu sehen.

Leavy meint, der Kern von Loewalds Revision der psychoanalytischen Theorie liege in seinem Begriff vom Prozeß der Internalisierung, die sich nach Loewald aus den Interaktionen innerhalb der Mutter-Kind-Einheit entwickelt. Doch das ist zu vage, als daß es nützlich sein könnte, und Leavy untersucht nicht, welche spezielle Handlung zur Internalisierung führt. Ich meine, man internalisiert nur, wenn man etwas *tut;* keine

Internalisierung geschieht ohne Handlung. Verschiedene Handlungen von verschiedenen Teilen meiner selbst führen zu vielfältigen Identifikationen. Der Leser wird vielleicht mein Verständnis von Internalisierung nicht gutheißen, dann aber muß er es durch ein anderes ersetzen. Loewalds Beschreibung ist zu allgemein und nennt nicht den Faktor, der zur Internalisierung führt.

Das ließe sich anhand von Loewalds Betrachtung über Internalisierung aus christlich kultureller Perspektive nachweisen; doch möchte ich, statt diesen Punkt weiter zu verfolgen, lieber etwas anderes zeigen: nämlich Leavys – meiner Ansicht nach falsche – Auffassung von der Auferstehung. Leavy hält den Glauben an die Auferstehung Christi für eine Folge davon, daß Jesus den Aposteln »erschienen« ist, wie die Evangelien es beschreiben. Ich bin jedoch überzeugt, daß dieser Glaube im Grunde auf ein *inneres* Erleben zurückzuführen ist. Wenn ein Christ an die Auferstehung glaubt, so glaubt er, daß Gott Vater Christus von den Toten auferstehen ließ. Das aber ist so zu verstehen: »Christus« steht für »die ganze Menschheit«, die nun in einen neuen Zustand tritt, nachdem sie neuerlich der ägyptischen Knechtschaft entronnen und durch das Rote Meer in ein neues gelobtes Land gelangt ist. Das ist ein neuer Exodus, ein neuer göttlicher Rettungsakt. Mit der Auferstehung, einem Kernpunkt christlicher Lehre, hat Gott ebenso gewaltig in das Schicksal seines Volkes eingegriffen wie bei dessen Exodus. Die körperliche Erscheinung Jesu war demgegenüber nur eine blaße Manifestation dieses göttlichen Rettungsaktes. Das Wichtige im jüdisch-christlich-islamischen Glauben ist, daß sich der transzendente Gott zu seinem Volk niederbeugte und in seine Geschichte eingriff. Im Judentum ereignete sich dieser überragende Moment – *kairos* , als Moses sein Volk aus Ägypten führte; im Christentum, als Gott Christus von den Toten auferstehen ließ; im Islam, als Gott sein Wort dem Propheten offenbarte. Es scheint, daß Leavy das begrifflich nicht klar gefaßt hat.

Obgleich Leavy, wie ich sagte, Religion und Psychoanalyse voneinander trennt und sich in bezug auf Religion letztlich auf den christlichen Glauben beschränkt, leistet er der Psychoanalyse doch einen Dienst, indem er aufdeckt, wie voreingenommen sich Analytiker verhalten. Außerdem schreibt er fesselnd und anregend, was zweifellos sehr dazu beitragen wird, die Vorurteile auszuschalten, die er ans Licht bringt.

Das Buch *The Birth of the Living God* der Psychoanalytikerin Anna-Maria Rizzuto ist eine interessante Untersuchung darüber, wie die Vorstellung von Gott durch die Zuweisung von Elternimagos geprägt ist. Es handelt sich hier um eine sehr wertvolle Monographie über diese Seite der Religion. Die Autorin betont ausdrücklich, daß der Gegenstand ihres Buches nicht Religion im allgemeinen sei; doch untersucht sie sehr genau eine Komponente, die in den meisten Hochreligionen eine wichtige Rolle spielt.

In seiner Abhandlung über Psychoanalyse in *Contemporary Psychoanalysis and Religion* nimmt J. W. Jones das Phänomen der Übertragung in den Blick und zeigt, daß das von den Analytikern der Britischen Schule entwickelte Übertragungsmodell lineare Kausalität ablehnt und sie durch ein Interaktionsmodell ersetzt. Doch erkennt er nicht, daß die äußere Interaktion strukturelle Beziehungen des Inneren abbildet, daß nämlich das, was dem Analytiker in der Übertragung geschieht, ein Abbild dessen ist, was mit der Wirklichkeit des Selbst geschieht. Er scheint nicht zu erkennen, daß die wesentlichen Handlungsinstanzen in der Struktur des Selbst, die für die geistige Verfassung des Individuums verantwortlich sind, sich in der innerpsychischen Konstellation wiederfinden lassen müssen.

Auch Jones setzt Religion mit Glauben an Gott gleich; er vertritt einen kultischen Gottesbegriff. Sein Begriff des Selbst steht in der Tradition der Romantik – ein Selbst, in dem das *mysterium tremendum* widerhallt, doch dieser Widerhall liegt in einer ekstatischen Erfahrung. Das einzelne Selbst erlebt eine ekstatische Begegnung mit einem kulthaften, äußerlichen Gott; diese Begegnung geschieht in den Sinnen. Bei aller romantisierenden Sprache, in der das formuliert wird: Die Unterwerfung unter einen furchteinflößenden Gott ist das erste Anzeichen einer *primitiven,* keiner *hochentwickelten* Religion. Das ist etwas ganz anderes als die Wirklichkeit-die-wir-sind, die die Seher der Upanishaden durch Kontemplation kannten. Sie gelangten durch einen mentalen Akt zu ihrer Einsicht, während im Falle des *mysterium tremendum* die Einsicht auf einer ekstatischen Erfahrung beruht.

In dieser Psychologie liegt der Akzent auf dem, was dem Selbst angetan wird, im Gegensatz zu dem, wie ich mein Leben lebe und wie ich meine Welt baue. Wenn ich nur darauf schaue, welche Schicksalsschläge mein Selbst auszuhalten hatte, dann beuge ich mich dem *mysterium tremendum* und bringe Opfer, statt meine psychische Welt emotional neu aufzubauen. Das heißt, trotz aller wertvollen Einsichten und Synthesen, die Jones bietet, versucht er letztlich eine Verbindung zwischen einer Analyse der Anpassung und primitiver Mentalität herzustellen. Letztere haben wir bereits untersucht; im nächsten Kapitel wollen wir eine Analyse der sozialen Anpassung diskutieren, die im Gegensatz zu einer Analyse der Seelenheilung steht.

Literatur

Wilfred Bion, *Cogitations* (London, New York: Karnac, 1992), S. 374.

Nina Colthart, »The Practice of Psychoanalysis and Buddhism«, in: *Slouching Towards Bethlehem...* (London: Free Association Press, 1992).

J.W. Jones, *Contemporary Psychoanalysis and Religion* (New Haven, London: Yale University Press, 1991).

Stanley Leavy, *In the Image of God* (New Haven, London: Yale University Press, 1988).

Hans Loewald, »Comments on Religious Experience«, in: *Psychoanalysis and the History of the Individual* (New Haven, London: Yale University Press, 1978).

William W. Meissner, *Psychoanalysis and Religions Experience* (New Haven: Yale University Press, 1984).

Anna-Maria Rizzuto, *The Birth of the Living God* (Chicago, London: University of Chicago Press, 1979).

Antoine Vergote, *Guilt and Desire* (New Haven, London: Yale University Press, 1988).

– »Confrontation with Neutrality in Theory and Praxis«, in: *Psychoanalysis and Religion* (Baltimore, London: Johns Hopkins University Press, 1990), S. 81 f.

Gregory Zilboorg, *Psycho-analysis and Religion* (London: George Allen and Unwin, 1967).

13. Erich Fromms Religionsauffassung

> Liebe und tu, was du willst.
> *(Aurelius Augustinus)*

Alle Psychoanalytiker, die über Psychoanalyse und Religion schrieben, hielten wie gesagt beide Disziplinen immer fein säuberlich voneinander getrennt, um jede wechselseitige Durchdringung oder Beeinflussung zu vermeiden. Die Folge davon war, daß die religiöse Position eines Autors von seiner psychoanalytischen Position ebenso unberührt blieb wie die psychoanalytische von seiner religiösen. Unter Umständen gab es einen höflichen Dialog, aber keineswegs die Bereitschaft, an der eigenen Religionsauffassung auch nur ein Jota zu ändern, und ebensowenig sollte die Psychoanalyse nachhaltig beeinträchtigt werden. Eine Ausnahme hiervon macht einzig und allein Erich Fromm, und deshalb habe ich seinem Buch *Psychoanalyse und Religion* ein ganzes Kapitel gewidmet. Es handelt sich hierbei um ein ganz schmales Bändchen, doch steht sein Wert umgekehrt proportional zu seinem Umfang.

Fromm beginnt mit der Feststellung, daß die moderne Welt zwar eine beachtliche Technologie hervorgebracht hat, die unser Glück erheblich befördern sollte, dies aber nicht eingetreten sei. Das alte Ideal, die »Vervollkommnung des Menschen«, sei nicht einen Schritt vorangekommen; die ganze Technologie habe keineswegs dazu beigetragen, uns der Erreichung unseres Lebenszieles näherzubringen.

In der traditionellen Religion gehen die Leute in die Kirche und hören Predigten, in denen die Grundsätze der Liebe gepriesen werden; aber dieselben Leute würden einem Kunden bedenkenlos etwas aufschwatzen, von dem sie wissen, daß es über seine Verhältnisse geht. Ich stellte einem Priester einmal folgende Frage: Ein Kunde kommt in einen Buchladen und ist drauf und dran, eine gebundene Ausgabe von *Oliver Twist* zu kaufen. Als er das Buch dem Buchhändler reicht, erwähnt er, es sei recht teuer. Der Buchhändler weiß, daß er eine weitaus billigere Taschenbuchausgabe vorrätig hat. Ist er verpflichtet, den Kunden auf die billigere Ausgabe aufmerksam zu machen? Der Priester meinte, nein; aber fordert nicht das Evangelium der Liebe von ihm, seinem Nächsten zu sagen, daß in seinem Laden eine billigere Ausgabe zu haben ist? Es gibt einen einfachen Test, der die Antwort plausibel macht. Angenommen, Sie erlebten in einem Buchladen etwas Ähnliches, als Sie zahlen wollen, sagt Ihnen der Buchhändler jedoch, er habe eine billigere Ausgabe auf Lager. Was würden Sie von ihm denken? Daß er ein anständiger Mensch ist? Daß er Ihren Respekt verdient? Wenn er sich *nicht* so verhalten hätte, würden Sie sagen, das sei sein gutes Recht; höhere Gefühle wie Respekt oder Dankbarkeit würden Sie ihm allerdings nicht entgegenbringen.

Das ist ein gutes Beispiel für das, worum es Fromm geht. Viele würden den Buchhändler, der seinen Kunden aufklärt, für einen Narren halten. Fromm erklärt das damit, daß die westliche Welt zum Sklaven anti-humaner Werte geworden ist. Das Menschliche sei einer neuen Götzendienerei zum Opfer gefallen: Geld, Erfolg, Macht und Herrschaft über andere. Damit stehe die moderne Welt vor einem großen Problem: Obwohl wir eine wunderbare Technologie und damit alles, was wir brauchen, zur Verfügung haben, um unser Wohlergehen beträchtlich zu steigern, wird dieses Mittel großenteils genutzt, um die Menschen zu Sklaven von Dingen zu machen. Ein neuer Götzendienst also.

Die theoretische Psychologie interessiert sich nicht für die Seele oder die Tugend, statt dessen äfft sie die Naturwissenschaften nach und konzentriert sich deshalb nur auf die Dinge, die gezählt und gemessen werden können. Begriffe wie Gewissen, Werturteile und das Wissen um Gut und Böse kommen in ihr nicht vor, sie werden in die Kategorie Metaphysik verbannt. Die Sorge um die menschliche Seele wird den Philosophen überlassen. Das heißt, daß Probleme von größter psychologischer Bedeutung ein Aufgabenfeld der Philosophie geblieben sind.

Fromm beklagt auch, daß Priester und Seelsorger die einzigen zu sein scheinen, die sich anerkanntermaßen berufshalber mit der Seele befassen, sie seien die einzigen Anwälte für die Ideale Liebe, Wahrheit und Gerechtigkeit, wenngleich diese Aufgabe im antiken Griechenland zum Teil auch den Philosophen oblag. »Sokrates, Platon und Aristoteles behaupteten nicht, im Namen irgendeiner Offenbarung zu sprechen; vielmehr beriefen sie sich auf die Autorität der Vernunft.« (*GA*, Bd. VI, S. 232)

Fromm vergleicht die Haltung Freuds und die Haltung Jungs zur Religion und stellt dann fest, daß die *Grundwerte* (der »ethische Kern«, *GA*, Bd. VI, S. 239) aller großen Religionen im Streben nach Wahrheit, Freiheit und Menschenliebe bestehen und diese Werte in Buddhismus, Christentum und Hinduismus zentral sind. Er geht der Frage nach den wahren Zielen der Menschheit nach, die, wie er betont, in der Bereitschaft zu persönlicher Verantwortung liegen. Um diese persönliche Verantwortungsbereitschaft zu erreichen, müsse sich das Individuum von seinem Bedürfnis nach einem beschützenden Vater freimachen. Fromm sagt, genau dafür plädiere Freud in *Die Zukunft einer Illusion*. Und das sei auch der Grund, weshalb Freud sich gerade für diejenigen Werte stark mache, die für die Religion zentral sind. Unter Berücksichtigung der hier getroffenen Unterscheidung heißt das: Fromm behauptet, daß Freud jene Grundwerte vehement unterstütze, die von der Hochreligion vermittelt werden, allerdings geht Fromm nicht darauf ein, ob Freud das klar war.

Daß Freud ein so fanatischer Atheist und ausgesprochener Gegner der Religion war, stört Fromm nicht, denn er ist überzeugt, daß der Mensch seine religiöse Haltung eher in Taten als in Worten zeigt: »[...] manche glühende[n] ›Atheisten‹, die ihr Leben der Besserung des Loses der Menschheit und Taten der Brüderlichkeit und Liebe widmen, [haben] Glauben und eine tiefe religiöse Haltung bezeugt.« (*GA*, Bd. VI, S. 289) Das bezieht sich auch auf Freud, der laut Fromm genau diejenigen Haltungen ablehnte, die, auf alle möglichen Nebensächlichkeiten traditioneller Religion gestützt, die Menschen daran hindern, persönliches Verantwortungsbewußtsein zu entwikkeln.

Fromm steht der religiösen Haltung Freuds weitaus näher als der Jungs. Er kritisiert an Jung vor allem, daß die von ihm vertretene religiöse Einstellung im Kern Unterwerfung unter eine Autorität bedeute, was für Fromm ein Greuel ist. Fromm unterscheidet zwei verschiedene Standpunkte gegenüber religiösen Erfahrungen: eine autoritäre und eine humanistische. Bei der ersten dient die Unterwerfung unter die Autorität zur Flucht vor den inneren Gefühlen der Einsamkeit und Begrenztheit. Man könnte noch hinzufügen, daß Menschen auch vor dem Eingeständnis ihrer eigenen Habgier, ihres Neides, ihres Sadismus und ihres Hasses in solche Unterwerfung flüchten. Mit der seelischen Unterwerfung erkaufen sie sich das Nicht-wahrhaben-Müssen der eigenen Untaten.

Religiöse Heuchelei, wie wir sie von Charakteren wie Tartuffe oder Luschin in Dostojewskijs *Verbrechen und Strafe* kennen, verbirgt sich immer hinter einer Maske solcher Unterwerfung, wie Fromm sie beschreibt. (Es ist bemerkenswert, daß manch ein Patient seinen Psychoanalytiker zum autoritären Gott erhebt, um dann durch die eigene geschickte Unterwerfung seine Falschheit, seinen Neid, seine Feindseligkeit und Destruktivität verbergen zu können.) Fromm ist der Meinung, daß Jung eine solche autoritär religiöse Haltung unterstützt und daß sein Ansatz damit der Entwicklung des Menschen zu Verantwortlichkeit und persönlicher Freiheit – *conditio sine qua non* des Menschseins und Grundstein aller echten Religion – im Wege steht. Im übrigen kritisiert Fromm Jung aus denselben Gründen, die ich im zehnten Kapitel gegen Jung vorgebracht habe. Er lehnt Jungs Definition von Objektivität – als einem *consensus gentium*, einer gesellschaftlichen Billigung – ab und weist darauf hin, wie häufig wir in der jüngeren Vergangenheit Zeugen einer *folie à millions* waren.

Nach Fromm muß der Mensch – damit aus ihm ein verantwortungsbewußtes Wesen wird, das die Fähigkeit besitzt, zu lieben und nach Wahrheit zu suchen – sich von inzestuösen Bindungen befreien. Das Wesen des Inzests sei nicht, wie Freud betonte, das sexuelle Begehren nach Angehörigen der eigenen Familie: »Dieses Begehren, soweit es zu finden ist, stellt nur einen Ausdruck des viel tieferen und fundamentalen Wunsches dar, ein Kind zu bleiben und sich an die beschützenden Gestalten zu heften.« (*GA*, Bd. VI, S. 271) Aus dieser Bindung sucht der Mensch Trost zu ziehen. Dabei genießt er eine Art animalischer Zuwendung, so, als lebe er im warmen Mutterleib, doch muß er einen hohen Preis dafür zahlen. Er entwickelt nicht die Fähigkeit, eigene Entscheidungen zu treffen; er braucht Liebe, ist aber selbst nicht fähig zu lieben. Anfangs richtet sich dieses Bedürfnis an den wärmenden, tröstenden Schutz von Mutter, Vater und Familie, später kann es sich auf eine größere Gruppe wie den Stamm, die Nation oder eine religiöse Konfession ausdehnen.

Das ist der Grund, weshalb Analytiker der Richtung Melanie Kleins ihre Aufmerksamkeit auf die kindliche Übertragung konzentrieren: die aus der Kindheit stammenden psychischen Einstellungen, die noch in der Art der Beziehung einer Person zu sich selbst wie zu ihren Mitmenschen lebendig sind. Ziel des Analytikers ist es, aus den kindlichen Einstellungen Gefühle eines Erwachsenen werden zu lassen. Insofern betrachtet Fromm die Psychoanalyse eher als Magd der Religion, nicht als ihre Gegnerin. Doch diese Feststellung bedarf der Spezifizierung.

Wie Fromm zwischen autoritärer und humanistischer Religion unterscheidet, so unterscheidet er auch zwischen einer Psychoanalyse, die auf gesellschaftliche Anpassung abzielt, und einer Psychoanalyse, der es auf »Seel-Sorge«, auf eine »Kur der Seele« ankommt. In einer Fußnote erinnert er daran, daß das Wort »Kur« vom Lateinischen *cura* stammt und im weiteren Sinne »Sorge (für etwas oder jemanden)«, nicht nur medizinische Heilbehandlung bedeute. Manche Psychoanalytiker arbeiteten auf eine gesellschaftliche Anpassung hin, während andere eine Heilung der Seele bewirken wollten. Ich zitiere hier auszugsweise einen Fall, den Fromm zur Illustration seiner Unterscheidung anführt:

> Ein junger Mann von vierundzwanzig Jahren sucht den Psychoanalytiker auf. Er berichtet, daß er sich, seit er vor zwei Jahren das College absolviert hat, elend fühle [...] Er habe sich sehr für Physik interessiert, und sein Lehrer habe ihm eine bemerkenswerte Begabung für theoretische Physik bestätigt. Er hätte gerne weiterstudiert, um eine Laufbahn als Forscher einzuschlagen. Sein Vater, ein wohlhabender Geschäftsmann und Besitzer einer großen Fabrik, bestand jedoch darauf, der Sohn müsse in das Geschäft eintreten [...] Das Ergebnis der väterlichen Versprechungen, Warnungen und Appelle an seine Treueverpflichtung war, daß der Sohn nachgegeben hatte und in die Firma eingetreten war. Dann begannen die oben erwähnten Schwierigkeiten [...]
>
> Wenn man zu der Auffassung neigt, *Anpassung* an die gesellschaftlichen Muster sei das wichtigste Ziel des Lebens, und praktische Überlegungen, wie die Erhaltung einer Firma, höheres Einkommen, Dankbarkeit gegenüber den Eltern, seien Gründe erster Ordnung, dann wird man eher bereit sein, die innere Not des Sohnes unter dem Gesichtspunkt seiner irrationalen Widersetzlichkeit gegen den Vater zu betrachten. Sieht man andererseits höchste Werte in Integrität, Unabhängigkeit und einer für den Betreffenden sinnvollen Beschäftigung, dann wird man eher die Unfähigkeit des Sohnes zur Selbstbehauptung und die Furcht vor seinem Vater für die Hauptschwierigkeiten halten, die zu überwinden sind. (*GA,* Bd. VI, S. 265 f.)

Ebenso wie Fromm der autoritären Religion kritisch gegen-
übersteht, kritisiert er auch den Typ von Psychoanalyse, der
sich in »Anpassungs-Beratung« erschöpft. Fromm tritt also für
einen bestimmten Wert ein, der sich sowohl in der Religion als
auch in der Psychoanalyse findet. In der Religion nennt er diesen Wert »humanistisch«, in der Psychoanalyse »Seel-Sorge«.
Da es sich in beiden Fällen um das gleiche handelt, wäre es
um größerer Klarheit willen hilfreich gewesen, wenn Fromm
für beides ein und dieselbe Bezeichnung verwendet hätte.
Dazu böte sich der Begriff »verantwortungsbewußte Freiheit«
an, für Fromm der höchste Wert und der Grundwert sowohl in
der Hochreligion als auch in der Psychoanalyse. Verantwortungsbewußte Freiheit ist das genaue Gegenteil der Freiheit
zu tun, was man will; letzteres würde man besser als Zügellosigkeit bezeichnen. Verantwortungsbewußte Freiheit ist die
Freiheit, Gutes zu tun. Sie anerkennt, daß es einen solchen
Wert wie »das Gute« gibt und daß mangelnde emotionale Entwicklung seine Verwirklichung verhindert.

Da Fromm seine Begriffe nicht zu einem einheitlichen
Konzept zusammenführt, wird bei ihm auch nicht deutlich,
welche Loslösung nötig ist, damit sich verantwortungsbewußte Freiheit herausbilden kann. Dennoch vereint dieser
höchste Wert die Ziele von Psychoanalyse und Hochreligion:
Beide gehören nicht getrennten Sektionen an, sondern kommen durch den Wert, der beiden Zielen gemeinsam ist, zu
einer Integration. Aus diesem Grund glaube ich, daß Fromm
ein tieferes Verständnis von Psychoanalyse und Religion besitzt als alle anderen psychoanalytischen Autoren.

Zwei kritische Anmerkungen zu Fromms Ansatz möchte
ich allerdings machen. Den einen Punkt habe ich bereits
berührt: Fromms Kritik an Jung ist vollkommen gerechtfertigt,
aber seine Verherrlichung von Freud scheint mir übertrieben.
Seine Freudinterpretation geht über dessen Schriften hinaus,
und Fromms Standpunkt wäre überzeugender, wenn er darauf
hingewiesen hätte. Es ist zweifellos richtig, daß verantwortungsbewußte Freiheit ein Wert ist, den Freud in *Die Zukunft*

einer Illusion klar zum Ausdruck bringt, doch wenn Fromm dann den Eindruck vermittelt, Freud habe folglich die Religion befürwortet, so wäre das zumindest erklärungsbedürftig. Eher hätten wir von Fromm erwartet, daß er Freuds erbitterte Feindschaft gegen die Religion einräumt. Wenn Fromm gesagt hätte, Freud habe der humanistischen Religion einen Dienst erwiesen, indem er einen Weg aufzeigte, auf dem die Menschen zu verantwortungsbewußter Freiheit gelangen können, gäbe es nichts einzuwenden, aber er scheint den offenkundigen Antagonismus Freuds gar nicht zur Kenntnis zu nehmen.

Der zweite Kritikpunkt ist gravierender. Er bezieht sich darauf, daß Fromm häufig innere Schwierigkeiten zu äußeren Schwierigkeiten macht, eine Neigung, die sich an dem oben zitierten Beispielfall deutlich zeigt. Fromm erweckt den Eindruck, als ginge es darin um einen Konflikt zwischen Vater und Sohn. Tatsächlich aber spielt sich der emotionale Kampf innerhalb der Person des Sohnes ab, nämlich zwischen dem einen Teil, der gern Physik studieren möchte, und einem anderen, der das will, was der Vater will. Theoretisch ausgedrückt: Es gibt eine Auseinandersetzung zwischen einem wahren inneren Wert und einem Wert, der für den Sohn nicht wahr ist. Letzterer ist verführerisch, denn er bringt mehr Geld ein und verleiht größere autoritäre Macht. So kommt es zum Kampf zwischen Gott und Teufel, zwischen Gut und Böse oder zwischen dem Wahren und dem Falschen als Bestandteilen der Seele. Fromm geht nicht auf den elementaren Kampf ein, der im Inneren tobt, und doch liegt hier das Wesentliche aller spirituellen Bestrebungen. Trotz ihrer Verständlichkeit und Differenziertheit sind daher die religiösen Werte, für die Fromm plädiert, äußerlich und ohne Spiritualität. So prangert er beispielsweise die Konsumhaltung in der kapitalistischen Gesellschaft an und macht den Feind der Religion zu etwas Äußerlichem, obgleich alle Stifter von Hochreligionen gelehrt haben, daß der Feind im Inneren zu suchen ist. Der Buddha kämpfte mit Mara, der Kampf, den Jesus ausfocht, richtete sich gegen den inneren Teufel, und das gleiche gilt für den Propheten Jeremias.

Diese Lücke im Denken Erich Fromms spiegelt sich in seiner Definition von Religion wider, worunter er »jedes System des Denkens und Tuns« versteht, »das von einer Gruppe geteilt wird und dem Individuum einen Rahmen der Orientierung und ein Objekt der Hingabe bietet« (*GA,* Bd. VI, S. 241). Eine solche Definition würde auch auf Kommunismus oder Nationalsozialismus zutreffen. Die wichtigste spirituelle Aufgabe ist die Selbstbefreiung, und aus späteren Werken Fromms (zum Beispiel aus *Über die Liebe zum Leben)* wissen wir, daß für ihn die Selbstbefreiung ein persönliches Ideal darstellte, doch nahm er sie nicht in seine Religionsdefinition auf. Dieser Definition und seinem Ansatz nach ist Religion eine humanitäre gesellschaftliche Handlung; obgleich erhaben, fehlt ihr doch die Spiritualität, ohne die Religion aufhört, Religion zu sein.

Trotz dieser Kritikpunkte, die extrem wichtig sind, hat Fromm Religion und Psychoanalyse meiner Ansicht nach besser integriert als alle analytischen Theoretiker vor ihm. Ich bin im vorliegenden Buch diesem Aspekt seines allgemeinen Ansatzes gefolgt.

Literatur

Sigmund Freud, *Die Zukunft einer Illusion* (1927c), in: *Studienausgabe* Bd. 9 (Frankfurt: S. Fischer, 1974), S. 15–189.

Erich Fromm, *Psychoanalyse und Religion* (1950a), in: *Gesamtausgabe* Bd. VI (Stuttgart: Deutsche Verlags-Anstalt, 1980), S. 227–292.

– *Über die Liebe zum Leben* (Stuttgart: Deutsche Verlags-Anstalt, 1983).

Dritter Teil

Mein ganzes Buch hindurch habe ich den Ausdruck »Hochreligion« für eine Religionsform verwendet, die erstmals in der Achsenzeit aufkam. Soziologen, Anthropologen und andere, die Religion zum Gegenstand ihrer wissenschaftlichen Untersuchungen gemacht haben, nannten dieselbe Religionsform auch »Heilsreligion« oder »Befreiungsreligion«. Diese Namen bezeichnen ein gemeinsames Ziel aller dieser Religionen: den Wunsch des Menschen, aus der Lage befreit zu werden, in der er sich befindet.

Das Erscheinen der großen Religionsstifter der Achsenzeit war die Antwort auf etwas. Schon in der Mythologie der primitiven Religion war zu spüren, daß etwas falsch war, etwas fehlte. Die biblische Geschichte vom Sündenfall ist allgemein bekannt, und wir haben auf eine ähnliche Legende in der Dinka-Mythologie verwiesen. Alle diese Mythen enthalten die Botschaft, daß der Zustand, in dem sich der Mensch befindet, die Folge seines Ungehorsams gegen ein fundamentales Gebot sei, das in der jeweiligen Kultur durchaus bekannt war. Demnach haben die Menschen durch ihr Handeln diesen bedauernswerten Zustand selbst herbeigeführt. Darin liegt aber auch ihre Hoffnung, denn wenn die Menschen fähig waren, Unglück auf sich zu ziehen, dann mußte es auch möglich sein, das Heraufbeschworene wiedergutzumachen.

Ich will im folgenden Teil untersuchen, in welchem Zustand wir uns heute befinden. Ich bin überzeugt, daß dieser Zustand nur durch eine Regeneration von innen heraus verändert werden kann und daß die enormen wissenschaftlichen Leistungen, vor allem in den letzten beiden Jahrhunderten, nichts dazu beigetragen haben, den Zustand der Menschheit, wie ihn die Mythologie der primitiven Religion beschrieben hat, zu verbessern. Daher steht uns eine innere Aufgabe immer noch bevor. Wir sind in eine Welt geboren, die uns zur Veränderung herausfordert, aber die Stelle, die am dringendsten der Aufmerksamkeit bedarf, liegt in uns selbst.

»Hast Du gesagt, die Sterne sind Welten, Tess?«
»Ja.«
»Alle wie die unsere?«
»Ich weiß nicht; aber ich glaube wohl […] Die meisten sind
glänzend und gesund – ein paar aber verdorben.«
»Auf was für einem Stern leben wir – auf einem glänzenden
oder einem verdorbenen?«
»Auf einem verdorbenen.«
»Das ist ein rechtes Unglück, daß wir uns nicht auf einem
gesunden angesiedelt haben, wo es doch so viele gab.«

(Thomas Hardy, 1891)

Die großen Meister des spirituellen Lebens, die in der Achsenzeit und in der Zeit danach auftraten, brachten die Botschaft, das Ziel des Menschen bestehe nicht im physischen
Überleben um jeden Preis. Mag sein, daß Opfergaben Regen
bringen oder auch eine reichere Ernte, aber das Leben bietet
mehr als das – es enthält eine Innerlichkeit, deren Erfüllung
dem Leben seinen Sinn verleiht. Diesem inneren Leben und
seiner Entwicklung Beachtung zu schenken, vermittelt eine
Ruhe und Heiterkeit, die weit über die vergänglichen Freuden
des Daseins hinausgeht. Die Frucht der Aufmerksamkeit für
unser inneres Leben ist das Mitgefühl für unsere Mitmenschen, für alles Lebendige und für unsere Welt. Die Meister
verkündeten: Pflege das Gute, beachte, was im Inneren ist,
und habe Erbarmen mit deinen Mitmenschen. Ihre Botschaft
war von entwaffnender Einfachheit, doch das Ziel, das sie
ihren Anhängern setzten, stellte diese vor eine höchst schwierige Aufgabe.

Dazu wiesen die spirituellen Lehrer einen Weg. Seinem
inneren Selbst treu zu sein, entsprechend zu leben und mit
Mitgefühl zu handeln, das war der Weg, den man beschreiten
sollte, aber sie schrieben nicht vor, wie man ihn gehen sollte,
wie zu leben war. Sie taten etwas viel Tieferes, indem sie zeig-

ten, daß nach den genannten Richtlinien zu leben, unser Potential ausschöpft, aber, wie der heilige Paulus sagt:

> Denn ich habe Lust an Gottes Gesetz nach dem inwendigen Menschen. Ich sehe aber ein ander Gesetz in meinen Gliedern, das da widerstreitet dem Gesetz in meinem Gemüte und nimmt mich gefangen in der Sünde Gesetz, welches ist in meinen Gliedern. (Römer 7. 22–23)

Da gibt es offenbar ein Prinzip, ein »anderes Gesetz«, das gegen unsere Vernunft arbeitet. Deutlich ist es in den Dialogen Platons zu sehen, wo Sokrates Stück für Stück gegen enormen emotionalen Druck ankämpfen muß, um zu akzeptieren, was der Vernunft entgegensteht. Auch der Buddha hat einen schweren Kampf gegen Mara, das Prinzip des Bösen, zu bestehen, bevor er zur Erleuchtung gelangt.

> Mara stieß grauenerregende Verwünschungen aus und entfachte einen Wirbelsturm, so daß die Himmel verdunkelt wurden und das Meer wogte und brauste. Aber der Herr verharrte unter dem Bodhi-Baum ruhig und fürchtete sich nicht. (Carus, S. 43)

Als Jesus beschloß, nach Jerusalem zu gehen und sich seinem Schicksal zu stellen, versuchte Petrus ihn davon abzubringen. Der Evangelist Matthäus berichtet:

> Von der Zeit an fing Jesus an und zeigte seinen Jüngern, wie er müßte hin gen Jerusalem gehen und viel leiden vor den Ältesten und Hohenpriestern und Schriftgelehrten und getötet werden und am dritten Tage auferstehen. Und Petrus nahm ihn zu sich, fuhr ihn an und sprach: Herr, schone dein selbst; das widerfahre dir nur nicht! Aber er wandte sich um und sprach zu Petrus: Hebe Dich, Satan, von mir! Du bist mir ärgerlich; denn du meinst nicht, was göttlich, sondern was menschlich ist. (Matthäus 16. 21–23)

Die letzten Sätze zeigen, wie das Individuum sogar durch einen engen Freund – der vielleicht vom Satan oder dem Bösen inspiriert ist – versucht werden kann, vom rechten Pfad abzuweichen.

Wir haben also hier in zwei völlig verschiedenen Traditionen dieselbe Botschaft: Es gibt eine starke Macht, die uns verführt, den Pfad der Wahrheit zu verlassen. In der buddhistischen Lehre bahnt sich das Böse seinen verwerflichen Weg durch Unwissenheit; aus Blindheit tut der Mensch Dinge, die dem wahren Weg zuwiderlaufen. So stecken wir alle in einer Lage, die uns für den wahren Weg, der uns Erfüllung bringen soll, blind macht. Die Blindheit rührt daher, daß unser Blick auf äußere statt auf innere Ereignisse fixiert ist.

Vor der Achsenzeit lebten die Menschen in einem primitiven Zustand, waren sie durch ihre Instinkte an die Überlebenssignale gebunden. Sie kannten ihr inneres Potential nicht, das sie befähigt hätte, sich auf eine neue Bewußtseinsstufe zu erheben. Das Auftreten der großen spirituellen Meister war daher wie ein Lichtstrahl in einer Finsternis, die nie zuvor vom Licht durchdrungen worden war.

Die christliche Lehre kennt diesen Zustand, in dem der Mensch seinen besten Interessen zuwiderhandelt, als die Ursünde Adams, und die christlichen Theologen nennen sie den »Sündenfall der Menschheit«. Nach christlicher Auffassung verfiel mit diesem Sündenfall die ganze Menschheit in einen Zustand roher Gottlosigkeit. Kardinal Newman gibt eine gute Beschreibung davon:

Betrachten wir die Welt nach ihrer Länge und Breite, ihre mannigfaltige Geschichte, die vielen Menschenrassen, ihr Aufsteigen, ihr Schicksal, ihre gegenseitige Entfremdung, ihre Zusammenstöße; ferner ihre Sitten und Gewohnheiten, ihre Regierungsformen und die Arten ihrer Gottesverehrung; ihre Unternehmungen, ihr zielloses Rennen und Jagen, ihre zufälligen Erfolge und Errungenschaften, das klägliche Ende lang bestehender Tatsachen, das Verblaßte und Unterbrochene in den Spuren des sie durchwaltenden Planes, die blinde Entwicklung dessen, was sich später als große Kraft oder als große Wahrheit erweist, den Fortschritt der Dinge, der anscheinend von unvernünftigen Trieben, nicht von den Zweckursachen bestimmt wird, die Größe und Kleinheit des Menschen, seine weitreichenden Pläne, seine kurze Lebensdauer, das Dunkel, in das seine Zukunft gehüllt ist, die Enttäuschungen des Lebens, die Niederlage des Guten, den Triumph des Bösen, körperliche Leiden und geistige Drangsale, die Vorherrschaft und Gewalt der Sünde, den überhandnehmenden Aberglauben, die Verkommenheit, die schauerliche Irreligiosität, die keine Hoffnung läßt, kurz den Zustand des ganzen Menschengeschlechtes, der so furchtbar und doch so richtig in den Worten des Apostels beschrieben ist: »ohne Hoffnung und ohne Gott in der Welt« – das alles ist ein Anblick, der Schwindel und Grauen erregt und dem Geiste die Ahnung eines tiefen Geheimnisses aufdrängt, das über alle menschlichen Lösungsversuche erhaben ist.

Was soll man angesichts dieser herzerschütternden und vernunftverwirrenden Tatsache sagen? Ich weiß nur eine Antwort: Entweder gibt es keinen Schöpfer, oder die lebende menschliche Gesellschaft ist in Wahrheit aus seinen Augen verstoßen. Wenn ich einen Knaben sähe, von edler Gestalt und guten Geistesanlagen, mit allen Anzeichen einer vornehmen Natur, ohne Mittel in die Welt hinausgestoßen, außerstande zu sagen, woher er kommt, welches sein Geburtsort oder seine Familie ist, so würde ich den Schluß ziehen, daß irgendein Geheimnis sich an seine Geschichte knüpft und daß er ein Wesen ist, dessen sich seine Eltern aus diesem oder jenem Grunde schämen. Nur so wäre es mir möglich, den Gegensatz zwischen dem, was er sein könnte, und dem, was er ist, zu erklären. So schließe ich auch in bezug auf die Welt: – *wenn* es einen Gott gibt, und *da* es einen Gott gibt, muß das Menschengeschlecht von der Wurzel her in irgendein furchtbares Unheil verstrickt sein. (S. 279 f.)

Wenn Newman den Knaben »mit allen Anzeichen einer vornehmen Natur« zum Vergleich anführt, so will er damit sagen, der Mensch habe auf einer höheren Stufe gelebt und sei in einer bösen Stunde gefallen. Das will ich hier nicht sagen.

Nur ein Blinder könnte leugnen, daß das *theatrum mundi* auf allen Seiten von Unglück und Katastrophen erschüttert wird. Wir brauchen nur einmal den Blick über unsere Alltagswelt schweifen lassen, um das Grauen zu gewahren, vor dem jedermann zurückschrecken muß. Während ich diese Worte niederschreibe, geschehen weitere entsetzliche Massaker in Südafrika. Eine friedliche Demonstration, die sich auf die Grenze von Ciskei zubewegt und sich streng an die Regeln hält, wird plötzlich von einer rachsüchtigen Polizei mit einer Feuersalve überzogen; achtundzwanzig Menschen werden getötet und mehr als zweihundert verletzt. Erst drei Monate zuvor geschah ein ähnliches Massaker in Boipotong. Dieselben Nachrichten melden mehrere Tote in Somalia, und tagtäglich werden Unschuldige in Sarajevo erschossen. 1989 fielen sechs Jesuiten in El Salvador einem grausamen Mord zum Opfer, weil sie in einer psychopathischen Diktatur versucht hatten, für die Menschenrechte einzutreten. In China wurden 1989 Tausende von Demonstranten auf dem Platz des Himmlischen Friedens brutal getötet. Ein zwölfjähriges Mädchen, das arglos auf dem Fahrrad die Straße entlangfuhr, wurde von vorbeifahrenden Soldaten eines Militärtransportes im Blutrausch niedergeschossen. Die Regierung von Guatemala versuchte den Tourismus zu beleben und fand, daß der Anblick von Straßenkindern die Touristen davon abhalten könnte, ihr Land zu besuchen, also trieb die Polizei die Kinder zusammen und erschoß sie.

Der folgende Bericht von Arvind N. Das aus Neu-Delhi stand am 15. Januar 1992 in *The Times of India:*

Angeblich soll das Central Jalma Institut für Lepra in Agra, eine ständige Einrichtung des Indischen Rates für Medizinische Forschung, Leprapatienten damit anlocken, daß ihnen eine Behandlung versprochen wird; statt dessen werden den Patienten dann in betrügerischer Weise Organe wie Nieren oder Augen entnommen und diese an reiche Leute verkauft, die solche Organe für eine Transplantation brauchen […].

Wenn sie nach Agra kommen, wo sie die dort gesprochene Sprache nicht verstehen, werden sie ins Institut aufgenommen; sie erhalten irgendein Arzneimittel, und dann versucht man sie davon zu überzeugen, daß es notwendig sei, ihnen einige Organe zu entfernen, um zu verhindern, daß die Lepra sich in ihrem Körper weiter ausbreitet […].

Wir brauchen in unserem Jahrhundert nur fünfzig Jahre zurückzugehen, um auf das grauenvolle Massaker an den Juden zu stoßen, das die Nazis in Deutschland mit einer in den Annalen der Geschichte beispiellosen technischen Brutalität verübt haben. Sechs Millionen Menschen fielen dieser viehischen Schlächterei zum Opfer. Fünfundzwanzig Jahre zuvor massakrierten die Türken etwa eine Million Armenier. Menschliche Grausamkeit läßt sich durch die Jahrhunderte und Jahrtausende zurückverfolgen bis in die Morgendämmerung der Zivilisation.

Manchmal nennt man menschliches Verhalten »tierisch«, »bestialisch« oder »brutal«, doch ist das Verhalten von Menschen oft weit schlimmer als alles, was diesbezüglich aus den Niederungen des Tierreichs bekannt ist. Einige Tiere sind Raubtiere, die andere Lebewesen töten, um Nahrung zu haben, doch tun sie das ausschließlich, um zu überleben.

Ich habe dargelegt, daß, als die Menschen begannen, ihre Toten zu begraben, ein evolutionärer Schritt getan war, der etwa 60 000 Jahre später, in der Achsenzeit, im Aufkommen der Hochreligion gipfelte. Mit diesem Schritt verstärkte sich jedoch auch das Potential für Gut und Böse ganz enorm. Gut und Böse spielen nur dann eine Rolle, wenn das Objekt einen individuellen Wert besitzt. Wenn ich mit einem Stock auf einen Gegenstand schlage, und jemand sagt mir, dieser Gegenstand sei eine leere Coladose gewesen, dann war mein Schlagen weder gut noch böse. Wenn man mir aber sagt, ich habe damit ein Kind getroffen, das nun Schmerzen leidet, dann steigt das Potential für Gut und Böse sofort. Als die Menschen anfingen, ihre Toten zu begraben, bedeutete das, ein neues Objekt zu haben, dem sie einen Wert beimaßen – oder ein neues Bewußtsein für ein Objekt zu haben (das ist dasselbe).

Der ursprüngliche Kampf zwischen Gut und Böse, der diese neue Ära in der Entwicklung der Menschheit charakterisierte, wiederholte sich beispielhaft im Kampf, der sich im Inneren der großen spirituellen Meister abspielte, und setzte sich durch die Geschichte der Religion hindurch im Leben der Mystiker fort. Aus der Knechtschaft entstand ein neues Potential: die Fähigkeit zu extremer Verderbtheit wie zu heldenhafter Tugend. Noch nie zuvor hatte die Menschheit eine solche Fähigkeit besessen; sie war wie die Atomkraft, die für extrem Gutes wie für extrem Schlechtes eingesetzt werden kann.

Von den Schreckensgestalten der Geschichte ist häufig gesagt worden, sie hätten ebensogut das extrem Gute bewirken können. Manche Traumata, die einen Menschen dazu verleiten, Böses zu tun, könnten ihm ebenso Gelegenheit bieten, ein Heiliger zu werden. Ende des Ersten Weltkrieges, als Deutschland kapitulierte, lag Hitler blind und hilflos im Krankenhaus. Churchill schreibt (1948) über ihn:

Die Erschütterung der Niederlage, der Zusammenbruch von Recht und Ordnung, der Triumph der Franzosen stürzte den genesenden Gefreiten in Qualen, die sein ganzes Wesen durchdrangen und jene außergewöhnlichen und maßlosen Geisteskräfte erzeugten, welche die Ret-

tung oder das Verhängnis der Menschheit bedeuten können. (S. 39)

Diese Geschichte handelt vom Krankenhausaufenthalt eines
Mannes und davon, welchen katastrophalen Ausgang er
nahm. Es gibt eine andere Geschichte von einem Soldaten,
der verwundet im Lazarett lag, die Geschichte von Ignatius
von Loyola. Auch er litt Qualen, doch das veranlaßte ihn, sich
in die entgegengesetzte Richtung zu wenden. In den Worten
seines poetischen Biographen Francis Thompson (1962):

> Die Freude an diesen Phantasien hinterließ bei ihm eine
> unselige Erregung, wohingegen die göttlichen Träume-
> reien ihm Trost und Linderung spendeten. Er bemerkte
> den Unterschied, und so lernte er verstehen, wie man
> prüft, ob ein Gespräch, ob ein Gefühl himmlisch oder
> nicht himmlisch ist. Er wandte sich seinem Inneren zu;
> das Vorbild der Heiligen fesselte ihn immer mehr; er
> begann sein Leben als vergeudet zu betrachten; und mit
> der göttlichen Erleuchtung kam er zu dem Entschluß,
> wirklich den Heiligen nachzueifern. (S. 7)

Der Mythos vom Paradies steht für die immerwährende Versuchung, der wir alle ausgesetzt sind, diese oder jene Richtung
einzuschlagen; das ist das ständige Los des Menschen. Diese
»maßlosen Geisteskräfte« wurden mit der Entstehung der primitiven Religion allmählich freigesetzt und erreichten histo-
risch gesehen ihren Höhepunkt in der Achsenzeit. Hitler
ermordete sechs Millionen Juden ebenso aus geistiger Überzeugung wie Mutter Theresa aus geistiger Überzeugung für die
Armen und Kranken in Kalkutta sorgt. In beiden Fällen wirken »maßlose Geisteskräfte« – doch mit welch unterschied-
licher Intention und welch unterschiedlichem Ergebnis.
    In jedem von uns kämpft ein Hitler gegen eine Mutter The-
resa. Immer sind wir versucht, den Weg Hitlers, des Teufels,
Maras, des Bösen einzuschlagen. Was ist das für eine Bedin-

gung, unter der wir alle leben? Wovon müssen wir erlöst werden? Die großen Meister der Achsenzeit und der Zeit danach wollten uns helfen, uns selbst aus dieser Lage zu befreien.

Alle diese Meister haben eine Botschaft gemeinsam: Der Sinn des Lebens liegt in einer Wirklichkeit, die jenseits des unmittelbar Gegenwärtigen, jenseits des sinnlich Wahrnehmbaren zu suchen ist. Diese Wirklichkeit übersteigt das Überleben und damit die Triebe, die uns zum Überleben drängen. Wenn wir dem Angenehmen nachgehen und das Schmerzhafte vermeiden, dann sind wir an eine irdische Kraft gefesselt und können den Blick nicht von unserem eigenen Überleben und unserer Annehmlichkeit losreißen. Bevor der Totenkult aufkam, war der Überlebenstrieb an die Gruppe gebunden; dann individualisierte er sich, und jeder Mensch war seinen eigenen hedonistischen Impulsen unterworfen, gefangen im Kreis der eigenen Bedürfnisse. Die intensive Beschäftigung des Menschen mit diesen Bedürfnissen gab ihm Gelegenheit, seinen eigenen Vorteil zu verfolgen; er ging auf die Suche nach dem, was ihn befriedigen konnte, war auf der Hut vor dem, was ihm gefährlich schien; so suchte er die Lust und mied den Schmerz.

In diesem Zustand ist der Mensch mit seinem Selbstschutz beschäftigt, darauf aus, bei den Stammesältesten in der Gunst zu stehen. Höhere Ambitionen hat er nicht, und auch keine innere Stimme, die zur Selbstreflexion mahnte, ist stark genug, ihn aus den engen Grenzen seines Gefängnisses zu befreien. Er ist auf sich selbst und seine Ziele beschränkt. Der Gott, dem es in erster Linie zu dienen gilt, ist das Selbst, etwas anderes gibt es nicht; kein inneres oder äußeres Prinzip, sei es nun transzendent oder immanent, kann ihn von sich selbst ablenken. Das ist die *Conditio humana,* der Zustand, über den der Prophet Amos wetterte, den Sokrates mit aller Kraft bekämpfte, den der Buddha sein Leben lang in mühevoller Arbeit zu überwinden suchte.

Der Zustand des Menschen ist auch die Quelle allen Übels, aller Missetaten und Sünden, des Leidens und menschlichen

Elends, die in der Welt so reichlich vorhanden sind. Könnten wir nicht in die Epoche vor der Achsenzeit zurückschleichen? Wenn uns mit dem Geist eine so gefährliche Waffe zur Verfügung steht, sollten wir dann nicht besser in den Zustand des fast Animalischen zurückkehren? Die Achsenzeit mit ihren Lehrern und Propheten war eine Herausforderung. Sobald die Menschen sie wahrgenommen hatten, befanden sie sich bereits in dem neuen Zustand; war der Geist erst einmal erwacht, war eine Umkehr nicht mehr möglich. Nun mußte der Mensch den Weg Hitlers oder den von Loyola, von Buddha oder Dschingis-Khan einschlagen: »Wer nicht mit mir ist, ist gegen mich.« (Matthäus 12. 30) Es gibt kein Zurück; wir können ebensowenig zu einem vor-spirituellen Zustand zurückkehren, wie wir auf eine frühere Entwicklungsstufe als Primaten zurückkehren können. Angesichts dieses Zustandes müssen wir uns grundsätzlich entscheiden. Die meisten von uns bewegen sich in der Mitte – erreichen nicht die heldenhafte Höhe einer Mutter Theresa oder die erniedrigende Tiefe eines Hitler. Doch wir stehen täglich vor der Wahl.

Wir haben die Worte »böse« und »gut« gebraucht; worin aber bestehen diese Kategorien? Wir alle haben ein Kategoriensystem von Gut und Böse in uns: Es ist böse zu töten; es ist gut, die Hungrigen zu speisen; es ist böse zu stehlen; es ist gut, großzügig zu sein; es ist böse, Menschen zu verachten, und so fort. Eine andere wichtige Sphäre, auf die Gut und Böse angewandt wird, ist die Beziehung des einzelnen zu sich selbst. Das ist der Aktionsbereich des Gewissens und auch der Aktionsbereich der Psychoanalyse.

Gut und Böse kommen in vielen Zweigen der menschlichen Kommunikation vor, für die es kein Gesetz gibt. Moralische Gesetze wie etwa die Zehn Gebote beschreiben nur ganz allgemeine Prinzipien, und diese betreffen nur äußerliche, feststellbare Taten. In seinem Buch *Black Like Me* beschreibt der Autor Howard Griffin, ein Weißer, wie er mit medizinischen Mitteln und durch Färben seine Haut schwarz macht und dann in die Südstaaten von Amerika reist. Er ist entsetzt, mit welchem Verhalten ihm Weiße begegnen. Besonders betroffen ist er über das haßerfüllte Angestarrtwerden; bei einer Busfahrt beispielsweise starrte ihn ein Weißer voller Haß und Verachtung an. Dagegen gibt es keine Gesetze; keine moralische Instanz könnte solche Gesetze erlassen, und doch bewirkt ein derartiges Verhalten eine massive Störung der menschlichen Gesellschaft.

Wir brauchen also in uns ein Empfinden für das, was gut und richtig ist. Was ist falsch am haßerfüllten Anstarren? Was ist falsch daran, jemanden zu töten? Wir besitzen ein ursprüngliches Empfinden dafür, daß wir von unseren Mitmenschen Respekt erwarten dürfen, daß wir denselben Respekt anderen schulden, und daß wir so leben müssen, daß wir diesen Respekt zu Recht verlangen. Das erfordert, entsprechend zu leben, und es gibt einen ursprünglichen Anspruch an mich, entsprechend zu leben, und daher sind wir überzeugt, daß wir auch die Fähigkeit besitzen, diesem Anspruch zu genügen.

»Mein Leben gehört mir. Ich schulde niemandem etwas. Ich kann mich umbringen, wenn ich das möchte. Warum soll ich nicht stehlen, wenn ich will, und Ehebruch begehen? Keiner hat mir je etwas gegeben. Warum soll ich nicht Drogen nehmen? Schließlich bin ich ein freier Mensch. Wenn ich mich selbst zerstören will, dann ist das meine Sache und geht niemanden was an.«

Was ist an dieser Argumentation verkehrt? Wo liegt ihr fataler Fehler? Ich wurde mit einer Erwartung geboren – etwas erwartete man von mir, und diese Erwartung richtet sich an mich selbst. Mein menschliches Wesen ist nicht etwas Vorgegebenes, es ist ein Objekt, das es allererst zu erlangen gilt – das ist letztlich die Botschaft der Hochreligionen. Das predigte Jesus, dafür argumentierte Sokrates, und das bildete den Kern der buddhistischen Lehre. Das Objekt muß erlangt, muß geschaffen werden. Viele werden sich darum bemühen, und es immer wieder vergebens tun, viele werden von ihrem Ziel abgelenkt werden. Das schlimmste aller Übel ist jedoch, es gar nicht zu versuchen, das Objekt völlig zu verweigern. Das mag Jesus gemeint haben, als er sagte: »Alle Sünde und Lästerung wird den Menschen vergeben; aber die Lästerung wider den Geist wird den Menschen nicht vergeben.« (Matthäus 12. 31) Wer die religiöse Botschaft ablehnt, die da sagt, Menschsein müsse allererst erlangt werden, stürzt den Menschen in eine spirituelle Unmenschlichkeit, würdigt ihn zu etwas herab, das tiefer steht als ein Tier. Jesus sagt:

> Des Menschen Sohn geht zwar dahin, wie von ihm geschrieben steht, doch weh dem Menschen, durch welchen des Menschen Sohn verraten wird! Es wäre besser, daß er nie geboren wäre. (Matthäus 26. 24)

Die *Conditio humana,* mit der sich alle großen Religionsstifter beschäftigt haben, besteht darin, daß wir immer und unausweichlich vor einer Wahl stehen und Entscheidungen zu treffen haben – eine spirituelle Kondition also. Die großen Religionsstifter, auch die Heiligen und Mystiker im Laufe der Jahrhunderte haben zutiefst verstanden, daß in der *Conditio humana* der Reichtum des Menschen liegt. In der Begegnung mit den Extremen ihrer eigenen Existenz gelangten sie zu dieser Einsicht. Erst gilt es, äußere Entscheidungen zu treffen, doch dann geht es um innere Dinge, wie wir am Leben des Buddha sehen konnten.

Die religiösen Lehrer waren überzeugt, daß das Geheimnis des Lebens, sein höchster Sinn in der Wahl des Objekts besteht, durch das wir allererst wahrhaft Mensch werden. Dieses Objekt ist wirklich, hat aber keine materielle Existenz; es verwirklicht sich erst, indem es gewählt wird. Es ist ein geistiges Objekt, das nicht sinnlich wahrnehmbar ist; man kann es nur intuitiv durch Handeln begreifen. Als Jesus gefragt wird, »Und wer ist mein Nächster?«, kann er nur mit einer Geschichte antworten und auf diese Weise versuchen, es denen begreiflich zu machen, die diese Geschichte begreifen können; seine Parabel vom guten Samariter ist als ewige Parabel in die abendländische Kultur eingegangen. Ähnlich gab der Buddha einer um ihr Kind trauernden Frau die Wahrheit in einer dramatisierten Parabel zu verstehen. Noch einmal zitiere ich die Geschichte (Morgan, 1986):

> Kisa Gautami verlor ihr einziges Kind und wurde fast wahnsinnig vor Trauer und Schmerz. Sie erlaubte niemandem, ihr totes Kind wegzutragen in der Hoffnung, es könnte durch irgendein Wunder wieder zum Leben erwachen. Sie ging überallhin und kam schließlich auch zum Buddha. Der Buddha verstand den tiefen Kummer, der die arme Mutter so blind machte. Nachdem er ihr Trost zugesprochen hatte, sagte er ihr, er könne das Kind wieder zum Leben erwecken, wenn sie eine Handvoll Senfsamen aus einem Hause besorge, das niemals vom Tod heimgesucht worden war. Da schöpfte sie Hoffnung und ging von Haus zu Haus und bat um eine Handvoll Senfkörner. Überall erhielt sie die Samen mit tiefem Mitgefühl. Doch wenn sie dann fragte, ob es in der Familie jemals Tod gegeben habe, dann beklagten alle gleichermaßen den Verlust einer Mutter, eines Vaters, eines Sohnes, einer Tochter und so fort. Viele Stunden wanderte sie auf der Suche nach den wertvollen Samen, die ihr das Leben ihres Sohnes versprachen, doch niemand konnte sie ihr geben. Da hatte sie eine Vision, und sie verstand, was der Buddha ihr mit seinem Hinweis hatte sagen wollen. Sie verstand, daß der Tod zum Leben gehört und daß dieses der Ursprung aller Leiden und allen Irrglaubens ist.

Man muß das Objekt verstehen. Immer und überall gibt es Hinweise auf dieses Objekt, auf dieses spirituelle Ziel menschlicher Lebenserfüllung, und solche Lehren machen es möglich, allmählich ein Gespür für das wahre Ziel des Menschen zu entwickeln. Man versteht es nur, wenn man es selbst *begreift*.

Alle wirklich spirituellen Menschen wissen, wie leicht es ist, das falsche Objekt mit dem wahren zu verwechseln. Ignoranz und Blindheit gegenüber der Wahrheit sind Bestandteile der *Conditio humana.* Immer war es die Aufgabe geistiger Führer, die Ignoranz zu besiegen und uns die Augen für Dinge zu öffnen, die wir nicht sehen können. Ein sokratisches Prinzip besagt, man könne nicht Böses tun und zugleich wissen, daß es das Böse ist; auch das Gegenteil ist wahr: Man kann das Ziel des Lebens nur verweigern, wenn man gleichzeitig die Augen vor dem eigenen Handeln verschließt. Mit diesem Fall werden wir uns noch gründlicher auseinandersetzen müssen, wenn wir das Ziel der Psychoanalyse betrachten.

Zur Hochreligion zähle ich all jene Religionsstifter und spirituellen Meister, die Religionen oder Bewegungen begründet haben und angetreten sind, den Menschen von dem Zustand zu befreien, in dem er lebt. Ein wichtiger Aspekt der *Conditio humana* ist, daß der Mensch, was das Wesen seines Seins angeht, blind ist und auch nicht weiß, was er tut, wobei die Hochreligion bemüht ist, den Menschen aus seiner Unwissenheit zu erretten. Ähnliches versucht die Psychoanalyse, deren ursprüngliche Aufgabe es ist, in jene Bereiche des menschlichen Lebens ein Licht zu werfen, die der betreffenden Person verschlossen sind. Deshalb bin ich der Meinung, daß die Psychoanalyse eine spirituelle Funktion hat. Das spirituelle Bemühen des Psychoanalytikers ist darauf gerichtet, zu sehen, was wir tun, das Wahre und Richtige vom Falschen zu unterscheiden und das Gute vom Bösen zu trennen.

Literatur

Paul Carus, *Das Evangelium des Buddha* (Chicago, London: The Open Court Publishing, 1919).

Winston S. Churchill, *Der Zweite Weltkrieg* (1948), (Bern, München, Wien: Scherz, 1992).

John Howard Griffin, *Black Like Me* (London: Collins, 1966), S. 65.

Thomas Hardy, *Tess von den d'Urbervilles* (1891), (Stuttgart: Reclam, 1987), S.12.

K. W. Morgan, *The Path of the Buddha* (Delhi: Motilal Banarsidass, 1986).

John Henry Kardinal Newman, *Apologia Pro Vita Sua*. Geschichte meiner religiösen Überzeugungen (Mainz: Matthias Grünewald, 1951).

Francis Thompson, *Saint Ignatius of Loyola* (London: Burns & Oates/ Universe Books, 1962).

15. Narzißmus und die *Conditio humana*

> Egoismus besteht in folgendem: Zwischen dem eigenen Ich
> und den anderen Wesen wird hier ein unbedingter Gegensatz,
> eine unüberbrückbare Kluft aufgerissen. Ich bin alles für mich
> und muß alles für die anderen sein, aber die anderen sind an
> sich nichts und werden nur als Mittel für mich zu etwas; mein
> Leben und Wohlergehen ist das absolute Ziel, das Leben und
> Wohlergehen der anderen ist nur als Werkzeug zur Verwirkli-
> chung meines Zieles, als das notwendige Milieu für meine
> Selbstbehauptung zulässig. Ich bin der einzige Mittelpunkt,
> und die ganze Welt ist nur die Peripherie.
> *(Wladimir Solowjow, 1897)*

Mit der Entwicklung der Objektbeziehungstheorie wandelte
sich die Psychoanalyse aus einer Naturwissenschaft in etwas,
das im Bereich der emotionalen Beziehungen von ethischer
Bedeutung ist. Nach Winnicott befindet sich das Kind nach
seiner Geburt zunächst in einem Stadium der Rücksichtslosigkeit, aus dem es unter günstigen Umständen später in ein Stadium der Rücksicht und Verantwortung übergeht. Manch ein
Erwachsener, sagt Winnicott, sei emotional unterentwickelt
und im Stadium der Rücksichtslosigkeit steckengeblieben, so
daß ein Ziel der analytischen Behandlung darin bestehe,
einem solchen Patienten zu helfen, das Stadium von Rücksicht und Verantwortung zu erreichen. Ähnlich vertrat Melanie Klein die Ansicht, das Kind werde in einen paranoid-schi-
zoiden Zustand emotionaler Entwicklung hineingeboren, und
der Erwachsene könne in diesem emotionalen Entwicklungs-
zustand verharren, unfähig, sich zu dem weiterzuentwickeln,
was sie als depressive Position bezeichnet.

Winnicott und Klein gewannen ihre Schlüsse aus der klinischen Beobachtung, daß sich das Kind zu Beginn seines
Lebens im Zustand der Selbstbezogenheit befindet, ohne
Rücksicht auf andere, und daß es erst allmählich einen Zustand erreicht, in dem die Gegenwart des anderen in seiner
emotionalen Welt Gestalt anzunehmen beginnt. Beide Analy-

tiker hatten das Ziel, die Patienten zu dieser zweiten Stufe zu führen und beide fällten ein Werturteil, wonach das Erreichen der zweiten Stufe eine Grundvoraussetzung seelischer Gesundheit sei. Mit diesem Werturteil bestätigten sie auch die der Psychoanalyse zugrundeliegende moralische Perspektive. Der Zustand der Rücksichtslosigkeit beziehungsweise der paranoid-schizoide Standpunkt ist die *Conditio humana,* die dem Analytiker in seiner Praxis begegnet. Es ist die *Conditio humana* des mikrosozialen Milieus und des emotionalen Umfeldes. Die Psychoanalyse hat das Ziel, den Patienten aus dieser Situation herauszuführen. Dafür ist wichtig, in welchem Verhältnis Psychoanalyse und Religion zueinander stehen.

Wir müssen hier noch einmal auf Erich Fromms Unterscheidung zurückkommen zwischen einer Psychoanalyse, die auf gesellschaftliche Anpassung abzielt, und einer Psychoanalyse, der es um Seelenheilung geht. Eine Analyse, die das erste bezweckt, tut nichts, um den einzelnen aus der *Conditio humana* zu erretten. Eine solche Behandlung versucht, den Menschen äußerlich seiner Lebenssituation anzupassen, nicht aber, seine Persönlichkeit wiederherzustellen. In einer solchen Analyse hört der Analytiker dem Patienten mit Empathie und Verständnis zu und vermittelt ihm durch empfindsame Identifizierung mit seinem Leiden das Gefühl, verstanden zu werden und in der Welt nicht allein zu sein. Bei dieser Art der Analyse bringt der Analytiker verständnisvolles Mitgefühl auf – mit seinem Patienten und mit dem, was dem Patienten zugestoßen ist. Hier liegt jedoch ein Fehler, den ich durch den Bericht über einen meiner Patienten illustrieren möchte.

Er war ein Mann Mitte vierzig, der, als er zur Tür hereintrat, mich fröhlich begrüßte. Obwohl er viele Talente besaß, hatte er keines davon so weit ausgebildet, daß er aus seinen unbezweifelbaren Fähigkeiten hätte Kapital schlagen können. Da saß er nun, nur mäßig erfolgreich, ein Hansdampf in vielen Gassen. Er galt auf Partys als guter Unterhalter, aber in seiner Ehe kriselte es. Er hatte einen jüngeren Bruder, Tony, der als

Säugling an Kinderlähmung erkrankt war und stark behindert blieb. Tony bekam alle Aufmerksamkeit der Mutter, so daß sich mein Patient verpflichtet fühlte, so zu tun, als habe er keine Probleme, um damit die Situation seiner Mutter möglichst zu erleichtern. Er verhielt sich mir gegenüber ebenso, und ich gab ihm die Deutung, er habe das Gefühl, all meine Aufmerksamkeit gelte meinem vorherigen Patienten, gewissermaßen seinem Bruder Tony. Er glaubte beständig, ich beschäftige mich mit anderen Patienten, mit meiner Familie et cetera, was ich jedes Mal mit seinem Gefühl in Zusammenhang brachte, daß die Aufmerksamkeit seiner Mutter auf Tony gerichtet war. Etwa neun Monate lang drehten sich viele Deutungen um diesen Punkt. Gegen Ende des ersten Jahres erweckte er den Anschein, als ginge es ihm wesentlich besser, doch war manches noch irritierend. Weiterhin haßte er seine Mutter, und weiterhin verhielt er sich grausam gegenüber seinem Bruder. Auch wirkte er im großen und ganzen sehr selbstbezogen.

In vielem fühlte sich mein Patient gestärkt: Er hatte jemanden gefunden, der seine Vernachlässigung nachempfinden konnte, aber ich wurde das Gefühl nicht los, daß meine Unterstützung für ihn *gegen* ein Leben gerichtet war, das ihn ungerecht behandelt hatte. Das ließ mich zweifeln, ob mein Patient wirklich die Kraft besaß, seine Lebenssituation zu ändern. Hieß das, daß sich in seiner Seele nichts verändert hatte? Diese Fragen ließen sich nicht abschütteln und klopften beständig an die Tür meines Bewußtseins, bis er eines Tages zur Sitzung kam und sagte, es ginge ihm gut. Doch bald sickerten Fakten durch, die mit dieser Einschätzung nicht in Einklang standen. Er hatte Krach mit seiner Freundin (von seiner Frau hatte er sich getrennt); er hatte vom Anwalt seiner Frau einen Brief bekommen, in dem Unterhaltszahlungen gefordert wurden, die ihn finanziell ruinieren konnten. Ich machte eine Bemerkung über seine Art, gerade dann zu meinen, er müsse erklären, es ginge ihm gut, wenn in Wahrheit beunruhigende Ereignisse auf ihn einstürmten. Wieder spiele er die

Rolle des kleinen Michael, der seinem Mami-Analytiker erzählt, daß es ihm gut gehe und er keine Probleme habe. Es lag ein rührendes Pathos in dem kleinen Jungen, der die Notwendigkeit spürte, all diese schmerzlichen Dinge bei sich zu behalten und sie mit niemandem zu teilen. Ich hätte es bei dem behutsamen Verständnis belassen können, das ungestört zwischen uns bestand; aber ich stand vor einer schwierigen Frage: Warum spielte er diesen Part auch mit mir? Warum gab er auch beim Analytiker, diesem professionellen Problemlöser, vor, keine Probleme zu haben? Also sagte ich zu ihm: »Sie tun so, als hätten Sie keine Probleme, obwohl Sie in Wahrheit sehr große Probleme haben. Sie tun das, weil Sie nicht großzügig genug sind, zuzulassen, daß ich unter Umständen die Fähigkeit habe, nicht nur Tony, sondern auch Ihnen zu helfen.«

Diese Deutung erschütterte meinen Patienten sehr, doch noch am selben Abend besuchte er Tony und erzählte ihm zum ersten Mal, daß er sich wegen seiner Probleme in Psychoanalyse befinde. Tony war außerordentlich erleichtert, daß er nicht das einzige Problemkind in der Familie war, und überredete Michael, der Mutter davon zu berichten, was dieser, wenn auch widerwillig, tat. Ganz im Gegensatz zu seiner Erwartung, war seine Mutter ebenfalls außerordentlich erleichtert und sagte ihm, sie fühle sich zum ersten Mal seit vielen Jahren ihm gegenüber als Mutter, bisher habe sie sich von ihm immer als Mutter abgelehnt gefühlt.

Mein Patient hatte begonnen eine neue Welt aufzubauen. Er paßte sich der Welt nicht an, sondern war ein kooperativ Handelnder beim Bau einer sich wandelnden Welt, und er war dabei offen für andere. Darin lag ein seelischer Wandel: Aus einem, der den zerstörerischen inneren Kräften ausgeliefert war, wurde jemand, der diese Kräfte annimmt und für seine eigenen konstruktiven Ziele einsetzt. Die Analyse hatte als soziale Anpassung begonnen, war nun aber zu einer Seelenheilung geworden.

Es gibt eine Psychoanalyse, die sich allein mit sozialer Anpassung befaßt, und es gibt eine andere, deren Ziel es ist, die Seele zu verändern. Viele Analysen sind auch eine Mischung aus beidem. Manche Analytiker setzen sich die seelische Veränderung als engeres Ziel, verbinden dieses aber mit Verstärkung als einer Hilfe zur Anpassung. Auch die, die sich die seelische Veränderung zum Ziel gesetzt haben, verfehlen dieses Ziel in unterschiedlichem Maße. Wenn ich jedoch behaupte, die Psychoanalyse habe das Ziel, das Individuum aus der *Conditio humana* zu erretten, so meine ich die auf seelische Veränderung ausgerichtete Analyse.

Die besondere Sphäre der *Conditio humana,* die uns in der Klinik begegnet, nennen wir Narzißmus, definiert als ein besonderer Bewußtseinszustand, in dem das Individuum sein eigenes Ich zum Liebesobjekt gewählt hat. Ein solcher Zustand schließt Mitgefühl mit anderen Menschen aus, jene erste Frucht eines höherentwickelten religiösen Glaubens. Statt daß die Liebe nach außen, auf andere gerichtet ist, richtet sie sich auf das Selbst. Jegliche Motivation wird von diesem Prinzip bestimmt. Es ist wichtig, sich klarzumachen, daß der Betreffende sich über seine innere Lage nicht im klaren ist. Ja, häufig wird ein Narzißt sich Menschen widmen, er wird vielleicht ein großer Philanthrop sein oder mit Hingabe gute Werke tun; und trotzdem kann er Narzißt sein. Wir müssen versuchen, diesen scheinbaren Widerspruch, der zum Wesen der Psychoanalyse gehört, zu verstehen.

Jemand, der sein eigenes Ich zum Liebesobjekt gemacht hat, ist sich dessen nicht bewußt. Tatsächlich kann er sich dessen auch gar nicht bewußt sein, denn er muß alles tun, um das Wissen um diese Situation zu vertuschen. Seine Wahrnehmung, Erinnerung, Vorstellungskraft, sein Urteilsvermögen und seine Überzeugungen sind durch seine innere Konfiguration verzerrt, so daß er gezwungen ist, die Wirklichkeit seiner inneren Verzerrung anzupassen.

In der inneren emotionalen Welt des Narzißten existiert kein anderer. Das weiß er selbst nicht, aber jemand, der eng mit ihm zusammenlebt, merkt es im Laufe der Zeit. Auch in der Analyse tritt dieser Umstand, wenn auch gegen großen

Widerstand, ans Licht. Ich möchte einige Beispiele anführen, um zu zeigen, auf welche Weise es möglich ist, daß jemand sich selbst dieser Lage nicht bewußt ist, obwohl sie für andere – manchmal erschreckend klar – auf der Hand liegt. Erich Fromm beschreibt einen Fall:

> Ein Mann rief mich an, und bat um einen Termin. Ich erwiderte ihm, ich hätte diese Woche keine Zeit für ihn, sondern erst in der nächsten Woche. Er setzte mir daraufhin auseinander, daß er ganz in der Nähe meiner Praxis wohne und daß es ihn nur wenig Zeit koste, zu mir herüberzukommen. Als ich ihm klarzumachen suchte, daß das zwar für ihn bequem sei, aber nichts an der Tatsache ändere, daß *ich* keine Zeit für ihn habe, machte ihm das überhaupt keinen Eindruck, und er wiederholte immer wieder das gleiche Argument. (*GA,* Bd. VIII, S. 297)

Weitere Beispiele:

> Ein Mann war sehr eifersüchtig, als seine Frau auf einer Party mit einem anderen flirtete. Als er ein Verhältnis mit seiner Sekretärin hatte, nahm das seine Frau sehr mit; er aber konnte nicht verstehen, warum seine Frau sich so aufregte.

> Eine Frau glaubte, ihr Analytiker liebe sie, obwohl sie ihn mit seiner Frau gesehen hatte und obwohl der Analytiker sämtliche Grenzen seines Berufsstandes sehr wohl eingehalten hatte. Die Frau blieb bei ihrem Glauben; alle Versuche, sie davon abzubringen, schlugen fehl.

> Eine Gruppe hatte auf dem Rückweg von einem Ausflug mit dem Bus einen Unfall. Ein Mädchen hatte sich dabei den Arm gebrochen und litt starke Schmerzen. Der Fahrer eines vorbeikommenden Wagens bot sofort an, das Mädchen ins Krankenhaus zu bringen. Ein Mann aus der

Gruppe bestand darauf, daß das Auto einen Umweg mache und ihn beim Haus eines Freundes absetze, wo er zu einer Party erwartet wurde. Als die anderen seinen Wunsch mit Verwunderung und Entrüstung aufnahmen, wurde er wütend und tobte.

Der Narzißt ist unfähig, sich in die Lage eines anderen zu versetzen, weil der andere für ihn emotional gar nicht existiert. Im ersten Beispiel reagiert der Mann auf Fromms Bedürfnisse so, als ginge es um seine eigenen und als könne es auch nur diese geben. Nach der Terminologie Kleins ist Fromm hier eine mütterliche Brust, die keine andere Aufgabe hat, als den Mann-Säugling zu füttern. Der Narzißt schlägt Fromm seinem Ego zu, so daß in seiner emotionalen Wahrnehmung nicht zwei Personen vorhanden sind, sondern nur eine, die stark aufgebläht ist.

Der Kuckuck legt seine Eier in fremde Nester. Da er größer wird als die anderen Vögel der Brut, drängt er sie aus dem Nest. So verhält sich auch das Ich des Narzißten; es löscht alle Spuren eines anderen in sich aus. Wir ahnen allmählich, was unter dem Begriff »emotional« zu verstehen ist, mit dem wir beschreiben, wie das Ich in seiner Innenwelt in Relation zum anderen handelt und welche Struktur sich daraus ergibt.

Einmal kam ein Geistlicher zu mir, der sich für die Antihungerhilfe in der dritten Welt engagierte. Nach außen hin setzte er sich für andere ein; doch seine Frau verließ ihn, weil er sich für sie nicht interessierte. Was sie beschäftigte, empfand er als frustrierend, sie stand ihm im Weg und war ihm lästig. Es stellte sich heraus, daß sie in ihm gar nicht existierte; statt dessen hatte er sie seinem aufgeblähten Selbst einverleibt. Ein Element des Emotionalen ist also die innere Beziehung des Ichs zu Objekten, doch das ist kein statischer Zustand. Diese innere Beziehung lebt von Handlung; daher gibt es eine innere Handlung, die wir auf diese Weise beschreiben können. Der andere wird einverleibt und das ist eine Handlung des Ichs.

Selbsterkenntnis entsteht durch den Vergleich mit dem anderen. Wenn ich in einem winzigen Dorf oder auf einer Insel lebe, wo es kein Fernsehen und kein Kino gibt, dann weiß ich nicht, daß meine Haut weiß ist. Ich werde mir dessen erst bewußt, wenn mir eines Tages ein Schwarzer begegnet; dann erkenne ich etwas über mich selbst, das ich früher nicht gesehen habe. Wenn ich ein Pygmäe bin, in den Tiefen der Ituri Wälder im Kongo lebe und nur Mitglieder meines Stammes kenne, und eines Tages sehe ich einen Fremden von einem Meter achtzig, dann wird mir klar, daß ich kleiner bin. Ich kann über mich nur etwas erfahren, wenn ich in Beziehung zu anderen stehe. Wenn ich den anderen dagegen in mir aufgenommen und ihn zu einem Teil meiner selbst gemacht habe, dann ist kein anderer vorhanden, und so kenne ich mich selbst nicht, weil ich den anderen in mir bräuchte, um mich selbst zu kennen. Nehmen wir das sokratische Prinzip: Ich kann nichts Böses tun und zugleich wissen, daß ich etwas Böses tue, denn wenn ich weiß, daß es etwas Böses ist, dann werde ich es nicht tun. In dem Film *Der dritte Mann* konnte Harry Lime sich darüber hinwegtäuschen, daß sein kriminelles Handeln für den Tod von Menschen verantwortlich war, indem er diese in seinem Bewußtsein zu Punkten werden ließ; als er beispielsweise Holly Martins auf das Riesenrad mitnimmt und auf die Menschen unten zeigt, sind sie optisch zu Punkten zusammengeschrumpft. Das war ein geschickter Kunstgriff von Graham Greene, weil der Zuschauer auf diese Weise für einen Augenblick Limes Rationalisierung verstehen kann. Doch dann führt Major Colloway Holly Martins ins Krankenhaus, wo kleine Kinder infolge des verdünnten Penicillins von Harry Lime einen qualvollen Tod erleiden. Als Holly Martins die Sache aus dieser Perspektive sieht, kann er die Handlungsweise des Freundes nicht mehr decken. Harry Lime hatte ihn auf das Riesenrad gelockt, wo, von oben gesehen, der Mensch nicht mehr als ein anderer zu erkennen war. Wenn ich den anderen in meinem Bewußtsein zerstöre, dann mache ich ihn zu einem Punkt und bin mir meiner Zerstörung nicht bewußt, denn ein Punkt ist nicht ein anderer.

Diese Zerstörung im Bewußtsein ist die eigentliche Katastrophe; das ist der Kernpunkt der *Conditio humana*. Ich will nun beschreiben, wie die geistigen Prozesse verwüstet werden und in welchem Verhältnis das zur sittlichen Entscheidung steht, das andere, das Gute zu zerstören. Es handelt sich dabei um meine eigene Theorie des Narzißmus, die ich in einem früheren Buch ausführlicher behandelt habe.

Die Hypothese des sogenannten primären Narzißmus gründet auf der Überzeugung, das Kind sei zu Beginn seines Lebens nicht objektbezogen. Im Gegensatz dazu folge ich dem Standpunkt von Melanie Klein, Donald Winnicott, Ronald Fairbairn und der Schule der britischen Objektbeziehungspsychologen, die von einem Bezogensein des Säuglings bereits von Geburt an ausgehen. Diese Position wurde auch von Forschern wie Daniel Stern bestätigt.

Der einzige Narzißmus, den es gibt, ist der sogenannte sekundäre Narzißmus, und auf ihn beziehe ich mich im folgenden. Die klassische Narzißmustheorie behauptet, daß die Libido ihr eigenes Selbst zum Liebesobjekt nimmt. Ich stimme mit dem zweiten Teil dieser Aussage überein, daß das Ich oder Selbst zum Liebesobjekt gewählt wird, aber es stellt sich die Frage, von wem oder wodurch? Das Wort »Libido« wird verwendet, um einen Bindungstrieb auszudrücken. Wenn wir sehen, wie ein Kind »natürlich« die Brust der Mutter sucht, dann sagen wir selbstverständlich, es tue dies instinktiv und meinen damit, daß hier kein Ich im Spiel sei. Diese Annahme möchte ich in Frage stellen. Wenn das Kind von Geburt an objektbezogen ist, dann ist das Ich der Ursprung seines auf ein Objekt gerichteten Handelns; die Aktivität des Ichs ist per definitionem nicht instinktiv. Um darüber größere Klarheit zu erreichen, müssen wir genauer überlegen, was wir unter Objekt verstehen.

Zwischen Melanie Klein und Anna Freud bestand folgende Meinungsverschiedenheit: Klein sagte, das Kind sei von

Geburt an objektbezogen und besitze von da an ein Ich, auch wenn dieses Ich erst im Keim vorhanden sei. Anna Freud sagte, bei der Geburt gebe es noch kein Ich, das Kind handle instinktiv, demnach liege die Quelle seines Handelns nicht im Ich, sondern in dem, was ihr Vater als »Es« bezeichnet hatte; anfangs befinde sich das Kind in einem objektlosen Zustand. Doch sei klar, daß ein objektloser Zustand nicht bedeutet daß sich nicht schon das kleine Kind an ein Objekt bindet, daher verstehe man unter einem objektlosen Zustand einen Zustand, in dem noch kein *geistiges* Objekt da sei. Anna Freud meinte, zu Anfang sei nur ein sinnliches Objekt vorhanden und erst später differenziere sich dieses in ein sinnliches und ein geistiges Objekt. Klein vertrat die Ansicht, bereits von Geburt an sei ein geistiges Objekt vorhanden.

Die Handlung, die sich auf dieses geistige Objekt bezieht, hat ihren Ursprung im Ich, folglich waren die Objektbeziehungstheoretiker auch der Meinung, daß es von Geburt an ein Ich und also auch eine mentale Struktur gebe. An diesem Punkt weiche ich jedoch nicht unwesentlich von Melanie Klein ab. Ich behaupte, daß es in Beziehung auf das geistige Objekt nur intentionales Handeln geben kann, das im Ich seinen Ursprung hat. Um Angst zu erklären, führt Klein ein, es gebe in der Persönlichkeit Instinkt *als ein Objekt*. Ich meine, instinktives Handeln wird im Menschen in Ich-Handlung transformiert, deshalb wäre es unlogisch und ein Rückschritt, würde man in diesem Punkt Klein folgen.

Meine Position ist der Fairbairns insofern näher, als dieser nicht annahm, daß es eine andere Quelle emotionalen Handelns in der Persönlichkeit gibt als das Ich. Fairbairns Ansicht, die Angst sei das Produkt einer von außen kommenden, traumatisierenden Wirkung auf die Person, halte ich allerdings auch für ein Mißverständnis. Hier denkt Fairbairn seine eigene Position nicht logisch zu Ende, was daran liegt, daß er beständig das Wort »Libido« verwendet, und zwar Libido als ein Ding, nicht als Bindeglied zwischen Ich und Objekt.

Libido ist etwas von »ich möchte«, »ich will«, »ich wünsche mir« Getrenntes.

Gemäß der von mir hier vertretenen Formulierung müssen wir den Begriff Libido fallenlassen; und daher ist auch die klassische Definition von Narzißmus ungeeignet, derzufolge die Libido sich ihr eigenes Selbst oder Ich zum Objekt wählt. Statt dessen müssen wir sagen, daß das Ich sein eigenes Selbst als Liebesobjekt nimmt. Das bedeutet, daß eine mentale Struktur aufgebaut wurde und daß die Aktivität, die das Ich zu seinem eigenen Liebesobjekt macht, ein intentionaler Akt ist. Fairbairn wird unlogisch, wenn er zwar behauptet, das Handeln gehe vom Ich aus, es dann aber nicht als intentional ansieht. Stimmte das, so wäre zu fragen, wodurch sich denn eine vom Ich ausgehende Handlung von einer vom Es ausgehenden Handlung unterscheidet. Es liegt wohl auf der Hand, daß der Unterschied darin besteht, daß das vom Ich ausgehende Handeln eine Wahl impliziert, während das vom Es ausgehende Handeln das nicht tut.

Man muß zwischen einer bewußten und einer unbewußten Wahl unterscheiden; mir geht es hier um die letztere. Es gibt einen Handlungsbereich in Beziehung zum anderen Menschen als einem geistigen Objekt. Welche Möglichkeiten dieser Bereich bietet, richtet sich nach den Auswirkungen auf diesen anderen. Jedes Handeln ist eine Negation anderer Handlungsmöglichkeiten. Das ist hier mit Wahl gemeint, aber die Entscheidung für einen Wechsel der Handlung wird nicht bewußt wahrgenommen. Solche Wechsel geschehen häufig im Verlauf der Analyse und lassen sich in den klinischen Berichten der psychoanalytischen Literatur nachlesen.

Dies war ein ziemlich großer Umweg, um zur Erläuterung der klassischen Definition von Narzißmus zu kommen. Hier nun die erste These: Sie besagt einfach, wenn das Ich sein eigenes Selbst zum Liebesobjekt nimmt, so ist das eine Wahl. Damit ist impliziert, daß ihm eine oder mehrere andere Möglichkeiten zur Verfügung standen, die es negiert hat. Die abgelehnte Möglichkeit gilt es nun zu untersuchen. Das Objekt des

Ichs ist ein geistiges; die Wahl des geistigen Objekts bildet die Struktur, aus der das psychische Leben des Menschen besteht. Wird das Selbst als Liebesobjekt gewählt, dann liegt die Kalamität in der negierten Möglichkeit, in dem, was *nicht* gewählt worden ist. Die Ablehnung des geistigen Objekts, dessen, was nicht getan wurde, bildet das Zentrum der narzißtischen Verfassung und ist für das Fiasko verantwortlich, das der psychischen Struktur zugrunde liegt. Wie aber hat man sich dieses geistige Objekt vorzustellen? Da dieses Objekt meiner Ansicht nach als Teil einer Struktur die Grundlage seelischer Gesundheit bildet, müssen wir definieren, was unter seelischer Gesundheit zu verstehen ist.

Im Laufe seines Lebens erlebt auch der behütetste Mensch Krisen. Es gibt schmerzhafte Krankheiten und Unfälle in der Kindheit, den Tod der Eltern oder anderer Familienmitglieder oder das Leid unerwiderter Liebe. Es gibt entsetzliche nationale und internationale Katastrophen, in die der eine oder andere hineingezogen wird. Dann gibt es die Krise des eigenen Todes, in welcher Form er auch kommen mag. Das Leben ist alles in allem eine Serie unvermeidbarer Krisen, die immer mit Leid und Schmerz einhergehen. Seelisch gesund sind diejenigen, denen es gelingt, diese Krisen zu bestehen, ja ihnen mit innerer Kraft zu begegnen und sich wieder zu Lebensfreude durchzukämpfen. Ein solcher Mensch verläßt sich auf etwas in seinem Inneren, das ihm in seinem Lebenskampf die Kooperation mit anderen ermöglicht. Ich schlage vor, diese innere Eigenschaft den Lebensspender zu nennen.

Als Lebensspender bezeichne ich das geistige Objekt, das im Zustand des Narzißmus negiert und im Zustand geistiger Stärke gewählt wird. Es handelt sich dabei um ein geistiges Objekt, das erst existiert, wenn es gewählt wird. Das klingt paradox, doch wir kennen in unserer sozialen Welt Parallelen dazu: Beispielsweise entsteht Freundschaft erst, wenn sie gepflegt wird. In eben diesem Sinne ist der Lebensspender ein geistiges Objekt, das erst dann gegeben ist, wenn man es wählt. Der Akt, durch den der Lebensspender gewählt wird, schafft allererst die geistige Wirklichkeit, über die das Individuum dann innerlich verfügt. Mit dem Lebensspender ist der Mensch innerlich für die Lebenskrisen gerüstet. Was geschieht, wenn der Lebensspender verweigert wird?

Narzißmus ist wesentlich eine emotionale Verweigerung. Da sie emotional ist, betrifft sie die Grundfesten der Persönlichkeit und durchdringt alle Entscheidungen und Handlungsmuster ein Leben lang. Findet eine tiefe emotionale Verweigerung anläßlich einer Krise statt, dann *stellt* sich der Mensch dieser Krise gar nicht erst und wird von ihr erdrückt, statt sie zu überwinden. Ich glaube, daß die klassische Narzißmusdefinition das nicht begrifflich fassen konnte, weil sie sich auf das Element konzentriert hat, auf das die Wahl fiel, also auf das Selbst als Liebesobjekt, was jedoch sekundär ist.

Es gibt noch eine andere überaus wichtige Konsequenz, die meiner Ansicht nach in manchen psychoanalytischen Schulen nicht erkannt worden ist. Die Folge der Verweigerung ist ein Schuldgefühl, das dem Bewußtsein nicht zugänglich ist. Es geschieht etwa Folgendes: Die ursprüngliche Verweigerung wiederholt sich in allen Konturen der Lebensereignisse. Jedesmal ist sie von Schuldgefühlen begleitet. Das manifestiert sich auf unterschiedliche Weise: Manche Leute ziehen alles mögliche Unglück auf sich, sie heiraten zum Beispiel jemanden, obgleich alle Freunde prophezeihten, das werde nicht gut gehen, oder sie haben eine Serie von Autounfällen, oder sie setzen ihr Geld leichtsinnig aufs Spiel, und so fort.

Innerlich halten sich diese Menschen für schlecht – so schlecht, daß sie es nicht ertragen können, das zu spüren, also müssen sie die Welt dazu verführen, ihnen zu sagen, sie seien gut. Sie finden in ihrer Umgebung Tröster, ohne die sie nicht auskämen; das bedeutet, sie sind außerordentlich abhängig von der Zuwendung ihrer Mitmenschen. Ein typisches Beispiel dafür ist der nette Junge, der sich innerlich so schlecht fühlt, daß er dieses Gefühl bei sich nicht zulassen kann. Vom bösen Jungen hat er sich befreit, indem er ihn in eine verhaßte Gestalt seiner sozialen Umwelt – in seine Familie, in seinen

Chef oder in eine Organisation – projiziert. Die Gewalt, mit der die Projektion des bösen inneren Jungen geschieht, ist oft enorm; würde er ihn nach innen projizieren, würde er eine so tiefe Depression erleben, daß er Selbstmord begehen könnte.

Da viele Kliniker die tiefe Verweigerung des Lebensspenders, die den Kern des Narzißmus ausmacht, nicht wahrhaben, erkennen sie auch nicht, daß die Schuld und das Gefühl des Schlechtseins inhärente Bestandteile des klinischen Bildes des Narzißmus sind, zumal der entsprechende Mensch sich nach außen nett und verbindlich darstellt. Sie erkennen nicht, daß er so dringend Zuwendung von seiner Familie und seinen Freunden braucht, weil er sich innerlich unerträglich schlecht fühlt. Deshalb muß er gegen diese Gefühle eine Mauer errichten und seine wahren Gefühle durch falsche, oberflächliche Gefühle ersetzen, die ihm die nötige soziale Zuwendung verschaffen. Er ist von sich selbst abgeschnitten, und was uns in der Klinik begegnet, ist eine falsche Fassade, die das Gegenteil von dem darbietet, was dieser Mensch innerlich fühlt. Was er aber fühlt, kann er nicht wissen, denn sonst würde ihm auch bewußt werden, daß er den Lebensspender von Grund auf verweigert hat, und das wäre unerträglich. Und je unerträglicher das ist, desto schrecklicher wird gewiß die äußere Gestalt ausfallen, auf die er seine eigene vermeintliche Schlechtigkeit projiziert.

Da die fundamentale Ablehnung des Lebensspenders im psychoanalytischen Denken noch nicht konzeptualisiert worden ist, erkennen viele Kliniker nicht, daß die Negativität, die ihnen da begegnet, ein inhärenter Teil des Narzißmus, ja Teil seiner Struktur ist. Es ist falsch, negativen und positiven Narzißmus als zwei verschiedene Kategorien anzusehen. Wenn jemand unter positivem Narzißmus Selbstvertrauen oder eigene Wertschätzung versteht, so führt das zu semantischer Verwirrung; Narzißmus unterminiert das Selbstvertrauen. Negativer Narzißmus, der sich aus der Verweigerung des Lebensspenders ergibt, ist ein fester Bestandteil des Narzißmus; sogenannter positiver Narzißmus ist die eben genannte falsche Fassade. Wir kommen nun zu der kompensatorischen Wahl, die dann stattfindet, wenn der Lebensspender abgelehnt wird.

Es ist klar, daß ein narzißtischer Mensch sich in einer beklagenswerten psychischen Verfassung befindet. Er hat keinen oder fast keinen Zugang zum geistigen Objekt, der Quelle des autonomen Handelns. Er ist unfähig, in seiner menschlichen Umgebung offene Reaktionen aufkommen zu lassen. Er kann Leute tyrannisieren oder sie drängen, ihm zu Willen zu sein, doch ist das das Gegenteil von freiem, schöpferischem Handeln. Sein Motiv ist hier, Bestätigungen für seine Sicht der Dinge zu erzwingen. Jemand, der in ruhiger innerer Gewißheit lebt, bedarf nicht der Ratifizierung seiner Auffassungen; es ist nicht wichtig, daß es *seine* Auffassung ist. Jemand, der nicht von narzißtischen Neigungen beherrscht wird, hat eine Beziehung zu seiner Auffassung: Er muß nicht von ihr Besitz ergreifen. Mit dem Lebensspender besitzt er ein Objekt, zu dem er eine Beziehung hat, wenn er nur einmal grundsätzlich »ja« gesagt hat. Es scheint paradox, daß dieses Ja ihm den inneren Lebensspender zur Verfügung stellt und er dennoch nicht den Drang hat, über ihn zu verfügen.

Wir müssen noch genauer spezifizieren, was bislang über die Verweigerung des Lebensspenders gesagt wurde, denn kein Mensch kann ihn vollständig ablehnen. Wo immer Leben ist, gibt es auch eine, wenn auch noch so geringe Akzeptanz. Diese Akzeptanz wird durch die Verweigerung überlagert. Das liegt daran, daß der Lebensspender ein inneres und ein äußeres Objekt ist und die Verweigerung daher zum Teil eine Ablehnung des eigenen Innenlebens ist. Die Verweigerung hebt jedoch das Innenleben nicht völlig auf, sondern stellt nur eine Tendenz dar, die immer da ist und zum Ziel hat, den Lebensspender auszuschalten.

Das bereitet der Seele Schwierigkeiten. Das Individuum hat nicht die innere Ausstattung, die nötig wäre, um mit den Dilemmata des Lebens fertigzuwerden, und deshalb wählt es einen anderen Weg, um die Energie zu erzeugen, die es benötigt. Statt für den Lebensspender zu optieren, nimmt es sein eigenes Selbst als Liebesobjekt. Nun ist aber das zum Liebesobjekt gewählte Selbst kein geistiges, sondern ein sinnliches Objekt; die Inbesitznahme des Selbst ist eine sinnliche Kompensation für das Verlorengegangene. Mit diesem Akt wird das Selbst erotisiert, was im Grunde eine lustvolle Oberflächenstimulation ist. (Die Postmoderne, die sich der Oberfläche verschrieben hat, zeigt, meine ich, daß die heutige westliche Zivilisation diesen Aspekt des Narzißmus besonders liebt und bestärkt.)

Diese Stimulation des Selbst motiviert, aber die Motivation hält nicht an. Charakteristisch für sie ist eine Erregung, die schnell wieder erlahmt, so daß ein neuer Erregungsschub nötig ist. Solche Erregung kann verschiedene Formen haben. Sie läßt sich durch Alkohol erreichen, durch eine Sexualorgie, durch das Ausstechen eines Rivalen oder auch, indem man eine Menge in Begeisterung und Schwärmerei versetzt. Zuweilen bezieht man die nötige Erregung aus der Hingabe und Bewunderung, die ein oder zwei treue Schüler einem entgegenbringen. Ein historisches Beispiel hierfür wäre Savonarola, der die unerschöpfliche Hingabe von Fra Domenico bis zum letzten Augenblick ihres gemeinsamen Todes genoß.

Doch die mächtigste Wirkkraft zur Erotisierung ist die Destruktion. Zerstörung erregt. Ich interviewte einmal einen Jugendlichen, der mir erzählte, wie er mit Dynamit einen Baumstumpf im Garten hatte hochgehen lassen. Der Glanz der Erregung in seinen Augen war nicht zu übersehen. Öffentliche Hinrichtungen haben immer die Massen angezogen, gerade so wie heute Gewaltfilme anziehend wirken. Amerikanische Militärangehörige, die darauf warteten, die Atombombe über Nagasaki abzuwerfen, fieberten vor Sorge, denn sie fürchteten, Japan könnte sich ergeben, bevor sie ihre heimtückische Waffe einsetzen konnten. Diese Erregung angesichts eines gewaltsamen Todes, bei der Zerstörung des Schönen, bei der Vernichtung der Schaffenskraft oder dem Zunichtemachen der Hoffnungen anderer – sie gilt auch für das eigene Selbst des Individuums. In dem Moment, in dem die schöpferische Tat in der Tiefe geboren wird, wird sie bereits von innen heftig attackiert, und das erzeugt Erregung. Es gibt einen kleinen Ansporn, der seinerseits wiederum eine kurze Motivationsphase in Gang setzt. Destruktivität gegen sich selbst wie gegen andere ist ein wesentlicher Bestandteil des Narzißmus. Er ist eine Seelenverfassung, die für die Menschheit (die jeweiligen Individuen) wie für die Gesellschaft extrem schädlich ist. Der Narzißmus liegt im Zentrum der *Conditio humana*.

Nach dem bisher Gesagten könnte es scheinen, als ob Wirkursachen bei der Entstehung der narzißtischen Verfassung keine Rolle spielen. Dennoch berücksichtigen die meisten Psychoanalytiker die Lebensgeschichte des Patienten und die Traumata seiner frühen Kindheit. Das Kind, der Säugling, ja sogar der Fetus erleben Schmerz. Der junge Mensch hat eine Beziehung zu seinem traumatischen Erlebnis, und in dieser Beziehung gibt es ein freies Element. Mit dem Narzißmus fällt die Entscheidung, sich vor dem Schmerz zu schützen. In einer Analyse, die auf die Seelenheilung ausgerichtet ist, kommt immer wieder das ursprüngliche Trauma hoch, und das Individuum hat die Chance, einen anderen Weg zu gehen. Wählt es diesen, so muß es mit großen Schmerzen rechnen. Wir können denjenigen, der das tut, nur beglückwünschen, und es bedauern, wenn er oder sie das nicht tut. Ich habe mir einmal erzählen lassen, daß nicht ein Wort des Vorwurfs fiel, wenn ein englischer Spion im Zweiten Weltkrieg unter Folter Geheimnisse preisgab; schwieg er aber und gab er selbst unter Folter keine Geheimnisse preis, dann hatte er eine heldenhafte Leistung vollbracht. Extremer Schmerz macht Narzißmus für den Menschen verlockend. Doch der Narzißmus ist nicht unausweichlich, wie man daran sieht, daß es Helden gibt.

Das vorrangige Ziel der Psychoanalyse ist es, den inneren Zustand des Individuums, seinen Narzißmus, zu transformieren. In der psychoanalytischen Literatur ist in den letzten drei Jahrzehnten Narzißmus mehr und mehr zu einem zentralen Thema geworden. Es wird allmählich eingesehen, daß wir über eine Heilung der Symptome nicht hinauskommen, wenn wir dieses Problem nicht angehen und den Narzißmus nicht transformieren. Umgekehrt gilt auch: Fast die gesamte Psychopathologie hat ihren Ursprung im Narzißmus. Ich glaube, man könnte zeigen, daß Schizophrenie, manisch-depressive Psychosen, hysterische Störungen, Zwangsvorstellungen, Psychopathie, Depression und phobische Zustände auf Narzißmus zurückzuführen sind. Der Beweis für diese Behauptung würde ein eigenes Buch erfordern und eine lebenslange Forschung, deshalb will ich mich hier nur auf den Hinweis beschränken, daß ein wichtiger Aspekt des Narzißmus die Allmachtsphantasien sind. Manchmal ist das deutlich sichtbar, häufig jedoch versteckt. Allmachtsphantasien sind immer vorhanden und spielen bei allen oben genannten pathologischen Zuständen eine ausschlaggebende Rolle. Die Allmachtsvorstellungen, durch die diese Störungen der Persönlichkeit entstehen, gehören zur Struktur des Narzißmus. Aus grandiosem Handeln entstehen eben Verleugnung, Projektion, Spaltung, Bindungen, Introjektion, Überschätzung, Abwertung und Fusion, und aus ihren verschiedenen Kombinationen entspringen alle Psychopathologien.

Ich habe versucht, bestimmte Grundwerte aufzuzeigen, die für alle Hochreligionen zentral sind. Analog ist der Narzißmus, so glaube ich, psychologisch zentral für die *Conditio humana*. Es gibt heute viele Leute, die zum Beispiel die Waffenarsenale mißbilligen oder die Zerstörung des Regenwaldes beklagen oder die Plünderung der Meere für Feinschmeckergerichte verurteilen. Wir verspritzen von unseren Kanzeln alles Gift der Höllenglutpriester. Dennoch wird es, glaube ich, was die Transformation des Menschheitszustandes angeht, keinen Fortschritt geben, solange wir nicht begreifen, daß die Wurzeln dieses Zustandes in der emotionalen Verfassung liegen, in der der andere gar nicht vorkommt, in der die Wirklichkeit ausgelöscht ist und in der ein Pseudo-Selbst die Szene beherrscht. Der mit der Höllenglut drohende Priester hat noch nie die Welt von ihren Übeln geheilt; statt dessen müssen wir die Wurzel dieser Übel wissenschaftlich untersuchen, und wenn wir sie verstehen, dann werden wir ihrer vielleicht Herr werden. Freud glaubte, daß er, wenn er die Struktur einer Neurose verstand, sie auch in der Hand hätte. Ich meine, das gleiche gilt auch für die *Conditio humana.*

Literatur

Erich Fromm, »Größe und Grenzen der Entdeckungen Freuds« (1979a), in: *Gesamtausgabe,* Bd. VIII (Stuttgart: Deutsche Verlags-Anstalt, 1980), S. 278–312.

Wladimir Solowjow, *Die Rechtfertigung des Guten* (1897), in: *Deutsche Gesamtausgabe* Bd. V (München: Wewel, 1976), S. 133 f.

Daniel Stern, *Die Lebenserfahrung des Säuglings* (1985), Stuttgart: Klett-Cotta, 1992).

Neville Symington, *Narzißmus. Neue Erkenntnisse zur Überwindung psychischer Störungen* (1993), (Göttingen: Steidl, 1996).

16. Die Transformation des Narzißmus durch Psychoanalyse

> Schließlich, was war es denn, was wir da sahen? Freude, Furcht, Leid, Hingabe, Tapferkeit, Wut – wer konnte es sagen? – aber Wahrheit immerhin – Wahrheit, die ihres Zeitenmantels entblößt war. Soll der Tor nur glotzen und schaudern – der Mann weiß darum und kann hinsehen, ohne mit der Wimper zu zucken. Doch er muß wenigstens so sehr Manns sein wie jene dort am Ufer. Er muß jener Wahrheit mit seinem eigenen wahren Gehalt begegnen – mit der eigenen angeborenen Kraft.
>
> *(Joseph Conrad, 1902)*

Im Mittelpunkt der psychoanalytischen Methode steht die Übertragung. Hierbei erwartet der Patient vom Analytiker bestimmte, vorgegebene Verhaltensweisen. Sie richten sich nach der inneren geistigen Verfassung des Patienten, die ihrerseits mit beeinflußt, wie der Analytiker wahrgenommen wird. In der psychoanalytischen Literatur ist häufig festgestellt worden, daß die Art und Weise, wie Menschen, insbesondere die Eltern sich dem Patienten gegenüber verhalten haben, als er noch ein Kind war, dessen innere geistige Verfassung »verursachen«. Demnach erlebt der Analytiker in der Übertragung die Projektion dieser elterlichen Imago auf sich; in der Situation des Kindes wird aber deutlich, daß sich der Patient mit eben dieser Imago identifiziert. Die Identifizierung wird erkennbar, wenn der Analytiker sieht, daß sich der Patient genau so verhält, wie sich seiner Behauptung nach die Eltern ihm gegenüber verhalten haben.

Nehmen wir an, der Patient sagt, seine Mutter habe ihn immer unterbrochen, wenn er in ein ernstes Gespräch vertieft war, und das habe ihn wütend gemacht. Der Analytiker stellt fest, daß der Patient immer dann, wenn in einer Sitzung eine wichtige emotionale Entdeckung zutage tritt, das Thema wechselt und auf irgendwelche Nichtigkeiten zu sprechen kommt. Es zeigt sich, daß die Mutter, die der Patient gerade dieses Verhaltens wegen haßt, Teil seines eigenen Selbst geworden ist, das sich genauso frustrierend verhält. Der Patient haßt eine bestimmte Handlungsweise, weil sie verhindert, daß ein Moment emotionaler Einsicht und Integration stattfinden kann. All dies wird jedoch nur aus der Interaktion des Patienten mit dem Analytiker und seiner Beziehung zu ihm deutlich; der Analytiker ist der Katalysator, der die Teile des Selbst ans Licht bringt, die diese Selbsterkenntnis blockieren.

Aus diesem Grund sagen wir, daß Teile des Selbst gegen die Wahrheit handeln können oder daß sie der Selbsterkenntnis, die sich in der Beziehung zum Analytiker entwickelt, zuwiderhandeln. Tatsache ist auch, daß die Teile des Selbst, die die Integration des Selbst behindern, besonders in nahen Beziehungen wirksam sind. In dem eben genannten Beispiel ist es deshalb so, daß der Teil des Selbst, »die frustrierende Mutter«, nicht nur die Integration behindert, sondern auch den Analytiker in seinem Bemühen zu verstehen frustriert. Die Aktivität, die der intrapsychischen Integration des Patienten zuwiderläuft, stört auch den Denkprozeß des Analytikers. Auch das ist mit Übertragung gemeint: Der Widerstand, den der Analytiker erlebt, ist eine äußere Manifestation dessen, was sich im Patienten abspielt; das, was der Analytiker erlebt, geschieht auch im Bewußtsein des Patienten.

Daraus können wir den Schluß ziehen, daß das Individuum sich der mentalen Störaktionen nicht unmittelbar bewußt ist, sondern sie erst in der Beziehung zum Analytiker kennenlernt, denn erst dort verschärfen sich die inneren Prozesse. Überdies lassen sich die inneren geistigen Prozesse nur über die Beziehung zum Analytiker bewußtmachen. Das Individuum ist also gerade in der engsten emotionalen Beziehung aufgefordert, sich den dunklen Kräften seines Bewußtseins zu stellen.

Wir müssen für diese inneren Prozesse, die die Selbsterkenntnis und die seelische Integration behindern, eine Bezeichnung finden. In dem oben angeführten Beispiel ist es die internalisierte Mutter, die eine fruchtbare Begegnung verhindert. Nennen wir eine solche Mutter »eifersüchtig«, dann können wir sagen, daß im Inneren eine eifersüchtige Persönlichkeit aktiv ist, die stört und Einsicht sowie emotionales Verständnis verhindert. Es gibt noch weitere innere Persönlichkeiten, die der Entwicklung von Selbsterkenntnis und Verständnis feindlich gegenüberstehen. Eine andere können wir »Gier« nennen. Ein klinisches Beispiel hierfür wäre, daß der Analytiker eine sehr hilfreiche Deutung gibt, diese aber nicht ankommt, weil der Patient seine innere Aufmerksamkeit auf die Deutungsfähigkeit des Analytikers konzentriert hat, die er selbst nur zu gerne hätte. Sein Wunsch, selbst diese Fähigkeit zu besitzen, überlagert seinen Wunsch zu verstehen. »Gier« steht hier metaphorisch für eine Eigenschaft, die wir zum Beispiel beim Essen beobachten. Unsere gesamte, die Emotionen betreffende Sprache ist metaphorisch, und das gilt auch hier.

Innerhalb der Persönlichkeit gibt es also Verhaltensmuster, die eine geistige Klärung oder Einsicht behindern. Indem sie der Aufnahme von Einsichten im Wege stehen, hindern sie uns letztlich zu lernen, wie wir leben sollen. Der Wunsch, sich diese Einsichten anzueignen, ist ein spirituelles Ziel; die Psychoanalyse fördert dieses spirituelle Ziel, wenngleich sich ihre Methode von den Methoden traditioneller Formen der Spiritualität unterscheidet. Letztere verlassen sich auf Introspektion: Der Mensch auf dem Weg zur Heiligkeit lebt von der Menge zurückgezogen und sucht Heiligkeit durch persönliche Introspektion zu erreichen. Dazu kann er sich von einem spirituellen Meister anleiten lassen und wird das wahrscheinlich auch tun, aber er würde nicht *in* der Beziehung zu diesem Meister Erkenntnisse über sein inneres Leben zu erlangen suchen.

Der oben beschriebene Typ geistiger Störung tritt *in* einer Beziehung auf. Wenn die Analyse etwas entstört, so hat das sowohl intrapsychische als auch interpersonale Wirkungen. Beides hängt miteinander zusammen: Wenn sich intrapsychisch etwas löst, dann tut es das auch interpersonal. Wann immer ein inneres Hindernis beseitigt wird, bringt das auch eine größere emotionale Tiefe mit sich.

Die inneren Hindernisse sind wie böse Persönlichkeiten, die den Integrationsprozeß unterlaufen. Sie sind Bestandteile der narzißtischen Struktur, eine Agglomeration der Person, die den Lebensspender verweigert hat, und sie verkörpern jenen Teil der Persönlichkeit, der gegen sie selbst gerichtet ist. Im vorigen Kapitel haben wir gesehen, daß der Lebensspender selbst das emotionale Leben der Person *ist*. Dem verweigernden Teil der Persönlichkeit begegnen wir in der Analyse als Widerstand; er besteht aus einer Verbindung mehrerer Persönlichkeiten.

Der Psychoanalytiker muß im Prozeß der Analyse ständig gegen Widerstände ankämpfen, und häufig verstärkt sich der Widerstand mit fortschreitender Analyse. Es ist ein bekanntes Phänomen, daß gerade dann ein besonders vehementer Widerstand geleistet wird, wenn eine neue Integration bevorsteht. In der Klinik nennt man das die negative therapeutische Reaktion. Im Laufe der Analyse wird der Widerstand subtiler. Die Analyse ist ein Kampf gegen die widerständigen Aspekte der Persönlichkeit – mit allen Kennzeichen des spirituellen Kampfes, wie ihn die Mystiker westlicher und östlicher religiöser Kulturen beschrieben haben. Der Kampf ist total, und er ist darauf ausgerichtet, die frühkindliche Option, die ich narzißtisch nannte, zu revidieren.

In der Psychoanalyse findet der spirituelle Kampf *innerhalb* der Beziehung statt. Ebenfalls innerhalb der Beziehung offenbaren sich die dunklen Kräfte: Mara im buddhistischen Denken, Satan in der christlichen Theologie, der Schatten in der Jungschen Psychologie. In ihrer persönlichen Begegnung stellen sich Patient und Analytiker den verleugneten Teilen des Patienten. Der Patient projiziert die verleugneten Teile seiner selbst, jene dunklen Kräfte, auf den Analytiker. Wendet er sich nun nicht ab, dann zeigen sie sich ihm in der Begegnung mit dem Analytiker. Die heftigsten spirituellen Kämpfe mit sich selbst muß er in den Augenblicken der größten Konfrontation zwischen sich und dem Analytiker bestehen. (Diesen Aspekt der analytischen Beziehung hat der amerikanische Analytiker Harold Searles besonders hervorgehoben.)

Daß die bedeutsamsten spirituellen Begegnungen in der emotionalen Konfrontation mit dem Analytiker stattfinden, ist ein entscheidender Umstand, der bisher weder von Theologen noch von Analytikern zur Kenntnis genommen wurde. Und zwar deshalb nicht, weil sie nicht sahen, daß die Psychoanalyse ein spirituelles Unterfangen ist. Nicht ganz ohne Grund sind die Theologen der Meinung, die Psychoanalyse sei eine antireligiöse Bewegung der modernen Kultur, und die Psychoanalytiker sind ängstlich darauf bedacht, ihre Disziplin nicht mit Religiosität zu beflecken.

Wie wichtig es ist, daß sich nur die dunkle Seite meiner selbst in der persönlichen Begegnung mit meinem Analytiker zeigt, sehen wir im folgenden. Mein Analytiker hat Übung darin, mir die dunkle Seite meiner selbst aufzudecken, aber die Begegnung mit dieser Seite geschieht in der Beziehung zu meinem Analytiker. Diese Begegnung unterscheidet sich von anderen bedeutsamen Begegnungen in meinem Leben einzig und allein dadurch, daß der Analytiker mir bei der Arbeit hilft, meine verleugnete emotionale Aktivität zu entdecken. Sobald ich aber anfange, die analytische Funktion zu internalisieren, sehe ich mein verleugnetes Selbst auch in allen anderen bedeutsamen Begegnungen meines Lebens. Die emotionale Nähe macht sie so bedeutsam. Ich begegne meinem verleugneten Selbst in meiner Mutter und meinem Vater, in meinen Brüdern und Schwestern, in meinem Gatten oder Partner, in Töchtern und Söhnen. Bei jeder dieser Begegnungen bin ich gezwungen, die Beziehung zu mir aufzunehmen, anderenfalls verfalle ich wieder in die frühere Verleugnung und wende mich ab. Deshalb findet der tiefgreifendste spirituelle Kampf in der Beziehung zu den Menschen statt, die mir am nächsten stehen. Ein solcher Kampf ist das genaue Gegenteil von dem Kampf, den jemand aufnimmt, der um spirituelle Vollkom-

menheit ringt und dazu in die Wüste geht, weit fort von allen
nahen Beziehungen.

Ich sagte in der Einleitung, daß meiner Ansicht nach die
Misere in der Welt von heute im Verlust jener Grundwerte
besteht, die zweieinhalb Jahrtausende lang für die Hochreligionen zentral waren, und auch, daß diese Grundwerte in keiner Beziehung mehr zu den Lebensformen des modernen
Menschen stehen. Statt dessen prägen Verachtung, Haß und
Grausamkeit, wie sie im emotionalen Umgang zwischen
Mann und Frau, zwischen Eltern und Kindern vorkommen,
wesentlich den Ort der Spiritualität in den heutigen Lebens-
strukturen. Die Psychoanalyse ist sich bewußt, daß an eben
dieser Stelle das Handeln transformiert werden muß. Die traditionelle Religion hat trotz aller Versuche den Übergang von
einer Weltflucht-Spiritualität zu einer Spiritualität, die wirklich
in der Welt verkörpert ist, nicht geschafft.

Für den modernen Menschen ist charakteristisch, daß er
imstande sein muß, mit engen Gefühlsbeziehungen umzugehen. Über dieses Thema ist viel und aus den verschiedensten
Blickwinkeln geschrieben worden. Ich möchte diesen Sachverhalt aus der Sicht betrachten, in der er mir begegnet.

In den ersten Jahrzehnten unseres Jahrhunderts litten
Patienten, die zur Psychoanalyse kamen, an anerkannten
psychiatrischen Krankheiten: Hysterie, Zwangsvorstellungen,
Phobien oder Depressionen. Heute kommen die Patienten zu-
meist wegen ihrer Beziehungsprobleme. In traditionellen, auf
der Großfamilie basierenden Gesellschaften hatte das Individuum seinen Platz in der Gruppe, so daß auch seine Persönlichkeit an der Gruppe orientiert und auf sie zugeschnitten
war. Es gab einen gewissen Abstand zwischen den einzelnen
Individuen, und ein jedes konnte in diesem abgesteckten
Rahmen leben. Es wurde von ihm nicht erwartet, die emotionalen Bedürfnisse seiner Nächsten zu befriedigen; er mußte
nur in einem bestimmten Bereich seine Arbeit verrichten.
Eine Ehefrau hatte das Gemüse im Garten zu ernten, die

Kinder ihres Mannes großzuziehen, die Familie mit Nahrung zu versorgen, zu kochen, die sexuellen Wünsche ihres Mannes zu befriedigen und so fort. Der Mann konnte jedoch nicht verlangen, daß sie ihre kindliche Anhänglichkeit an ihre Eltern aufgab und eine reife Liebe zu ihm entwickelte. Vom Ehemann erwartete man in der traditionellen Gesellschaft, daß er den Acker bestellte, die Pferde versorgte, säte und die Ernte einbrachte, die Gebäude instand hielt und für seine Familie sorgte. All das konnte seine Frau von ihm erwarten, nicht aber, daß er seiner ödipalen Bindung an seine Eltern abschwor. Soweit gingen seine emotionalen Verpflichtungen nicht – vom modernen Mann hingegen wird dies erwartet.

Der Lebensraum des modernen Menschen ist die Stadt. Für gewöhnlich lebt er in einem Mehrfamilienhaus, von der Natur abgeschnitten und seines alten Erbes beraubt. Seine Füße berühren nicht den Erdboden, sondern gehen auf Beton, der die Erde, die alle Kennzeichen der Fruchtbarkeit verloren hat, wie gebrannter Ton bedeckt. In dieser Welt, in der es dem Menschen an natürlichen Befriedigungen mangelt, bedarf er eines emotionalen Ausgleichs. Als noch die Schönheit eines Sonnenuntergangs inmitten von Herbstlaub seine Seele mit Staunen erfüllen konnte, machte es dem Mann nichts aus, wenn seine Frau statt seiner ihr Neugeborenes mit Zuwendung bedachte. Ohne daß er es bemerkte, wirkte das wie ein unbewußter Ansporn: Er reparierte das Dach oder brachte andere Dinge in Ordnung, die er bisher vernachlässigt hatte. Versetzen Sie aber denselben Mann in einen modernen Wohnblock ohne Sonnenuntergang, ohne Kühe, die es zu melken gilt, neben ihm eine Frau, die sich emotional von ihm abgewandt hat: Er wird sich dem Alkohol ergeben, wird trübsinnig vor dem Fernsehapparat hocken oder mit seiner Sekretärin ein Verhältnis anfangen. Mit seinen ungelösten ödipalen Bindungen ist er allein und ziellos wie ein steuerloses Schiff auf dem Meer. Vom modernen Mann wird erwartet, daß er seine Nabelschnur kappt und sein kindliches Anlehnungsbedürfnis überwindet.

196

Die Frau aber wird, nachdem sie das gemeinsame Kind zur
Welt gebracht hat, von ihrem Mann erwarten, daß er sie emo-
tional unterstützt. Dazu braucht er das besagte innere geistige
Objekt, seine ursprüngliche innere Kraft. Daß er selbst das
Bedürfnis hat, geliebt zu werden, zeigt seinen Narzißmus; ist
er aber narzißtisch, dann besitzt er nicht die innere Kraft, die
Krise der neuen Geburt, mit der seine Frau ihre Liebe dem
gemeinsamen Kind zugewandt hat, unbeschadet zu bestehen.
Als Erwachsener muß er ertragen können, daß diese Gefühle
jetzt dem Kind gelten. Das fordert von ihm, sich von dem
Bedürfnis nach jener sinnlichen Liebe zu lösen, die jetzt dem
Kind zugute kommt. Erst wenn er sich davon befreit hat, kann
er – nicht für seinen Gott, sondern für seine Frau – eine Quelle
emotionaler Energie, ein emotionaler Spender sein. Das Sich-
Befreien, um spenden zu können, ist ein spirituelles Pro-
gramm. Auf dieser Ebene emotionalen Handelns liegt das
Spenden.

Die hier geforderte Loslösung ist die Loslösung von einer
Wirklichkeit, die sinnlich anziehend wirkt, die das lustvolle
Gefühl vermittelt, geliebt und gestreichelt zu werden, der Auserwählte zu sein. In diesem Fall wird vom Ehemann erwartet,
sich von seinem sinnlichen Bedürfnis, dem Bedürfnis nach
Zärtlichkeit freizumachen. Es wird erwartet, daß er sich davon
freimacht, zugleich aber bleibt er Ehemann und soll gar emotionaler Spender sein. Das verlangt eine hohe spirituelle Leistung und eine Loslösung, die der des heiligen Johannes vom
Kreuz in nichts nachsteht: eine »dunkle Nacht der Sinne«. Es
gilt, auf das wohlige Gefühl, liebkost zu werden und der einzige zu sein, zu verzichten – und das zu ertragen, ohne sich
schmollend zurückzuziehen.

Nur wer in der Lage ist, sich von diesen angenehmen
Gefühlen loszusagen, kann selbst emotionaler Spender sein.
Das ihm abverlangte Geben muß daher ein kooperatives,
unsichtbares Geben sein. Obwohl sich das emotionale Spenden in allen möglichen physischen Hilfeleistungen ausdrük-
ken kann, erschöpft es sich doch nicht in diesen. Es ist ein ein-

faches geistiges Geben, das darin besteht, daß der andere als Person da ist. Der Narzißt, dem die innere geistige Quelle fehlt, meint, der andere sei dazu da, ihn anzuregen, zu stimulieren, zu loben und letztlich zu motivieren. Er sieht im anderen seine Handlungsquelle, die er nur sinnlich anzuregen braucht, damit sie als solche funktioniert.

Dieses Sich-Freimachen von den eigenen sinnlichen Wünschen, um zum emotionalen Spenden bereit zu sein, ist *die* Selbstdisziplin, die von uns gefordert ist. Da uns andere Möglichkeiten des Gebens verlorengegangen sind, bleibt nur noch diese. Beide Partner verdienen ihr Geld, kochen, putzen, kümmern sich um Auto, Rechnungen und die Buchhaltung. Selbst wenn in diesen Bereichen eine gewisse Arbeitsteilung praktiziert wird, gilt es bei modernen Paaren zunehmend als selbstverständlich, daß beide Partner alle diese Aufgaben erfüllen können. Einzig das emotionale Geben ist Mann und Frau noch geblieben, und das erwarten sie voneinander.

Mir scheint es nötig, hervorzuheben, auf welche Ebene sich der Ausdruck »emotionales Spenden« bezieht. Ganz entschieden nicht auf die Wortebene: Jemand kann von »Anteilnahme«, »Fürsorglichkeit« oder »Leidenschaft« sprechen und dabei emotional überhaupt nichts geben. Heuchlerisch ist jemand, der diese Tugenden verkündet, sich aber ganz anders verhält. Die Handlungsebene, um die es mir geht, ist insofern schwer zu beschreiben, als es sich um eine geistige Ebene handelt, die auf einer inneren Struktur basiert. Dafür gibt es nur ein Maß: die Beständigkeit der Gefühle. Ich will jetzt beide Elemente dieser Behauptung einer Überprüfung unterziehen.

Ich begegne Herrn Schmitt und bin mißtrauisch. Das Gefühl, mit ihm vorsichtig sein zu müssen, entsteht bei unserer Begegnung. Nachdem er mein Haus verlassen hat, stelle ich zwar fest, daß Herr Schmitt sehr höflich war, daß er sich durchaus für das Projekt, das ich mit ihm besprochen habe, interessierte, daß er sich nach meiner kranken Mutter erkundigte und daß er anbot, ein Päckchen für einen Freund mitzunehmen. Er tat nichts, was zu kritisieren wäre – und trotzdem habe ich das Gefühl, ich müsse vorsichtig sein. Dieses Gefühl hat Herr Schmitt auf einer Handlungsebene hervorgerufen, die ich emotional nenne. Herr Schmitt hat etwas getan. Wenn ich versuche, meine Vorsicht zu verstehen, dann kann ich sie nur an einem scheinbar unbedeutenden, kleinen Ereignis festmachen: Grund meines Treffens mit Herrn Schmitt war, daß er für sechs Monate mein Haus mieten will, während ich im Ausland bin. Unser Gespräch war durchweg gut, und ich hatte den Eindruck, daß er in allen finanziellen Fragen sehr fair sein würde. Doch an einer Stelle bemerkte er beiläufig und im Spaß, daß er, wenn er einen Freund in Übersee anzurufen hätte, immer eine Zeit wähle, in der der Freund nicht zu Hause ist, und ihn dann über den Anrufbeantworter bitte zurückzurufen. Woraufhin Herr Schmitt mit sichtlicher Genugtuung sagte: »Dann muß der Freund in Übersee das Gespräch bezahlen.« Ich glaube, daß das die Bemerkung war, die mich aufhorchen ließ. Als ich mit meiner Frau darüber sprach, fügte sie hinzu, es habe ihr nicht gefallen, wie er mit wieselartigem Blick verstohlen unseren Glasschrank musterte. Das waren also die beiden Signale, die mein Gefühl der Vorsicht aufkommen ließen. Es ist jedoch wichtig, sich klar zu machen, daß diese Signale *Träger* einer emotionalen Botschaft sind. Es geht nicht um die Signale selbst, sondern um den emotionalen Gehalt, die emotionale Aktivität, die sie übermitteln.

Die Gefühle, die diesen emotionalen Bereich registrieren, sind höchst subtil. In *Das Herz der Finsternis* beschreibt Joseph Conrad eine Gestalt so:

Er war von mittlerer Größe und normalem Wuchs. Vielleicht sahen seine Augen, die vom gewöhnlichsten Blau waren, bemerkenswert kühl drein, und er verstand es zweifellos, seinen Blick so schneidend und schwer wie eine Axt auf einen herabfallen zu lassen. Doch selbst damals schien der Rest seiner Person diese Absicht zu widerlegen. Sonst gab es da nur noch einen unbestimm-

baren, leisen Zug um seine Lippen, etwas Heimliches –
ein Lächeln – nein, kein Lächeln – ich sehe es noch vor
mir, doch ich kann es nicht beschreiben. Es war unbewußt,
dieses Lächeln, obwohl es sich, sobald er etwas gesagt
hatte, für einen Augenblick verstärkte. Es stellte sich am
Ende seiner Äußerungen ein, wie ein Siegel, das den Worten aufgedrückt wurde, um den Sinn der alltäglichsten
Phrasen absolut unergründlich zu machen. Er war ein
gewöhnlicher Handelsmann, war von Jugend auf in dieser
Gegend beschäftigt worden – das war alles. Ihm wurde
gehorcht, doch er weckte weder Liebe noch Furcht – ja,
nicht einmal Respekt. Er weckte Unbehagen. Kein ausge-
sprochenes Mißtrauen – einfach Unbehagen – nichts weiter. (S. 93)

In klinischen Gesprächen zwischen Psychoanalytikern oder
Psychotherapeuten hört man oft Formulierungen wie »ich
spürte seinen Neid« oder »ich spürte seine Angst« oder »ich
spürte seine Rücksichtslosigkeit«. Während die Menschen im
allgemeinen rein gefühlsmäßig urteilen, findet hier, wo es um
Therapie geht, eine bewußtere Eingrenzung statt. Gefühle
erscheinen also als ein menschliches Verzeichnis unsichtbarer
emotionaler Handlungen auf einer ganz elementaren Ebene.
Wie auf dieser Ebene gehandelt wird, ist für die Sphäre
menschlicher Intimität entscheidend.

Das führt uns zum zweiten Element unserer Definition, der
Beständigkeit der Gefühle. Es braucht Zeit, um an die eigenen
tieferen Gefühle heranzukommen. In den oben angeführten
Beispielen wurden die Gefühle der Vorsicht und des Unbehagens sehr schnell registriert, für tiefere Gefühle, die bis in die
Schicht emotionalen Handelns vordringen, braucht man mehr
Zeit. Es kann Wochen, Monate oder Jahre dauern. Oft vergehen Jahre, bis in einer Ehe die Partner einander kennen. Das
hat wahrscheinlich evolutionäre Gründe: Unsere Wahrnehmung ist um des Überlebens willen auf die äußere Welt ausgerichtet. Um die Wahrnehmung nach innen zu wenden und

unser emotionales Handeln innerlich zu registrieren, müssen wir unserem überkommenen Überlebensdrang zuwiderhandeln. Deshalb dauert es länger, bis dieses Gefühlsbarometer die tieferen Schichten des emotionalen Handelns registriert. Der Psychoanalytiker Elliott Jaques hat überzeugend gezeigt, daß die Arbeit, die in solchen Fällen zu leisten ist, an der Zeit, die dafür aufgewandt werden muß, gemessen werden kann.

In unserer modernen Welt bedürfen wir dort des spirituellen Lichtes, wo emotionales Handeln am Werke ist. Die Spiritualität traditioneller Religionen reicht nicht bis in diese Schicht emotionalen Handelns. Ich habe mich gelegentlich zu diesem Thema geäußert, und es wurde mir entgegnet, die Spiritualität des Judentums umfasse auch diesen Bereich. Ich halte das für einen Irrtum, der auf einem Mißverständnis beruht. Die jüdische Religion ist auf die Tugenden des Familienlebens konzentriert. Der strenge Befehl, Familie und Freunde zu verlassen und Gott in der Wüste zu begegnen, ist dem Judentum gänzlich fremd. Die Loslösung als spirituelles Ziel spielt im Judentum eine geringere Rolle als in der christlichen oder buddhistischen Spiritualität. Dennoch gibt es die dunklen inneren Kräfte, die im emotionalen Handeln auf die uns Nahestehenden einwirken, im Judentum ebensohäufig wie in den Familien aller anderen Kulturen. Die Vorstellung, daß uns diese dunklen Kräfte in der Begegnung mit unseren Nächsten bewußt werden, ist dem Judentum ebenso fremd wie anderen traditionellen Religionen. In der psychoanalytischen Untersuchung stellen wir fest, daß, sobald wir insgeheim mit dem Dunklen in uns paktieren, dieses uns nahezu unwiderstehlich anzieht. Da es entscheidend ist, dieser fatalen Anziehungskraft zu entgehen, steht und fällt wahre Spiritualität mit der Loslösung.

Im Christentum und im Buddhismus ist Loslösung mit dem Durchtrennen der Familienbande gleichgesetzt worden, konsequenterweise sah man in den Klöstern die Gipfelpunkte spiritueller Entwicklung. Das gilt nach wie vor, wenngleich in den letzten Jahren die Spiritualität auch bei Menschen ohne religiöse Bindung enorm an Gewicht gewonnen hat. Im Judentum hingegen liegt die Nähe zu Gott in der Familie, daher scheint der spirituelle Akzent des Judentums dem des Christentums und des Buddhismus genau entgegengesetzt zu sein. Doch obwohl im Judentum die Loslösung nicht so betont wird, ist das Sich-Freimachen von emotionaler Grausamkeit, von Haß und Verachtung, sofern sie an das Bedürfnis nach sinnlicher Zuneigung geknüpft sind, ein zentrales religiöses Ziel. Deshalb fehlt im Christentum, im Buddhismus und im Judentum im emotionalen Bereich die Loslösung vom sinnlichen Objekt. Entsprechendes gilt auch für den Hinduismus.

Die Loslösung wurde daher entweder mit dem falschen Ziel betrieben oder hat sich in der traditionellen Religion nicht genügend entwickelt. Natürlich spielte sie für die mystische Versenkung eine zentrale Rolle, doch glaubte man immer, daß wahre mystische Versenkung nur erreichen kann, wer sich von allen emotionalen Bindungen befreit hat. Die These meines Buches ist, daß die mystische Vereinigung mit dem Höchsten innerhalb der engsten emotionalen Bande stattfindet.

Ohne spirituelle Loslösung besteht immer die Gefahr, daß Religion mit konkreten Objekten gleichgesetzt wird. Es gibt heute viele radikale Geistliche, deren »Wohlfahrtsreligion« am Kern des heutigen Unbehagens vollkommen vorbeigeht. Der heilige Ignatius von Loyola, der den Jesuitenorden gegründet und ihm sein ganzes Leben gewidmet hat, sagte einmal, er würde, wenn der Papst die Jesuiten unterdrückte, eine Viertelstunde beten und dann nicht mehr daran denken. Aldous Huxley erwähnt das in seinem Buch *Die ewige Philosophie* und fährt fort, die schwierigste aller Kasteiungen sei, gegenüber dem zeitlichen Erfolg oder Mißerfolg einer Sache, auf die man seine besten Kräfte verwandt hat, heiligen Gleichmut zu bewahren. Gerade die Loslösung vermag jedoch eine Aktivität aus der Sphäre der sozialen Wohlfahrt in die einer spirituellen Religion zu erheben.

Wir lernen unsere dunkle Seite *in* der engen Begegnung mit uns nahestehenden Personen kennen. Hier, im alltägli-

202

chen Umgang, haben wir die größten spirituellen Kämpfe zu bestehen. Wir treffen unseren inneren Feind heutzutage nicht mehr in der Wüste, sondern in alltäglichen emotionalen Begegnungen. Wir werden nicht zu einem Ganzen, wenn wir nicht auch die dunkle Seite an uns akzeptieren. Jung schreibt: »Der Patient fühlt sich erst dann angenommen, wenn auch seine schlechtesten Seiten angenommen werden.« Bei Melanie Klein heißt es, daß ich, wenn ich das Schlechte in mir nicht anerkenne, zugleich auch meine guten, schöpferischen Potentiale ablehne, die mir dann nicht zur Verfügung stehen. Ich habe solche Fälle in der Klinik häufig erlebt.

Wir müssen daher den Kampf mit den dunklen Kräften in uns aufnehmen, wenn wir innerhalb unserer sozialen Umgebung zu kreativem Handeln gelangen und uns das erschließen wollen, was an unserem Wesen für die menschliche Gemeinschaft am individuellsten, am schöpferischsten und am fruchtbarsten ist. Wir müssen den Kontakt mit dem Lebensspender aufnehmen, der in der Tiefe immer vorhanden ist. Den Lebensspender abzulehnen heißt nie, ihn völlig zu vernichten; das Ringen mit dem »Schatten« richtet sich gegen jene dunklen Kräfte, die versuchen, uns daran zu hindern, zum Lebensspender in uns »Ja« zu sagen. Um diesen Kampf geht es bei der Psychoanalyse. Als eine für die moderne Welt relevante spirituelle Methode muß die Psychoanalyse aus dem Getto heraustreten, in dem sie sich heute noch befindet. Das kann sie jedoch nur, wenn sie ihren spirituellen Charakter erkennt.

[Handschriftliche Anmerkungen am oberen Rand:] ¿ 158 ZS, 4?? / wovon ??? 33 · Jesus SAJZS ? · BEDEUTET · WAS PROBLEMIEREN WILL DIE BESTIMMEND

[Handschriftliche Anmerkungen am unteren Rand:]

EIN GEEIGNETER „SPIRITUAL DIRECTOR" (CURATOR ANIMARUM) MUß NICHT NUR UM DIE GEFAHRENSTELLEN DER ENTWICKLUNG DES BEGLEITENDEM/LEITENDEM SOHNES THEORETISCH KENNEN IN DER PILGRIMSCHAFT ZUR HEILIGKEIT (HEIL WERDEN) SONDERN ER MUß DIESEN WEG GEHEN UND GEGANGEN SEIN.
TROST ZU SUCHEN IN EINEM ÜBERWÄLTIGENDEN GEFÜHL DER ERLÖSUNG BEIM ANNEHMEN VON JESUS ALS MEINEN „PERSÖNLICHEN" RETTER IST ILLUSORISCH. SENTIMENTALE GEFÜHLE SIND KEINE GEWÄHR DER ECHTHEIT- UND SICHERHEIT EINER ERLÖSUNG. S. WAGNERS PARZIVAL „WER ERLÖST DEN ERLÖSER!" DER WEG IST BESTÜCKT MIT IRREFÜHRENDEN SPIEGELUNGEN: PROJEKTIONEN VON

[Handschriftliche Anmerkungen am rechten Rand:] NIEMALS ERFÜLLBAREN HOFFNUNGEN: EGAL WIE FEST UND

203

Literatur

Joseph Conrad, *Herz der Finsternis* (1902), (Frankfurt: S. Fischer, 1968), S. 120, 93.

Aldous Huxley, *Die ewige Philosophie* (1944), (München: Piper, 1987).

Elliott Jaques, *The Form of Time* (London: Heinemann, 1982).

C. G. Jung, *Die Beziehung der Psychotherapie zur Seelsorge* (1932a), in: *Gesammelte Werke*, Bd. 11 (Düsseldorf: Walter, 1995), S. 337–355.

L. N. Tolstoj, *Anna Karenina* (1873–77), (Zürich: Diogenes, 1985).

Vierter Teil

In diesem Teil betrachten wir die Sphäre, in der die moderne Welt am dringlichsten mit ihrer Regeneration beginnen müßte. Zu keiner Zeit in der Geschichte standen der Menschheit solche Wunder der Technik zur Verfügung, und doch war die Lage des Menschen noch nie gefährlicher und erschreckender als heute. Er besitzt Waffen, die mehrfach alles Leben auf der Erde auslöschen können; der Verbrauch der natürlichen Ressourcen unseres Planeten schreitet in großer Geschwindigkeit fort, und was noch übrig ist, wird zunehmend vergiftet und unbrauchbar gemacht. Ein Land nach dem anderen in der dritten Welt wird von riesigen Hungersnöten heimgesucht – eine Schande für die Bewohner der entwickelten Länder. In den westlichen Nationen hat die Kriminalität massiv zugenommen, ebenso ist der Drogenkonsum in allen diesen Ländern gestiegen, und die Arbeitslosigkeit hat ein alarmierendes Ausmaß erreicht; am erschreckendsten aber ist, daß die Regierungen unfähig sind, die Ursache für alle diese Probleme zu begreifen.

Der ganze Horror, der uns täglich aus den Zeitungen entgegenschlägt, ist Symptom für eine Krankheit. Die Krankheit besteht, wie ich meine, in unserer emotionalen Verarmung, die in unseren nahen und intimen Beziehungen ihre Wurzel hat. Wird dieses Fundament nicht wieder in Ordnung gebracht, dann werden auch alle anderen Heilungsversuche zum Scheitern verurteilt sein. Die traditionellen Religionen haben nicht deshalb versagt, weil sie nicht die Werte besäßen, die für die Erneuerung nötig sind, sondern weil sie es versäumt haben, diese Werte ins emotionale Leben der modernen Welt einzubringen. In diesem letzten Teil wollen wir versuchen zu zeigen, daß die Psychoanalyse in der Sphäre beheimatet ist, in der eigentlich die Grundwerte der Hochreligion am Platze wären und in der sie heute so schmerzlich vermißt werden. Das Ziel der Psychoanalyse, die Heilung geistiger und seelischer Störungen, ist nicht zu erreichen, wenn man nicht den Mut hat, diese Grundwerte zu übernehmen.

17. Die Domäne der Psychoanalyse

> Religion handelt von einem Aspekt dieser Welt, demgegen-
> über wir normalerweise blind sind.
>
> *(Macmurray, 1936)*

Die Psychoanalyse ruht auf drei Säulen: einer Aktivität, einem Objekt und einem Subjekt. Zum Verständnis der Psychoanalyse ist es wichtig, diese drei Säulen zu kennen. Nicht minder wichtig sind die Phänomene Übertragung und Gegenübertragung. Wir beginnen mit der Aktivität.

Ein Patient kommt zur Psychoanalyse, weil er den Eindruck hat, er sei zum Teil selbst für die Probleme verantwortlich, die ihm sein Leben schwermachen. Verantwortlich fühlt er sich für Aktivitäten, die zwar von ihm ausgehen, deren er sich aber nicht bewußt ist. Die Psychoanalyse sorgt für die Klärung solcher Aktivitäten, deren sich der Patient (und wahrscheinlich auch der Analytiker) nicht bewußt ist. Was verstehen wir hier unter Aktivität?

Freud unterschied zwischen Dingen, deren wir uns bewußt sein könnten, es aber nicht sind, und Dingen, die zur Kenntnis zu nehmen wir uns aktiv widersetzen. Vielleicht bin ich mir im Augenblick nicht bewußt, daß ich ein- und ausatme, weil ich mich aufs Tippen konzentriere, aber ich tue nichts, was mich daran hinderte, mir über mein Atmen klar zu werden. Mein Atmen, dessen ich mir nicht bewußt bin, ist moralisch neutral. Ähnlich liegt der Fall, wenn während meines Tippens ein Flugzeug am Himmel fliegt, ohne daß mir das bewußt wird, bis mein Sohn ins Zimmer kommt und mich darauf aufmerksam macht. Auch hier gilt, daß das Flugzeug in der Luft keine moralischen Implikationen hat. Es handelt sich einfach um ein Faktum, das ich nicht bemerkt habe. Das Flugzeug und das Atmen sind moralisch neutral. Aktivitäten, deren ich mir nicht bewußt bin, nennt Freud vorbewußt. Aktivitäten, die zur Kenntnis zu nehmen ich mich aktiv widersetze, nennt Freud das Unbewußte.

In seinem sogenannten ersten topischen Modell beschreibt Freud das Unbewußte, als wäre es ein feststehender Teil eines Territoriums. Falsche Metaphorik verhindert das Verstehen. Dieses Bild von einem festen Etwas, das es zu untersuchen gelte, hat uns irregeleitet und davon abgehalten, die Erfahrungen, die ein Analytiker in seiner Praxis macht, richtig zu reflektieren. Mit seinem späteren strukturellen Modell korrigierte Freud bis zu einem gewissen Grad den statischen Charakter seines topischen Modells, doch strich er es nie ganz aus seinem theoretischen System, und so beeinflußte es Generationen von Analytikern und tut das bis heute.

Die Analyse hat die Aufgabe, *Aktivitäten* dingfest zu machen, die dem Patienten bis dahin nicht bewußt waren. Des weiteren sucht der Patient den Analytiker *aktiv* daran zu hindern, diese Aktivitäten aufzudecken. Wir wissen nicht, um was für Aktivitäten es sich dabei handelt. So stellt sich die Frage, worin diese Aktivitäten bestehen, deren Kenntnis der Patient aktiv hintertreibt.

Ich möchte zunächst ein paar Beispiele solcher Aktivitäten anführen, die im Verlauf von Analysen aufgeklärt worden sind.

Ein junger Mann, Pfarrer von Beruf, kam zur Analyse, weil es ihm immer noch nicht gelungen war, sich zu verheiraten. Er war seinem Analytiker gegenüber ungemein mißtrauisch und fürchtete ihn. Er hatte mehrere Freundinnen gehabt, aber immer wenn es zur Heirat kommen sollte, brach die Frau die Beziehung zu ihm ab. Später stellte sich heraus, daß er sehr isoliert lebte und keine engen Freunde besaß. Wegen seiner kirchlichen Verpflichtungen hatte der Analytiker ihm jeweils Termine über Mittag gegeben. Später entdeckte er, daß die »kirchlichen Verpflichtungen«, die die Psychoanalyse zu einer anderen Zeit unmöglich machten, ein Phantasieprodukt waren: Der Patient hatte sie erfunden, um sich in dem Gefühl wiegen zu können, er habe den Analytiker zu einer besonderen Zeit zu seiner Verfügung.

Mit den Gründen, die der Patient für seine Bitte anführte, täuschte er sowohl sich selbst als auch den Analytiker. Er war sich nicht bewußt, daß die Gründe seiner Phantasie entsprangen. Daß es in ihm jemanden gab, der ihn selbst und andere täuschte, wollte er nur sehr ungern wahrhaben, deshalb verhinderte er *aktiv*, diesen täuschenden Teil seiner selbst zur Kenntnis zu nehmen. Weiter stellte sich heraus, daß seine Freundinnen sich von ihm getrennt hatten, weil sie sich auf eine Weise von ihm getäuscht fühlten, die der Täuschung des Analytikers nicht unähnlich war. Als der Analytiker merkte, daß es nicht nötig gewesen wäre, dem Pfarrer Mittagstermine einzuräumen, war er verärgert.

In einer späteren Sitzung fragte sich der Patient, weshalb er sich wohl von allen Menschen emotional so auf Distanz halte. Der Analytiker gab ihm folgende Deutung: »Wenn Sie diesen Täuscher in sich verleugnen, dann entwirft er ein Muster, nach dem Ihre Beziehungen zu allen Menschen um sie her funktionieren: zu Ihren Freundinnen, Ihren Gemeindemitgliedern, Ihrem Analytiker und Ihrer Familie.« Der Patient war sich demnach auch nicht bewußt gewesen, daß er etwas *tat*, wodurch er verhinderte, einen Aspekt seiner eigenen Persönlichkeit zur Kenntnis zu nehmen. Seine *Aktivitäten* in Relation zu diesem Teil seiner selbst waren für seine soziale Entfremdung verantwortlich. Wir wollen dieses Beispiel im weiteren kurz das »Pfarrerbeispiel« nennen.

Eine Frau kam zur Analyse, weil sie an Asthmaanfällen und häufiger Bronchitis litt und ihr praktischer Arzt meinte, es könnte ein psychosomatischer Faktor mit im Spiel sein. Die Patientin erlebte ihre Analytikerin als eine besitzergreifende und fordernde Frau. Nach einem Jahr Analyse bekam sie an einem Wochenende eine starke Bronchitis, am nächsten Wochenende einen Asthmaanfall. Allmählich zeichnete sich im Auftreten dieser Anfälle ein Muster ab: Die Anfälle traten ausnahmslos an Wochenenden auf, den Tagen, an denen die Patientin keine Sitzungen mit ihrer Analytikerin hatte. Wenn ihr auf dem Weg zur Sitzung ein anderer Patient begegnete, bekam sie in der Sitzung einen Husten. Sie haßte es, wenn die Analytikerin mit jemand anderem sprach. Die Bronchitis, die Asthmaanfälle und der Husten waren der Ausdruck dieses Hasses. Und noch etwas fiel der Analytikerin auf. Wenn sie zusammen mit der Patientin gerade etwas sehr Wichtiges geklärt hatte, hatte sie das Gefühl einer Gemeinsamkeit mit der Patientin. Doch gleich darauf mußte sie feststellen, daß sie sich abgeschnitten und verwirrt fühlte. Die Analytikerin kam zu dem Schluß, daß, sobald zwischen ihnen ein Moment wechselseitigen Verständnisses da war, ein abgespaltener Teil in der Patientin heftig aufbegehrte. Die Analytikerin nannte diesen eifersüchtigen Teil der Patientin »Baby Gwendolen«; es war das Baby Gwendolen, das die Zufriedenheit der Analytikerin, zu einer Klärung gelangt zu sein, *aktiv* störte. Wir werden diesen Fall im weiteren das »Baby-Gwendolen-Beispiel« nennen.

Eine andere Frau verhielt sich ihrem Analytiker gegenüber überaus respektvoll; in der Meinung, er sei eine Berühmtheit, glaubte sie, immer besonders höflich zu ihm sein zu müssen. Sie sagte dem Analytiker fast täglich, wie großartig er sei und was er Wunderbares für sie tat. Der Analytiker hatte jedoch ein ganz anderes Gefühl, nämlich daß er gar nichts für sie getan hatte, und es entmutigte ihn, daß seine Fähigkeit, ihr emotional etwas zu geben, wie gelähmt war. Als er genauer beobachtete, was da vor sich ging, entdeckte er, daß immer dann, wenn er sich überlegte, wie er eine Einsicht formulieren sollte, sich sein Denken verwirrte und er alle Hoffnung aufgab. Im Laufe der Zeit stellte sich heraus, daß sie glaubte, selbst der Mittelpunkt der Welt zu sein. Ohne daß sie sich dessen bewußt war, gab es neben dem respektvollen Äußeren im Inneren dieser Frau noch eine Person, die den Analytiker in seinem Denken lähmte. Wir wollen diesen Fall die »respektvolle Dame« nennen.

Wie soll man die Handlung bezeichnen, die diesen drei Beispielen gemeinsam ist? Wir haben gesagt, daß keiner der Patienten sich seiner Aktivität bewußt war, doch in welche Kategorie gehört diese Aktivität? Sie ist nicht motorisch, auch wenn sie sich motorisch äußern kann, und sie ist auch nicht intellektuell. Wenn wir uns fragen, ob diese Handlung etwas mit Phantasie zu tun hat, dann kommen wir zumindest dem, was sie strukturiert, was ihr ihre Form gibt, schon näher. Doch haben wir damit noch nicht definiert oder gesagt, was sie selbst *ist*. Was ist diese unsichtbare Aktivität, deren wir uns nicht bewußt sind? Wie registrieren wir sie? Man kann sie nicht sehen, nicht hören und auch nicht anfassen, aber man *spürt* sie. Man registriert sie gefühlsmäßig, obwohl man das Gefühl unter Umständen gar nicht kennt.

Im Baby-Gwendolen-Beispiel wird das Gefühl der Zufriedenheit über das wechselseitige Verständnis bei der Analytikerin zerstört. Sie brauchte in diesem Fall einige Zeit, bis sie sich über ihre eigenen Gefühle klar wurde, bis sie begriff, was ihrem eigenen Erlebnis der Gemeinsamkeit angetan wurde. Das heißt, die Analytikerin registrierte die Handlung in ihren Gefühlen. Doch von welcher Art ist diese Handlung, die man über die Gefühle registriert? Sie wird nicht direkt mit den Sinnen wahrgenommen. Es ist klar, daß sie Teil der Beziehung zwischen Analytiker und Patient ist; und diese Beziehung wird für den Analytiker unter anderem dadurch erschwert, daß die besagte Handlung derart unterminierend wirkt.

Manchmal sprechen wir von einer Geschäftsbeziehung, ein andermal von einer rein beruflichen Beziehung. Immer aber implizieren wir mit einer solchen Spezifikation, daß irgendein Element, das in anderen Beziehungen vorkommt, hier nicht vorhanden ist. (Wir können vorläufig außer acht lassen, daß das Element, nach dem wir suchen, in keiner Beziehung fehlt.) Welches Element ist also für diese Aktivitäten konstitutiv? Das Wort, um das es hier geht, ist: »emotional«; wir gebrauchen es im Sinne einer Bewegung, die »von etwas ausgeht«. Es handelt sich um eine Handlung, die bei einem anderen Menschen Veränderungen der geistigen Verfassung bewirkt. Eine solche Veränderung der geistigen Verfassung wird gefühlsmäßig registriert, aber die Handlung, die wir emotional nennen, ist selbst kein Gefühl. Ein Thermometer registriert Wärme, ist selbst aber nicht Wärme – ebenso registriert das Gefühl emotionale Aktivität, ist aber nicht selbst Aktivität. Häufig gebraucht man beides austauschbar, doch das führt zu Verwirrung. Die breitgefächerten Gefühle registrieren die verschiedensten Wirkungen emotionalen Handelns.

Die Beispiele, die ich bisher angeführt habe, beschränken sich auf Aktivitäten, durch die geistige Fähigkeiten außer Kraft gesetzt werden. Im Pfarrerbeispiel war der Analytiker verärgert, weil sein Vertrauen erschüttert worden war; bei Baby Gwendolen wurde die Empathie der Analytikerin zerstört; und bei der respektvollen Dame wurde die Hoffnung des Analytikers zunichte gemacht. Das sind nur ganz wenige Beispiele für mögliche Wirkungen emotionaler Aktivität; es gibt noch viele andere: Bei einer emotionalen Begegnung kann meine Phantasie erstickt werden, bei einer anderen meine Erinnerung ausgelöscht, bei wieder einer anderen mein Denken gelähmt oder mein Urteilsvermögen gestört werden, oder meine Wahrnehmung kann mir einen Streich spielen, und so fort. Alle genannten Beispiele zeigen negative Wirkungen. Das liegt daran, daß bei Menschen, die sich in Psychoanalyse begeben, gewöhnlich die zerstörerische emotionale Handlung überwiegt. Zwar gibt es auch konstruktive emotionale Handlung, doch wird diese in dem Maße beeinträchtigt, in dem die zerstörerische emotionale Handlung überwiegt.

Als der Analytiker dem Pfarrer zu verstehen gab, daß er mit der Verleugnung seiner Beziehung zu dem täuschenden Teil in sich auch das Muster für alle anderen äußeren Beziehungen vorgebe, wurde der Mann ganz still und nachdenklich und schien die Mitteilung aufzunehmen. Am selben Abend geschahen zwei ungewöhnliche Dinge. Zum einen fühlten seine Freundin und er sich einander näher als je zuvor, zum anderen sprach ihn ein Gemeindemitglied wegen eines sexuellen Problems an, was früher undenkbar gewesen wäre. Dem Analytiker fiel auf, daß der Patient in der nächsten Sitzung ihm gegenüber offener war, was wiederum den Analytiker ermutigte. Es ist anzunehmen, daß sowohl die Freundin als auch das Gemeindemitglied dem Pfarrer mehr Vertrauen entgegenbrachten. Ein konstruktives emotionales Handeln war an die Stelle des zerstörerischen emotionalen Handelns getreten. Alles, was ich über negative Wirkungen gesagt habe, kann man mit umgekehrten Vorzeichen auch über positive Wirkungen sagen: Bei einer Begegnung wird meine Phantasie beflügelt, bei einer anderen meine Erinnerung wacher, bei wieder einer anderen mein Denken konzentrierter oder mein Urteil sicherer, bei einer weiteren wird meine Wahrnehmung schärfer.

Ich möchte noch einmal betonen, daß diese vorteilhaften Wirkungen nicht das Ergebnis von ermutigenden oder lobenden Bemerkungen sind, sondern von einem *unsichtbaren emotionalen Handeln* herrühren. Wenn sich während einer Analyse die geistige Verfassung eines Patienten bessert, so liegt das zum Teil an der positiven konstruktiven Emotion von seiten des Analytikers. Es kann aber auch sein, daß der Analytiker der Empfänger der positiven konstruktiven Emotion des Patienten ist. Ich habe darüber schon Vorträge gehalten und festgestellt, daß meine Zuhörer nicht verstanden haben, von welcher Ebene ich spreche. Ich hoffe, daß es meinen Lesern nicht ebenso geht.

Zur Illustration habe ich Fälle herangezogen, die zwischen Psychoanalytiker und Patient vorkommen, denn die analytische Situation ist der Ort par excellence, an dem emotionales Handeln untersucht wird. Hier manifestieren sich Aktivitäten, die in allen möglichen sozialen Beziehungen auftreten. Sie spielen eine besonders wichtige Rolle, wo zwischen Menschen enge Bindungen bestehen, weil hier das emotionale

Handeln stärker und intensiver ist. Wir betrachten hier also *die* grundlegende Aktivität zwischen zwei Personen, eine Aktivität, derer sich Menschen häufig nicht bewußt sind, obwohl diese unsichtbare emotionale Aktivität es ist, die Beziehungen schmiedet. Die Psychoanalyse erforscht diese unbewußte Aktivität beziehungsweise diesen unbewußten Prozeß.

Als der Analytiker den Pfarrer mit seiner Deutung konfrontierte und über dessen betrügerische Seite sprach, die für alle Außenbeziehungen das Muster abgab, geschah etwas Konstruktives. Die Deutung des Analytikers bewirkte jedoch nicht automatisch wie auf Knopfdruck konstruktive Veränderungen; der Patient nahm die Deutung an, ließ sie unbewußt auf sich wirken und handelte danach. Das heißt, sowohl negative als auch positive emotionale Aktivitäten sind ihrem Wesen nach intentional. Das stimmt mit Freuds strukturellem Modell überein, demzufolge ein Teil des Ichs unbewußt ist. Daraus folgt, daß sich das Individuum einer Reihe von Aktivitäten, die ihre Quelle im Ich haben, nicht bewußt ist. Nur angesichts dieses Umstandes ist es überhaupt möglich, daß im psychoanalytischen Prozeß Veränderungen stattfinden, denn Aktivitäten, die nicht intentional sind, ließen sich auch nicht ändern.

Was die Analytiker in den drei oben angeführten Beispielen erlebten, war ein Gefühl: Der Analytiker des Pfarrers empfand Ärger, getäuscht worden zu sein; im Falle von Baby Gwendolen fühlte sich die Analytikerin abgeschnitten und verwirrt; und der Analytiker der respektvollen Dame hatte das Gefühl der Hoffnungslosigkeit. Diese drei Gefühlskomplexe sind Registrierungen von drei verschiedenen emotionalen Handlungsmustern, deren *Objekt* der Analytiker ist. Dem Objekt wird etwas *angetan:* Im Falle des Pfarrers wird das Vertrauen des Analytikers untergraben, im Falle von Baby Gwendolen wird die Fähigkeit der Analytikerin, einen Gedanken zu fassen, untergraben, und im Falle der respektvollen Dame wird die Hoffnung des Analytikers zerstört. Man könnte Beispiele anführen, in denen das Gedächtnis zerrüttet, das

Urteilsvermögen lahmgelegt, die Wahrnehmung verkehrt wird, und so weiter. Das alles sind Handlungen, die dem Bewußtsein eines Menschen *angetan* werden, und wenn mein Bewußtsein mein wertvollster Besitz ist, dann ist das eine ernstzunehmende Verletzung, die ich da erleide.

Die traditionelle Religion fiel der Bedeutungslosigkeit anheim, weil sie diese Handlung nicht kennt. Wenn ich das Bewußtsein eines anderen korrumpiere, dann füge ich ihm ernstlich Schaden zu; wenn ich seine Hoffnung zerstöre, dann verletze ich ihn; wenn ich seine Erinnerung auslösche, dann schade ich ihm erheblich. In allen diesen Fällen bin ich mir nicht bewußt, was ich da tue, doch das Objekt, der davon Betroffene, nimmt Schaden. Ich kann mich dem nicht entziehen, kann mich nicht von der menschlichen Gesellschaft abwenden, um zu vermeiden, solchen Schaden anzurichten, denn wenn ich mich abwende, leidet das Vertrauen des anderen oder seine Hoffnung oder leiden auch andere geistige Fähigkeiten des anderen – und das, ohne daß ich mir meiner Handlungen bewußt wäre. Jemand kann seinen religiösen Pflichten nach den Bestimmungen seines Glaubens minutiös nachkommen. Er mag ein guter Nachbar und in schwierigen Situationen immer hilfsbereit sein, er mag vielen Organisationen Geld spenden und Zeit opfern – und doch kann sein unbewußtes Handeln extrem destruktiv sein. Das werden viele wissen: seine Partnerin, seine Kinder, Eltern, Brüder und Schwestern, seine Freundin und diejenigen, mit denen er im Berufsleben viel zu tun hat. Nur einer wird es nicht wissen, nämlich er selbst. Das hat seinen Grund in den Schuldgefühlen. Um das verstehen zu können, wollen wir das Objekt, und zwar aus dem Blickwinkel der Propheten der Upanishaden, betrachten.

Wenn ich das Bewußtsein des Objektes attackiere, handle ich mir Schuldgefühle ein, denn wenn ich die Wirklichkeit im anderen attackiere, attackiere ich auch mich selbst. Das erlebe ich fast täglich in der analytischen Praxis. Wird das Bewußtsein des Analytikers angegriffen, so ist das ein Zeichen dafür, daß auch das Bewußtsein des Patienten auf ähnliche Weise von innen her angegriffen wird. Das Bewußtsein kann gespalten sein und seine eigenen Fähigkeiten attackieren. Wenn der Analytiker verzweifelt und merkt, daß sein Gedächtnis ausgehöhlt wird, dann weiß er aus Erfahrung, daß hier ein abgespaltener Teil des Patientenbewußtseins gerade dessen eigenes Bewußtsein und dessen Fähigkeiten attackiert, oder anders ausgedrückt: daß interpersonale Aktivität ein Ausdruck intrapsychischen Handelns ist. Gefühle sind, wie wir gesehen haben, die Registrierung emotionalen Handelns, das von einem anderen ausgeht. Gewissen ist die Registrierung negativen emotionalen Handelns, das gegen das eigene Selbst gerichtet ist. Mein emotionales Handeln weckt im anderen bestimmte Gefühle, bei mir aber Gewissensbisse. Wenn ich mein Gewissen ignoriere, dann handle ich mir Schuldgefühle ein.

Schuld ist demnach das Produkt negativen emotionalen Handelns. Es ist ein Gefühl, das den Schaden, den ich mir selbst, die Verletzung, die ich meinem eigenen Bewußtsein zugefügt habe, registriert. Eben dies deckt die psychoanalytische Untersuchung auf. Dabei geht es jedoch nicht darum, wie das Individuum, das da meint, von jemand anderem verletzt worden zu sein, die Dinge einschätzt. Die Sache wird dadurch komplizierter, daß jemand von außen mich verletzt haben kann, ohne daß daraus Schuldgefühle erwachsen. Die Schuld entsteht durch den Schaden, den ich mir selbst zugefügt habe. Obwohl häufig ich es bin, der diesen Schaden in der Beziehung zum anderen stiftet, glaube ich, daß der andere ihn gestiftet hat. Folglich bin ich mir weder der negativen emotionalen Handlung gegenüber meinem eigenen Bewußtsein bewußt noch des Schadens, den ich angerichtet habe. Um mir des von mir verursachten Schadens bewußt zu werden, muß ich mir auch der negativen emotionalen Handlung bewußt werden, durch die er entstanden ist. Infolgedessen bin ich mir meiner eigenen Schuld nicht bewußt und mache andere für das Übel, an dem ich leide, verantwortlich. Ich werde selbstgerecht oder bemitleide mich, oder ich spiele den Märtyrer.

Daß ich mir dieser Sachverhalte nicht bewußt bin, liegt hauptsächlich an der negativen emotionalen Handlung gegen mich selbst. Es ist ein psychologisches Prinzip, daß negatives emotionales Handeln gegen das eigene Bewußtsein eine zerstörerische Wirkung auf das positive emotionale Handeln hat. Eben dessen bin ich mir nicht bewußt und weigere mich auch, mir dessen bewußt zu werden; das ist der Bereich, in dem die Psychoanalyse tätig wird.

Hochreligionen befassen sich damit, wie wir leben sollen und wie wir unseren Mitmenschen und uns selbst gegenüber handeln sollen. Das ist die Hauptbotschaft von Amos, Jesaja und Jesus in der jüdisch-christlichen Religion und von Buddha in der fernöstlichen. Die Wirklichkeit, an der ich teilhabe und mit mir die gesamte menschliche Gesellschaft, besitzt einen höchsten Wert, der etwas von mir fordert. Deshalb dreht sich in den Hochreligionen alles darum, wie ich mir selbst und anderen gegenüber handle.

Juden, Christen, Muslime, Hindus und Buddhisten versammeln sich in einer großen Halle zu einem besonderen ökumenischen Gottesdienst. Die Türen des Saales sind geschlossen, plötzlich hören sie jemanden laut anklopfen. Erst ignorieren sie das Klopfen, doch dann geht einer an die Tür und öffnet sie. Ein Fremder steht davor. Er hat einen grauen Bart und graue Haare und trägt eine Brille. Er sieht aus wie ein Gelehrter. Er tritt ein und geht direkt zur Kanzel, von wo aus er laut verkündet: »Ihr, die Ihr hier versammelt seid, wollt Eurem Nächsten gegenüber richtig handeln, doch von den wichtigsten Handlungen versteht Ihr gar nichts.«

Erst gibt es ein wütendes Geschrei, und einige Mitglieder der Versammlung beschimpfen ihn und fordern, diesen aufdringlichen Fremden hinauszuschaffen. Doch gerade als fünf kräftige Männer – ein Jude, ein Christ, ein Muslim, ein Hindu und ein Buddhist – ihn von der Kanzel zerren wollen, steht jemand auf und ruft: »Wir wollen ihn erst anhören. Wir haben noch nicht erfahren, was er zu sagen hat. Wenn wir alle blind sind, mag er uns doch den Schleier von den Augen nehmen.«

Die Versammlung wird still, und der Fremde beginnt mit ruhiger, melodischer Stimme, die die Aufmerksamkeit aller fesselt, zu sprechen. Er sagt:

»Ich glaube, daß Ihr alle, die Ihr hier versammelt seid, ernsthaft den Wunsch hegt, Euch Eurem Nächsten gegenüber gut und richtig zu verhalten, daß Ihr ihm mit Respekt begegnen wollt und daß der Mensch bei Euch an oberster Stelle steht. Ihr habt den Armen Brot gegeben, habt gütig über Euren Nachbarn gesprochen, habt versucht, Eurem Freund zu helfen, der einen schmerzlichen Verlust erlitten hat, und kommt nun nach Hause, wo Ihr Eure Frau pikiert und brummig vorfindet. Irgend etwas ist nicht in Ordnung, und Ihr wißt nicht, was es ist. Ihr denkt, vielleicht hängt es mit ihrer Menstruation zusammen, oder eines der Kinder hat sich ihr gegenüber garstig benommen. Am Abend greift Eure Frau Euch auf einmal an. Sie wirft Euch vor, daß Ihr Euch nicht um sie kümmert, daß Ihr nach Hause kommt und nicht einmal fragt, wie es ihr bei ihrem Vorstellungsgespräch an diesem Tag ergangen ist; Ihr ignoriert sie einfach, erwartet, daß das Essen auf dem Tisch steht, doch einen Dank dafür erhalte sie nicht; sie habe es satt, so zu leben.

Euch platzt der Kragen. Ihr sagt, das sei alles nicht wahr; sie habe kein Recht, Euch so anzugreifen, und Ihr strengt Euch besonders an, Euch ihr gegenüber wie ein guter Ehemann zu verhalten. Trotzdem besteht sie darauf, daß sie sich so fühle. Ihr sagt ärgerlich, sie habe kein Recht, sich so zu fühlen. Darauf antwortet sie ruhig, ob sie sich nun so fühlen *solle* oder nicht, Tatsache sei, daß sie sich so fühle.

Wenn Ihr Euch später etwas beruhigt habt, spricht Eure Frau in aller Ruhe mit Euch. Sie sagt Euch, früher hättet Ihr ihr einen Kuß gegeben, bevor Ihr zur Arbeit gingt, das tätet Ihr nicht mehr; früher seid Ihr zärtlich zu ihr gewesen, bevor Ihr miteinander schlieft, das sei nicht mehr so; Ihr hättet die

Gewohnheit gehabt, ihr für das Essen, das sie kochte, zu danken, damit hättet Ihr aufgehört; Ihr hättet früher mit ihr über Ihre Arbeit gesprochen, doch auch das sei vorbei. Sie fügt hinzu, es ginge ihr nicht um diese Dinge an sich, sie seien nur ein Zeichen für Eure Haltung. Sie fühle sich wie ein Gegenstand behandelt, wie ein Möbelstück, einfach benutzt. Ihr habt große Schwierigkeiten, das alles zu verstehen, aber nach weiteren Gesprächen wird Euch manches klarer und Ihr müßt einiges von dem, was Eure Frau gesagt hat, wenn auch widerwillig, anerkennen. Ihr erinnert Euch daran, wie ein Kollege Euch einmal fragte, ob es Eurer Frau denn nichts ausmache, wenn Ihr, statt nach Hause zu gehen, Euren trauernden Freund besucht, um ihn zu trösten. Ihr müßt Euch selbst eingestehen, daß Ihr zu wenig Rücksicht auf sie genommen habt; Ihr wart Euch dessen nicht bewußt, aber Ihr habt Eurer Frau keinen hohen Wert beigemessen, und das spürte sie. Ihr sprecht mit großer Anerkennung über Eure Frau, aber emotional tritt sie für Euch nicht als Person in Erscheinung.

Über dieses emotionale Handeln möchte ich heute abend mit Euch allen sprechen, über dieses unsichtbare Handeln gegenüber der Frau, den Kindern, den Eltern, den Freunden und allen, die Euch nahestehen. Das ist die wichtigste Art des Handelns. Ich will versuchen, das zu erklären: Stellen wir uns wieder einen Ehemann und seine Frau vor. Beide haben eine gute Stelle. Der Ehemann ist Volkswirt und arbeitet bei der Regierung, die Frau ist Rechtsanwältin. Beide verdienen etwa gleich viel Geld. Sie teilen sich das Kochen und alle Haushaltspflichten. Der Mann ist der bessere Rechner und die Frau ist die bessere Organisatorin. Sie haben die häusliche Arbeitsteilung nach den unterschiedlichen persönlichen Fähigkeiten, nicht nach den traditionellen Geschlechterrollen geregelt. Wenn man die unterschiedlichen Fähigkeiten beider bewertet, dann erweist sich, daß sie sich die Waage halten und daß bei beiden soziale Kompetenz und Reife ziemlich gleich sind. Der Ehemann braucht nicht für den gemeinsamen Lebensunterhalt zu sorgen, weil auch seine Frau Geld verdient; die Frau braucht sich nicht ums Kochen und Bügeln zu kümmern, weil ihr Mann das auch tun kann und tatsächlich auch tut. Können die beiden einander etwas geben? Nur eines: Sie können einander emotional etwas geben. Diese Gabe ist ›Etwas‹, sie ist real. Zwar kann man sie nicht sehen, nicht messen oder hören, und doch ist sie real. Etwas wird gegeben. Gelingt ihnen das aber nicht, dann haben sie nichts, was sie einander geben könnten. In traditionellen Gesellschaften hielten die Geschlechterrollen die Ehe zusammen. In der modernen Gesellschaft, die derartige feste Geschlechterrollen nicht mehr kennt, gibt es nur noch eine Sache, die die Ehepartner einander geben können: positives emotionales Handeln. Ich nenne das positive konstruktive Emotion. Sie erst verleiht der Ehe einen Sinn; das Wort »Sinn« trifft den Sachverhalt, den wir hier beschreiben.

Häufig leben zwei Ehepartner zusammen und behaupten, einander zu lieben, sind sich aber nicht bewußt, wieviel negative emotionale Handlung zwischen ihnen abläuft. Beide können sehr ›religiös‹ sein, können täglich ihre Gebete verrichten, Kranke besuchen, aufrichtig gute Werke tun – und trotzdem können sie entsetzlich grausam zueinander sein. Der Mann kann die Fähigkeit seiner Frau, zu denken und schöpferisch tätig zu sein, zunichte machen, und die Frau kann die Begabung des Mannes zum Ökonomen untergraben. Ihr denkt vielleicht, ich spreche hier von seltenen Fällen, aber nach meinen Forschungen würde ich schätzen, daß achtzig Prozent aller hier Anwesenden eine solche destruktive emotionale Aktivität ausüben, ohne das zu wissen. Ja, ich würde so weit gehen zu sagen, daß manche von Euch ihren ›religiösen Aktivitäten‹ nur nachgehen, um die emotional destruktiven Dinge, die sie in ihren intimen Beziehungen tun, vor sich selbst zu verbergen. Ihr tretet hinaus, um gute Werke zu tun, aber Eurer Frau, Eurem Mann, Euren Kindern und Eltern gegenüber wirkt Ihr emotional zerstörerisch.

Eure Religion ist dort am nötigsten, wo sie am meisten fehlt. Ob wir unseren Nächsten, ob wir einander gut oder schlecht behandeln, bemißt sich danach, wie wir einander emotional begegnen. Was wir emotional tun, bestimmt, ob unsere Behandlung des anderen gut oder schlecht ist. Nach außen hin behandle ich jemanden vielleicht höflich, aber emotional verrät mein Handeln, daß er mir nicht das geringste bedeutet. Könnte jemand alle meine emotionalen Handlungen der Person gegenüber erfassen und auswerten, ohne das Objekt sehen zu können, auf das mein Handeln bezogen ist, so würde er sagen, mein Objekt müsse irgendein Abschaum oder gar Dreck sein. Meine vorherrschende Haltung ist in diesem Fall also Verachtung. Verächtlich, mit Abscheu und Spott kehre ich dem anderen den Rücken: ›Schafft mir diese widerwärtige Kreatur aus dem Weg‹, drückt mein emotionales Handeln aus, durch das ich meine Verbindung mit dem anderen negiere, mich von ihm abwende.

Deshalb möchte ich allen Juden hier sagen: Wenn Ihr nach Hause geht, um das Sederfest zu feiern, obwohl Ihr verwundet seid und Schmerz empfindet; wenn Ihr der Ursache dieses Schmerzes den Rücken kehrt und Ihr Euch, um diesem Schmerz zu entfliehen und Euch zu trösten, dem Ritual zuwendet und dabei dem Objekt, das den Schmerz verursacht hat, den Rücken kehrt –, dann vollzieht Ihr ein leeres Ritual. Geht zurück zur Quelle Eures Schmerzes und stellt Euch ihm, bis Ihr ihn überwunden habt.

Ihr Christen, wenn Ihr in Eure Kirchen geht, um das Fest der Eucharistie zu feiern und über das Heilige Wort Gottes nachzudenken, und das tut, weil Ihr über die Reaktion derer, die Euch nahe sind, enttäuscht seid, dann wäre es besser, Ihr würdet aufhören, in die Kirche zu gehen, und Ihr würdet Euch statt dessen mutig der menschlichen Enttäuschung stellen, die Euch zu schaffen macht. Das ist der Ort Eures spirituellen Kampfes. Der Teufel, mit dem Ihr zu kämpfen habt, steckt in Euch, in Eurem Nächsten – nicht in der Wildnis, nicht fern von den Menschen.

Ihr Muslime, die Ihr freitags in die Moschee geht und Euch vor dem Mihrab auf den Boden werft! Wenn sich Eure Frau von Euch verwundet fühlt, wenn sie Euch grollt, Euch gegenüber verächtlich handelt, dann bedeutet das, daß Ihr emotionale Handlungen begangen habt, die dazu beigetragen und das gefördert haben. Steht rasch auf, verlaßt die Moschee und macht den Schaden wieder gut.

Ihr Hindus, die Ihr über die Upanishaden meditiert und streng fastet! Euer fünf Wochen altes Kind vermißt Euch. Es spürt, daß Ihr nicht da seid. Ihr vernachlässigt es; gebt Eure Askese und Meditation auf und geht und kümmert Euch um Euer Kind.

Ihr Buddhisten, die Ihr in aller Demut mit Eurer Schale um Almosen bettelt! Ihr habt eine verbitterte Frau zurückgelassen; kehrt zu ihr zurück, tretet vor sie, flieht nicht vor ihrem Spott. Wenn Ihr weglauft, überlaßt Ihr Euch Mara und werdet sein Sklave. Wenn Ihr Euch den Vorwürfen stellt, Euch mit ihnen auseinandersetzt, die berechtigten akzeptiert und die unberechtigten zurückweist, dann besiegt Ihr Mara.

Ihr alle hier! Euer spiritueller Kampf findet nicht länger weit weg, in der Wüste oder in einer stillen Enklave statt. Ganz im Gegenteil, die großen emotionalen Stürme ereignen sich innerhalb der engsten Beziehungen; hier tobt der elementare Kampf zwischen Gut und Böse. Wenn Ihr Euch in Eure religiösen Praktiken flüchtet, entzieht Ihr Euch der spirituellen Auseinandersetzung.«

An dieser Stelle steht eine junge Frau auf und fragt: »Wer seid Ihr denn? Woher habt Ihr Euer Wissen?«

»Ich bin Psychoanalytiker«, antwortet der Redner.

»Was ist ein Psychoanalytiker?« fragt sie.

»Ich bin jemand, der erforscht, welche seelischen Konflikte zwischen zwei Menschen entstehen können, die in enger Beziehung zueinander stehen, Menschen zwischen denen eine starke emotionale Aktivität herrscht.«

»Dann seid Ihr derjenige, den wir brauchen, der uns lehren kann, denn wir haben unseren Weg verloren. Wir wollen auf unserer Konferenz gerade diskutieren, weshalb unsere Religionen in der modernen Welt ihren Sinn verloren haben. Ich glaube, Ihr habt den Schlüssel zu unseren Problemen«, sagt die junge Frau, die zur Sprecherin für alle geworden ist.

Ich habe hervorgehoben, daß es ein emotionales Handeln gibt, dessen sich das Individuum nicht bewußt ist, obgleich es seine Quelle in der Person hat. Das bedeutet, daß ich mir nicht bewußt bin, daß ich etwas tue, obwohl ich es tue; folglich ist da ein Teil meines Ichs, den ich nicht kenne. Die psychoanalytische Untersuchung zeigt, daß es sich dabei häufig um mehr als nur einen Teil handelt. Ich möchte das begrifflich so fassen: In meinem Ich gibt es Nischen für die Handlungen, die mir nicht bewußt sind. Um die Nischen zu entdecken, müssen wir die Handlungen, deren wir uns nicht bewußt sind, reflektieren.

Unsere Unbewußtheit konzentriert sich hauptsächlich auf Handlungen, die für das Selbst und für den anderen zerstörerisch sind. Das sind die Handlungen, von denen ich nichts weiß. Sie lassen sich gut nach den sieben Todsünden einteilen: Stolz, Begierde, Wollust, Neid, Völlerei, Zorn und Trägheit. Doch gibt es auch andere, die mehr in der östlichen Kultur vorkommen, wie Ignoranz, die der Buddha und seine Nachfolger hervorhoben.

Wenn wir jemanden gierig essen sehen oder feststellen, daß jemand geldgierig ist, so ist das eine äußere Manifestation emotionaler Gier. Nehmen wir ein anderes Beispiel: Ein Analytiker gibt eine Deutung, die seiner Patientin eine ganze Reihe von Phänomenen verständlich macht. Sogleich will sie selbst die Fähigkeit besitzen, ebenfalls solche Deutungen zu machen. Sie ist derart von diesem Wunsch erfüllt, daß sie außerstande ist, die Deutung selbst anzunehmen. Es wird auch klar, daß das ein innerer geistiger Vorgang ist: Sobald sie ein Verständnis für etwas entwickelt, bemächtigt sich ein anderer Teil ihres Selbst dieses Verständnisses und verschlingt es, indem er es pervertiert. Der Teil ihres Selbst, der sich des Verständnisses bemächtigt und es pervertiert, ist der gierige Teil. Noch andere Teile bevölkern die Persönlichkeit: ein neidischer Teil, ein träger Teil, ein lüsterner Teil, und so fort. Jeder dieser Teile beeinflußt auf seine Weise den Prozeß der emotionalen Integration und des emotionalen Verständnisses.

Was wir das Subjekt nennen, besteht folglich aus vielen verschiedenen Handlungsinstanzen. Ein psychologisches Prinzip besagt, daß in ein und demselben Augenblick immer nur eine davon handeln kann, doch innerhalb von Minuten oder gar Sekunden kann die Rolle des Handelnden von einem zum anderen Teil übergehen. Dieser Wechsel läßt sich im gewöhnlichen gesellschaftlichen Umgang schwer fassen, kann aber von einem Psychoanalytiker wahrgenommen werden, der gelernt hat, solche Wechsel zu erkennen. Diese verschiedenen Teile des Selbst handeln der Aktivität des Selbst zuwider. Das Selbst ist in dem Sinne zu verstehen, wie wir es bei der Untersuchung über die Upanishaden definiert haben.

Bislang habe ich vor allem betont, daß diese Teile des Selbst, von denen das Individuum keine bewußte Kenntnis besitzt, aggressiv oder selbstzerstörerisch sind. Doch wird auch die positive konstruktive Emotion von den negativen Teilen so gedämpft, daß sie nicht zum Ausdruck kommt. Das positive Potential wird durch das Vorhandensein dieser Persönlichkeiten, von denen man selbst nichts weiß, allmählich erstickt. Deshalb ist sich das Individuum nicht nur der negativen emotionalen Handlung, sondern auch seiner positiven konstruktiven Emotion nicht bewußt. Das heißt, die negative emotionale Handlung ist doppelt destruktiv, denn sie verhindert auch, daß das Individuum die positiven Emotionen in sich erkennen kann.

Was innerlich zwar bewußt, als Bewußtsein aber unerträglich ist, ist *in foro externo* wahrnehmbar. In der psychoanalytischen Situation werden die negative emotionale Handlung und die positive konstruktive Emotion auf den Analytiker verlagert. Wenn ich emotional gierig handle, davon aber nichts weiß, dann werde ich meinen Analytiker als gierig wahrnehmen. Gerade die emotionale Aktivität, derer ich mir nicht bewußt bin, übertrage ich auf den Analytiker. Daher stellen die Imagines des Analytikers die verleugneten Teile meines Selbst dar. Das Interpersonale ist also ein Abbild des Intrapsychischen.

Die Gefühle, die der Analytiker erlebt, die jedoch vom Patienten hervorgerufen werden, bilden die Gegenübertragung. Der Analytiker erforscht die Gefühle, jene Registrierungen emotionalen Handelns, um Informationen über das emotionale Handlungsmuster des Patienten zu erlangen. Mit einigem Fingerspitzengefühl wird er zwischen negativem emotionalem Handeln und positiver konstruktiver Emotion unterscheiden können. Er wird imstande sein, aus dem, was der Patient mit ihm tut, Rückschlüsse auf dessen intrapsychische Aktivität zu ziehen.

Selbsterkenntnis wird also durch eine interpersonale emotionale Begegnung von großer Nähe erlangt.

Literatur

John Macmurray, *The Structure of Religious Experience* (London: Faber and Faber, 1936), S. 36.

18. Gewissen und Über-Ich

> In Mr. Casaubons Ohr sprach Dorotheas Stimme hell und eindrücklich die dunklen Einflüsterungen des Gewissens aus, die man als bloße Hirngespinste, als Trugbilder übertriebener Empfindsamkeit abtun konnte: Immer wenn solche Einflüsterungen unmißverständlich von einem Außenstehenden wiederholt werden, wehrt man sich gegen sie als grausam und ungerecht. Wir geraten sogar dann in Zorn, wenn wir uns voll zu unseren demütigenden Eingeständnissen bekennen – und wieviel eher, wenn wir in harten, deutlich artikulierten Silben von den Lippen eines aufmerksamen Beobachters jenes verworrene Gemurmel vernehmen, das wir morbid zu nennen versuchen und wie die ersten Zeichen der Erstarrung bekämpfen. Und dieser grausame Ankläger von außen stand da in Gestalt einer Gattin – nein, sogar einer eben noch bräutlichen jungen Frau, die, anstatt sein dichtgedrängtes Gekritzel und seine Stöße von Papier mit der unkritischen Ehrfurcht eines schöngeistigen Kanarienvogels zu betrachten, sich nun augenscheinlich als Spionin entpuppte, die alles, was er tat, mit der Macht zu böswilliger Deutung beobachtete.
>
> *(George Eliot, 1870/1872)*

Man erzählte mir einmal folgende Geschichte:

> Wenn die Mutter an ihrem Schreibtisch saß, konnte sie den Tisch im Eßzimmer sehen, auf dem eine Schale mit Obst stand. Sie sah, wie ihr sechs Jahre alter Sohn auf Zehenspitzen hereinkam, sich einen Apfel aus der Schale nahm und wieder hinausschlüpfte. Die Mutter hatte ihre Kinder gebeten, sich zwischen den Mahlzeiten nichts zu essen zu nehmen, ohne sie zu fragen. Sie nahm sich vor, später mit dem Sohn zu sprechen. Nach fünf Minuten kam er zurückgekrochen und legte den Apfel wieder in die Schale. Dabei hörte sie ihn murmeln: »Wieder habe ich den Teufel überlistet!«

Der Junge wollte einen Apfel. Er hatte ihn in der Schale liegen sehen, glaubte, daß niemand in der Nähe sei, also wollte er ihn nehmen und essen. Was veranlaßte ihn, den Apfel wieder zurückzulegen? Eine mögliche Antwort wäre: Angst vor Bestrafung; doch seine Äußerung, »Wieder habe ich den Teufel überlistet!«, macht das unwahrscheinlich; sie läßt uns einen inneren Grund vermuten. Nehmen wir einmal an, die Angst, entdeckt zu werden, sei nicht sein Hauptmotiv gewesen, den Apfel zurückzubringen; auch war, wie er vermuten durfte, sein Apfeldiebstahl erfolgreich gewesen; nach dem Lust/Schmerz-Prinzip stand dem Verspeisen des Apfels eigentlich nichts im Wege. Welchen Grund kann er gehabt haben, den Apfel zurückzubringen? Etwas begann ihn zu plagen. Wir nennen dieses Etwas Gewissen.

Wenn sich das Gewissen regt, dann sagt es dem Jungen nicht, er werde entdeckt oder bestraft werden. Gewissen ist ein Zustand des Unbehagens, was aber ist der Grund für dieses Unbehagen? Warum nicht den Apfel stehlen? Es gibt keinen Grund, es nicht zu tun. Wenn er die Mutter belügen muß, was ist schon dabei? Wenn ich morden oder Ehebruch begehen will, und ich kann das tun, ohne entdeckt zu werden, welchen einleuchtenden Grund sollte ich haben, es nicht zu tun? Und wenn ich lüge und täusche, um mein Vorhaben auszuführen, welcher Grund kann mich davon abhalten?

Es gibt eine Gesellschaftsvertragstheorie, die besagt, daß Menschen, die sich verpflichten, in Gesellschaft miteinander zu leben, das nach dem Prinzip des gegenseitigen Nutzens und Vorteils für alle tun. Verstoße ich gegen meine vertraglichen Pflichten, empfinde ich jenes innere Unbehagen, das wir Gewissen nennen. Vom christlichen Standpunkt ist das Gewissen die Stimme Gottes, die zur Seele spricht. Wie dem auch sei, jedenfalls waltet ein höheres Prinzip, das mich davon abhält, meine unmittelbaren Wünsche zu befriedigen.

Befriedige ich meine unmittelbaren sinnlichen Bedürfnisse, dann handle ich nach Maßgabe meines erotischen Selbst. Wenn es mir Vergnügen bereitet, zu sehen, wie sich jemand vor Verlegenheit windet, und ich erfülle mir deshalb diesen Wunsch, dann ist das Objekt, das ich befriedige, mein erotisches Selbst. Wenn ich dagegen nach meinem Gewissen handle, dann gibt es ein anderes Selbst in mir, dem ich huldige. Der Unterschied zwischen einem Selbst, das vom Gewissen geleitet wird, und dem erotischen Selbst liegt darin, daß letzteres mein Selbst unter Ausschluß des anderen ist. Wenn ich auf mein Gewissen höre, dann folge ich einem Prinzip *in* mir, das aber zugleich auch *über mich* hinausgeht. Es ist *in* mir, aber es ist *mehr* als Ich; etwas nimmt mich in Anspruch, ist aber zugleich größer als Ich.

Es fällt schwer, daraus nicht zu schließen, daß das Gewissen die Wirklichkeit vertritt, die die Seher der Upanishaden besingen. Die Seher erfaßten diese Wirklichkeit und meditierten über sie. Ich glaube allerdings, daß erst der Buddha erkannte, daß das Gewissen die Manifestation dieser Wirklichkeit ist. Dem Buddha war das Meditieren ebenso wichtig wie den Sehern der Upanishaden, aber seine Einsicht, daß das Gewissen als Organ dieser Wirklichkeit anzusehen ist, verlieh dieser Wahrheit eine praktische Relevanz, die sie im Hinduismus in dieser Klarheit noch nicht hatte. Diese Erkenntnis war ein wichtiger Meilenstein in der Religionsgeschichte der Menschheit. Für Sokrates war das Streben nach dem Guten *das* Ziel des Menschen; sich für das Gute zu entscheiden, rangierte für ihn noch vor den Geboten der Götter. Sokrates verband jedoch, anders als der Buddha, das Streben nach dem Guten nicht mit dem Begreifen der Wirklichkeit. Nach dem Guten zu streben, heißt einfach, im Einklang mit dem Gewissen zu handeln. Die Erkenntnis des Guten ist ein Akt des Intellekts; das Streben nach dem Guten geschieht durch moralisches Handeln. Wenn angenommen wird, daß das Wahre und das Gute zusammenfallen, dann haben wir Religion.

Entgegen der allgemein verbreiteten Auffassung ist das Über-Ich nicht mit dem Gewissen gleichzusetzen. Als Freud 1923 den Begriff einführte, beschrieb er das Über-Ich als einen Teil des Ichs, der sich vom Ich abgetrennt hat, der über dem Ich steht und es beherrscht. Später sah er darin den Sitz zerstörerischer Kräfte. Als Freud die negative therapeutische Reaktion formulierte, vermutete er deren Quelle im Über-Ich. Wenn ein Patient emotional einen Schritt vorankommt, dann folgt darauf oft eine plötzliche zerstörerische Attacke, die sich gegen diesen neuen Entwicklungsfortschritt richtet. Diese Attacke, die sehr schwer sein kann, wird als negative therapeutische Reaktion bezeichnet; man nimmt an, daß sie aus jenem Teil der Persönlichkeit stammt, den Freud das Über-Ich nannte. Ich möchte die These aufstellen, daß, wenn ein starkes Über-Ich am Werke ist, auch eine Aktivität da ist, für die sich das Individuum extrem schuldig fühlt.

Ich habe skizziert, wie das Individuum emotional gegen sich selbst oder auch gegen andere handeln kann, besonders gegen solche, zu denen es in enger Beziehung steht. Aber so stellt sich die Sache für die Mitmenschen nicht dar. Jemand, der von einem starken Über-Ich beherrscht wird, kann außerordentlich schüchtern oder voller Hemmungen sein; eine Frau mit einem starken Über-Ich kann mit einem autoritären, tyrannischen Mann verheiratet sein.

Das starke Über-Ich ist ein inneres Objekt (ein Teil des Selbst), das das wirkliche Selbst erstickt, ohne daß dies jedoch so erlebt würde. Der Betreffende glaubt statt dessen, von einem *äußeren* Tyrannen beherrscht zu werden, und fühlt sich von ihm verfolgt. Es gibt viele Manifestationen der Über-Ich-Aktivität: Jemand kann die Welt sehr negativ sehen, kein wirkliches Vertrauen entwickeln, immer meinen, die Dinge würden schlecht ausgehen, oder er kann von sich geringschätzig sprechen. Manchmal wird er seine Verachtung auch nach außen projizieren und über Freunde verächtlich reden. Die Über-Ich-Aktivität gibt der Mentalität der betreffenden Person eine Färbung, so daß es scheint, als sei die Person ein Opfer äußerer Ereignisse – erst die Psychoanalyse zeigt dann, daß die Situation ganz anders ist, als sie aussieht.

Das starke Über-Ich macht dem Ich Vorwürfe. Bei der psychoanalytischen Aufarbeitung zeigt sich, daß die schlimmen

Attacken des Über-Ichs immer dort auftreten, wo der andere als Person mit eigenen Gefühlen ausgeschaltet ist. Hierzu ein Beispiel: Ein Mann trank viel bei der Arbeit und ging dann in den Klub zum Bridgespielen. Oft vergaß er, daß seine Frau jemanden zum Abendessen eingeladen hatte und kam erst nach Hause, als die Gäste schon im Aufbruch waren. Wenn seine Frau ihn dann beschimpfte, empfand er das als äußerste Zumutung. Er konnte die Dinge nur aus seiner Sicht sehen: Nach einem harten Arbeitstag im Büro brauche er ein paar Drinks, um sich zu entspannen, außerdem komme er in viel besserer Stimmung heim, wenn er vorher im Klub einige Runden Bridge gespielt habe. Dieser Mann befand sich in Analyse. Er erwartete von seinem Analytiker Terminabsprachen nach seinen Wünschen; kam er zu den Sitzungen, dann ergriff er gleich das Wort. Wenn der Analytiker eine Deutung gab, sagte er gewöhnlich, »Wie interessant!«, und fuhr rasch in seiner Rede fort. Hatte er gehört, was der Analytiker sagte, dann vergaß er es bis zur nächsten Stunde wieder. Er merkte sich nur, was er selbst gesagt hatte.

Für diesen Mann, der sich von seiner Frau ungerecht behandelt fühlte, existierte der Analytiker als eine selbständige Person gar nicht. Der Analytiker enthielt sich aller Kommentare über die Blindheit dieses Mannes gegenüber dem Kummer seiner Frau, weil er meinte, sie würden ohnehin nichts nützen. Statt dessen versuchte er es mit einer anderen Methode, die sich als wirkungsvoll erwies. Als er eine Deutung gab und der Mann wieder einmal sagte, »Wie interessant!«, um dann sogleich weiterzureden, machte der Analytiker ihn darauf aufmerksam, daß er gar nicht gehört hatte, was er ihm sagte; mit seinem »Wie interessant!« habe er es einfach weggewischt. Auch ging er darauf ein, wie das Gedächtnis des Mannes alle Erkenntnisse der vorangegangenen Stunde einfach ausradierte.

Fast drei Jahre lang bearbeitete der Analytiker all die Manöver, mit denen der Patient die Anwesenheit des Analytikers torpedierte. Gegen Ende dieser Zeit berichtete der Patient von folgenden Veränderungen: Er bringe seiner Frau wärmere Gefühle entgegen, er gehe nach der Arbeit nur noch selten in den Klub zum Bridgespielen und er trinke viel weniger als früher. In seiner Firma habe er für den Aufbau von Auslandskontakten eine Beförderung erhalten. Er sagte, er halte sich für einen kompetenten Geschäftsmann, während er sich früher abgewertet hatte. Nach zweieinhalb Jahren interessierte er sich in einer Sitzung auf einmal dafür, ob der Analytiker eine Frau habe. Eine solche Frage war ihm nie zuvor in den Sinn gekommen, ja, er hätte sich gar nicht vorstellen können, daß sein Analytiker verheiratet sein könnte. Indem er begann, den anderen wahrzunehmen, indem dieser andere in ihm eine affektive Existenz anzunehmen begann, verringerte sich auch sein Über-Ich, und zugleich fing er an, ein funktionierendes Gewissen zu entwickeln. Das Über-Ich hatte den Mann dazu gemahnt, den anderen emotional abzuschaffen.

Aus diesem Grunde sagen wir, daß das starke Über-Ich ein Bestandteil der narzißtischen Persönlichkeitsstruktur ist, wohingegen ein funktionierendes Gewissen ein wichtiger Teil einer gesunden, kontaktfreudigen Persönlichkeit ist. Gewissen ist das Fundament einer natürlichen Hochreligion.

Erst wenn das Über-Ich schwächer wird und seine Aktivität nachläßt, kann es allmählich durch das Gewissen ersetzt werden. In Wahrheit vertreibt das Über-Ich das Gewissen. Wir erinnern uns, daß das Gewissen die Manifestation der Wirklichkeit in mir ist. Demnach sind die emotionale Präsenz des anderen und die Präsenz der Wirklichkeit in mir ein und dasselbe. Wird der andere in mir ausgelöscht, dann geschieht das auch mit der Wirklichkeit, folglich ist damit auch das Gewissen ausradiert. Das bedeutet, daß das Über-Ich Teil des erotischen Selbst ist.

Auch erotisches Verlangen dämpft das Gewissen; aus diesem Grund haben spirituelle Meister gelehrt, man dürfe sich nicht vom erotischen Verlangen leiten lassen. Das gleiche meinte auch der Buddha, wenn er von einem Zustand der Wunschlosigkeit sprach. Das Über-Ich verurteilt, aber gerade die Verurteilung sorgt dafür, daß das Individuum im erotischen Verlangen steckenbleibt. Es handelt sich dabei nicht nur um ein Verlangen nach Essen, Trinken oder Sex, sondern auch um ein Verlangen, geliebt und bewundert zu werden, um ein Verlangen nach Macht und Ansehen. Die letzteren Wünsche gehen immer mit verführerischen erotischen Phantasien einher. Das Über-Ich sagt zum Ich, »Du bist böse«, aber gerade seine Abwendung offenbart einen negativen Reiz. Das Über-Ich entsteht aus einer sinnlichen Abwendung. Das Über-Ich läßt keine Distinktionen zu; es verbindet disparate Elemente zu einem von ihm kritisierten Ganzen. Für unsere Untersuchung ist dabei besonders wichtig, daß das Über-Ich die Stimme des Gewissens erstickt. Daher weiß der Kliniker, wenn er auf ein rigides Über-Ich stößt, daß bei diesem Patienten das Gewissen nicht funktioniert, daß für ihn der andere ausgeschaltet ist und daß es eine emotionale Aktivität gibt, die diesen Zustand aufrechterhält. Um diese Situation zu ändern, muß der Analytiker die Aufmerksamkeit seines Patienten auf diese ihm nicht bewußte Aktivität lenken, und dafür sorgen, daß nach und nach der andere wieder präsent ist und zu seinem Ich in Beziehung tritt, so daß auch die Funktion des Gewissens wiederhergestellt wird.

Gewissen ist das Fundament der natürlichen Religion. Es ist das Echo der Wirklichkeit und des anderen im Ich. Ich muß dem Rat meines Gewissens nicht folgen. Tue ich das aber, dann läßt sich das nicht durch Wirkursachen erklären, denn es war mein freier Entschluß, mich so zu verhalten. Gewissen ist also eine Zweckursache; es funktioniert auf einer anderen kausalen Ebene als das Lust/Schmerz-Prinzip. Ich höre auf mein Gewissen nicht, weil ich dazu gedrängt werde; ich entscheide mich auch ohne Druck dafür. Ich kann keinen Grund angeben, weshalb ich diese Wahl treffe. Entscheide ich mich, meinem Gewissen zu folgen, so nehme ich zu einem Objekt eine Beziehung auf. Vielleicht bringt mir das keine materiellen Vorteile. Es gibt auch keine praktischen Gründe, die ich ins

Feld führen könnte, um mich dazu zu bringen, dem Gewissen zu folgen.

Nehmen wir noch einmal das Beispiel vom Anfang dieses Kapitels auf. Wenn sich der Junge entscheidet, den Apfel lieber zurückzubringen, als ihn zu stehlen, fühlt er sich anders, als wenn er ihn gestohlen hätte. Die beiden Handlungsalternativen rufen bei dem Jungen jeweils unterschiedliche Gefühle hervor. Bleibt er dabei, den Apfel zu stehlen, fühlt er sich schlecht; entscheidet er sich, ihn nicht zu stehlen, sondern zurückzubringen, fühlt er sich gut. Bei der ersten Handlung hat er die Wirklichkeit erstickt, bei der zweiten hat er der Wirklichkeit Rechnung getragen. Bei der ersten hat er sich selbst vernachläßigt, bei der zweiten für sich selbst gesorgt, allerdings war bei der zweiten Handlung seine Mutter in seine Rücksicht und Sorge miteinbezogen.

Dieser letzte Umstand ist sehr wichtig: Die Mutter ist von der Handlung des Jungen mit betroffen; es ist eine Handlung, die sie berührt. Hier ließe sich einwenden, die Mutter könne nicht von einer Handlung betroffen sein, die sie nicht sieht. In dem hier angeführten Beispiel hat die Mutter die Handlung gesehen und war wirklich berührt; sie liebte ihren Sohn sehr. Auch wenn sie nicht selbst gesehen hätte, wie er den Apfel zurückbrachte, hätte sie diesen Akt erspürt und ihn dafür geliebt. Sie geht warmherzig mit ihm um, denn er hat auf ihre Wirklichkeit ebenso Rücksicht genommen wie auf seine. Sie geht einfühlsam mit ihm um, nicht weil sie das so will, sondern weil sie ihn liebt. Sie handelt aus freien Stücken.

Ich hatte einmal eine Patientin, die von ihrem Chef, nennen wir ihn Herrn Schmitt, ausgenutzt wurde. Er erwartete von ihr, daß sie auch während ihrer Mittagspause arbeitete; er hielt sie nach Feierabend mit dem Diktieren von Briefen auf; er bot ihr nie eine Zulage an; er behandelte sie wie ein minderwertiges Objekt und erwartete von ihr, daß sie erniedrigende Dinge für ihn tat. Einmal verlangte er von ihr, einen durchgeweichten, tropfnassen Teppich aus dem Kofferraum seines Wagens ins

Büro zu tragen, wobei sie ihren Rock und ihre Bluse naß und schmutzig machte.

Als sie zur Sitzung in mein Sprechzimmer kam, machte sie ein so mißmutiges Gesicht, als ob sie an einer stinkenden Müllkippe vorbeiginge: Als ich eine Bemerkung dazu machte, tat sie so, als hätte ich kein Wort gesagt. Als sie darüber sprach, wie sie an ihrem Arbeitsplatz von Herrn Schmitt ausgenutzt wurde, fühlte ich mich von ihr ähnlich ausgenutzt und wie Abfall behandelt, der auf den Müll gehört. Ich wies sie darauf hin, doch ohne Wirkung, bis ich eines Tages mein Beweismaterial wirkungsvoller ordnete und ihr alles zusammen vorsetzte. Sie unterbrach sich, und ich war sicher, daß sie es aufgenommen hatte. Als sie am nächsten Tag kam, berichtete sie mir, daß Herr Schmitt sie überraschenderweise ganz anders behandelt hatte als zuvor. Beispielsweise hatte er kurz vor ein Uhr auf die Uhr gesehen und gesagt: »Oh, es ist Mittagszeit. Sie sollten Essen gehen!«; und abends, als er Briefe diktierte und sah, daß es schon halb sechs war, sagte er: »Ach, es ist schon halb sechs. Lassen wir die restlichen Briefe bis morgen!«; und als sie das Büro verließ, um nach Hause zu gehen, lächelte er ihr freundlich zu. Der Chef verhielt sich der Frau gegenüber wohlwollend, weil sich ihre emotionale Handlungsweise ihm gegenüber geändert hatte, so daß er anders darauf reagieren konnte. Sie selbst war sich jedoch gar nicht bewußt, daß sie sich anders verhielt, entsprechend war sie völlig überrascht über das Verhalten von Herrn Schmitt. Ich will jetzt erklären, wie das zustande kam.

Ich behaupte, daß die Frau, aufgrund dessen, was ich ihr am Tag zuvor gesagt und wie sie das aufgenommen hatte, sich Herrn Schmitt gegenüber emotional anders verhielt. Unterhalb der Schwelle des Bewußtseins »sah« sie gewissermaßen ihr Handeln, als ich darüber sprach. Nachdem sie ihre Handlungsweise einmal »gesehen« hatte, konnte sie so nicht mehr handeln. Nach dem sokratischen Prinzip war es ihr nicht möglich zu wissen, daß sie etwas Schlechtes tat, und es trotzdem zu tun. So war der Akt des Sehens an sich schon ein Wendepunkt: Sehen heißt, sich entscheiden. Wie war es möglich, daß sie ihre Aktivität an diesem, aber an keinem früheren Tag erkennen konnte? Ich glaube, die einzig mögliche Antwort auf diese Frage ist, daß sie dazu in der Lage war, und zwar zum Teil deshalb, weil ich an diesem Tag meine Bemerkungen mit emotionaler Überzeugung vorgebracht hatte. Das wirft weiter die Frage auf: Wieso brachte ich meine Bemerkungen an diesem Tag mit emotionaler Überzeugung vor, während mir das früher nicht gelang? Weil ich die Dinge mit größerer Klarheit sah. Wie aber kam das? Ich nehme an, daß es bei mir wie bei ihr eine Veränderung gab und daß diese Veränderung uns stärker auf die Wirklichkeit reagieren ließ, an der wir beide beteiligt waren, und daß diese Wirklichkeit mich ebenso ansprach wie sie. Das führte zu einem heilsamen Akt auf ihrer wie auf meiner Seite. Es bedarf einer erheblichen emotionalen Kraft, um auf die Stimme der Wirklichkeit zu hören und nach ihr zu handeln. Dazu muß sich das Individuum gegen eine Kraft, die man projektive Identifikation nennt, durchsetzen.

Projektive Identifikation ist eine Aktivität, die die Freiheit des Handelns erstickt, die das Gewissen erstickt und die freie Kommunikation im anderen hemmt. Herr Schmitt, so können wir annehmen, handelte am nächsten Tag meiner Patientin gegenüber freundlich, weil er das so wollte – er war nicht gezwungen, es zu tun. Ich stehe unter dem Zwang der projektiven Identifikation, wenn ich mich gezwungen fühle, in einer bestimmten Weise meinen inneren Wünschen entgegen zu handeln. Ein solcher Druck ist überaus mächtig; er kommt aus dem Über-Ich.

Im Bewußtsein gibt es zwei Handlungsquellen: das Gewissen und das Über-Ich. Wenn ich unter dem Einfluß des Über-Ichs stehe, dann bin ich gezwungen, zu trinken oder zu fasten, Urlaub zu machen oder fünfzehn Stunden pro Tag zu arbeiten, bei einer Tagung aufzutreten und mich in Szene zu setzen oder mich mucksmäuschenstill zu verhalten. Ich möchte meinen Onkel um einen Gefallen bitten, aber wenn er da ist, dann schaffe ich es nicht, es zu tun; ich brauche Bier, vorher kann ich nicht anfangen zu arbeiten. Ich muß erst alle Bücher auf der Lektüreliste lesen, bevor ich anfangen kann zu schreiben; ich muß den Brief von Tante Marie beantworten, bevor ich zu Tisch gehe, obwohl ich dadurch die anderen warten lasse. Alle diese Aktivitäten haben ihre Quelle im Über-Ich. Wenn mich jemand fragt: »Aber *warum* mußt du denn jetzt etwas trinken?«, habe ich darauf keine Antwort. Die Antwort wäre, ich muß das tun, weil ich das tun muß; ich muß, weil ich muß. Vielleicht gebe ich irgendwelche »Gründe« an, aber sie sind nicht überzeugend; es sind Rationalisierungen, das heißt vorgeschobene Gründe. Handlungen, die ihren Ursprung im Über-Ich haben, sind »gedankenlos«, ihnen fehlt jeder rationale Gehalt. Daher stammen Kult, Zeremonie und Ritual in der primitiven Religion aus dem Über-Ich. Wenn Sie einen Dinka fragen, »Warum bringt Ihr diese Ziege als Opfer dar? Warum glaubt Ihr, das werde einen Sturm abwenden?«, dann wird er darauf keine vernünftige Antwort geben können.

Handlungen, die ihre Quelle im Über-Ich haben, hängen eng mit dem Instinkt zusammen. Sie sind nicht völlig instinktgeleitet, aber ihm nahe. Wir haben Instinkt als ein Verhalten definiert, das von einem Gemeinschaftstrieb geleitet ist. Das Über-Ich ist das, was das Individuum von diesem Gemeinschaftstrieb ererbt hat, aus einer Zeit, als es intentionales Handeln nur ansatzweise gab. Die Gemeinschaft muß mit Hilfe von Sanktionen – gewöhnlich durch Ausschluß aus der Gruppe – das pflichtvergessene Individuum disziplinieren.

Wenn ich hingegen meinem Gewissen folge, dann verläuft der psychologische Prozeß ganz anders. In diesem Fall gilt: Wenn ich handle, dann *will* ich handeln; ich handle aus freien Stücken. Es scheint paradox, daß mir das Gewissen schlägt, daß ich aber, wenn ich ihm folge, frei handle. Das ist nur nach einer einzigen Hypothese schlüssig, und zwar, wenn man annimmt, daß das Gewissen die Manifestation meiner tiefsten inneren Wirklichkeit ist, daß ich also, wenn ich meinem Gewissen folge, mir in meinem Handeln am treusten bin. Doch diese tiefe innere Wirklichkeit ist nicht allein *meine*

Wirklichkeit; an ihr hat neben mir auch noch der andere teil. Ein weiteres wichtiges Element kommt hinzu: Wenn ich meinem Gewissen folge und jemand mich fragt, warum ich etwas so und nicht anders gemacht habe, dann kann ich eine rational begründete Antwort geben. Drei Elemente spielen hier zusammen: Gewissen, Denken und Handeln. Ich handle nach meinem Gewissen; ich denke und handle mehr aus Liebe als aus Angst. Damit beginnt die Hochreligion; Denken ist der Anfang wissenschaftlichen Forschens. Dieser Schluß führt uns vor Augen, daß Wissenschaft und Hochreligion aus dem gleichen Prozeß psychischer Individuation stammen. Es ist überraschend, sich klarzumachen, daß wahres Denken, im Gegensatz zum mimetischen Nachahmen, nicht möglich ist, ohne daß es im freien Handeln und Gewissen gründet.

Daß wir unserem Gewissen folgen, ist der Beginn der natürlichen Religion und auch der Grundstein für Hochreligion. Das Bindeglied zwischen dem Befolgen des Gewissens, dem Denken und unserer tieferen Wirklichkeit ist das Wissen. Handlungen, die aus dieser Quelle entspringen, beruhen auf Wissen; Handlungen, die dem Über-Ich entspringen, beruhen auf einem Gefühl. Ich bin ein starker Raucher, und ich weiß, daß das meine Bronchitis verschlimmert; ich fühle mich unwohl und mein Gewissen plagt mich; ich weiß auch, daß ich davon nachts husten muß und damit meine Frau wach halte. Nach einiger Überlegung gebe ich das Rauchen auf; ich weiß, daß das gut ist, und ich fühle mich gesünder und zufriedener. Diese letzteren Gefühle beruhen auf Wissen.

Wenn ich vom Über-Ich getrieben werde, dann empfinde ich Selbstmitleid; das gründet nicht auf Wissen, sondern auf falscher Wahrnehmung und falscher Argumentation. Ich spreche mit meinem Analytiker, und mitten im Satz sagt er, die Stunde sei zu Ende. Ich bin verletzt und denke: »Wie grausam er ist, mir so abrupt und unhöflich das Wort abzuschneiden.« Am nächsten Tag muß ich sehen, daß ich den Zug noch kriege, und meine Frau sagt zu mir: »Liebling, könntest du mal eben in der Küche das Licht an der Abzugshaube reparieren, bevor du gehst?« Also tue ich das. Ich verpasse den Zug, nehme den nächsten und komme so zu meiner Sitzung eine Viertelstunde zu spät. Jetzt sagt mein Analytiker zu mir: »Ich glaube, als ich Sie gestern mitten im Satz unterbrach, empfanden Sie das als taktlos und wenig einfühlsam.« Ich denke daran, wie ich zu mir sagte: »Mein Gott, ist der grausam«, also gebe ich zu, daß der Analytiker recht hat und daß ich für mich dachte, wie grausam er doch sei.

Der Analytiker weist mich darauf hin, daß ich häufig, gerade wenn die Stunde zu Ende geht, anfange, schnell zu reden, und ich sehe ein, daß es aus seiner Sicht vernünftig ist, wenn er dann die Sache in die Hand nimmt. Das bedeutet, daß mein Urteil »Gott, sind Sie grausam« falsch ist. Wer sprach da in mir, als ich zu diesem Urteil kam? Es war mein grandioses Selbst – »Wie kann er es wagen, mich zu unterbrechen, wenn ich rede?« Das »große Selbst« ist nicht mit der nötigen Ehrerbietung behandelt worden. Wenn ich im nachhinein bei nüchterner Betrachtung erkenne, daß mein Analytiker nicht grausam war, wie kann ich mich dann noch bemitleiden? Das einzige, was sein kann, ist, daß ich selbst grausam zu mir war. Als mein Analytiker mich so schändlich behandelte, sagte ich mir: »Zum Teufel mit ihm«, und wandte mich innerlich von ihm ab – aber ich wandte mich zugleich auch von meinem rationalen Selbst, meiner inneren Wirklichkeit ab. Damit fehlte mir meine eigene Wirklichkeit, die mich hätte leiten können. Ich war emotional zum Opfer geworden, und das ist der Grund, weshalb ich mich selbst bedauerte. In dieser Verfassung wurde ich auch Opfer des Wunsches meiner Frau, den sie nicht einmal geäußert haben würde, wenn ich mich nicht bereits seelisch verstümmelt hätte. Damit kommen wir zum wichtigsten Teil. Wenn ich mich selbst verstümmele, wenn ich mich von meiner eigenen inneren Wirklichkeit und von meinem Analytiker abwende, dann handle ich sehr grausam. Die Quelle dieses grausamen Handelns gegen mich selbst ist das Über-Ich. Ich habe einen sadistischen Tyrannen in mir, der eine Facette meines »großen Selbst« ist. Ich kann es nicht ertragen zu wissen, daß ich so grausam bin, daß ich so grausam handeln kann. Also projiziere ich ihn nach außen auf meinen Analytiker, folglich verläuft der psychische Prozeß ganz anders. In diesem Fall bedaure ich mich selbst, täusche mich darüber hinweg, wer hier grausam ist, und weiß nichts von alledem. So ist es, wenn mich das Über-Ich leitet; und diese Situation unterscheidet sich radikal von einem Handeln, das dem Gewissen folgt.

Über-Ich und Gewissen stehen in einem umgekehrt proportionalen Verhältnis zueinander. Das wird vielleicht deutlich, wenn wir zu dem obigen Beispiel zurückkehren. Als meine Frau mich bittet, die Abzugshaube zu reparieren, nehme ich das als Befehl auf: Ich bin geheißen, das zu tun. Ich befinde mich in diesem Zustand, weil ich mich selbst grausam attackiert habe; auf dieser Ebene funktioniert das Gewissen nicht mehr, also übernimmt das Über-Ich dessen Rolle. Ich komme zu meiner nächsten Analysesitzung eine Viertelstunde zu spät. Ich stehe im Widerstreit mit mir selbst und mit meinem Analytiker, weiß das aber nicht. Ich habe meinem Gewissen zuwidergehandelt, habe mich grausam selbst verstümmelt, so kommt das Über-Ich zum Zug. Sobald sich das Gewissen wieder zu regen beginnt, wird der Einfluß des Über-Ichs schwächer. Der Analytiker zeigt mir, was geschehen ist, und indem ich meinen Gedanken »Gott, ist der grausam« eingestehe, öffnet sich ein Weg der Verständigung zwischen mir und meinem Analytiker. Die Vernunft kann sich wieder behaupten, und damit verliert das Über-Ich an Einfluß.

In gleicher Weise stehen primitive und hochentwickelte Religion in einem umgekehrt proportionalen Verhältnis zueinander. Hochreligion ersetzt die primitive Religion, und in dem Maße, in dem sich die primitive Religion wieder breitmacht, vermindert sie den Einfluß der Hochreligion.

Wenn ich unter dem Diktat des Über-Ichs stehe, ist es mir unerträglich zu wissen, daß ich dieses Über-Ich in mir habe und nach seinen Prinzipien handle, also ergreife ich die

Flucht. Doch wohin fliehe ich? In ein rituelles, dogmatisches Denken, in Rationalisierungen, Lüste, Trunksucht, Drogen und Gefräßigkeit. All dies, sogar das rituelle und dogmatische Denken, wird von sinnlicher Befriedigung getragen: So befriedige ich mein »großes Selbst«. Ich lebe nur oberflächlich, unter Abschneidung meines geistigen Lebens, der Wahrheit und des Guten.

Die emotionale Sphäre ist *der* Ort, an dem beide Handlungsquellen wirksam werden. Die Aktivitäten in dieser Sphäre finden häufig im Unterbewußten statt. Als ich der »Anordnung« meiner Frau folgte, die Abzugshaube zu reparieren, wußte ich nicht, wie grausam ich meine innere Wirklichkeit verstümmelte. Die Psychoanalyse deckt die Wirkungsweise dieser emotionalen Aktivitäten auf, die intrapsychisch und interpersonal eine Rolle spielen.

Es mag widersprüchlich klingen, wenn man sagt, ich kann etwas wissen und zugleich mir dessen nicht bewußt sein. Doch als der Analytiker erklärte, was ich getan hatte, sah ich, daß er recht hatte. Das impliziert, daß die Erklärung des Analytikers etwas berührt, das ich eigentlich weiß. Ich habe mich nur wegen der grausamen Verstümmelung meiner inneren Wirklichkeit und meines Gewissens von dem, was ich weiß, abgewandt. In dieser Fähigkeit des Menschen, sich von innerem Grauen abzuwenden, sich zu spalten, liegt der Mechanismus, durch den das Unbewußte entsteht. Aufgabe der Psychoanalyse ist es, dieses Konstrukt zu lösen. In der Sphäre emotionaler Nähe verfolgt die Psychoanalyse das Ziel, die primitive religiöse Mentalität in eine hochentwickelte Religion zu transformieren. Das ist eine mühevolle Arbeit, denn sie erfordert, daß der Analysand seine Grausamkeit gegen sich und gegen andere – gewöhnlich gegen die, die ihm am nächsten stehen – anerkennt.

Literatur

George Eliot, *Middlemarch* (1870/72), (Zürich: Manesse, 1962), S. 281 f.

19. Selbsterkenntnis, Tugend und seelische Gesundheit

> Kitty lernte auch Frau Stahl kennen, und diese Bekanntschaft
> hatte neben der Freundschaft Warenkas nicht nur einen gro-
> ßen Einfluß auf sie, sondern war ihr auch ein Trost in ihrem
> Leid. Sie fand ihren Trost darin, daß sich ihr dank dieser
> Bekanntschaft eine ganz neue Welt auftat, die nichts mit ihrer
> Vergangenheit gemein hatte, eine erhabene, schöne Welt, von
> deren Höhe man ruhig auf diese Vergangenheit zurückblicken
> konnte. Es wurde ihr offenbar, daß es außer dem Triebleben,
> dem Kitty sich bisher hingegeben hatte, noch ein Leben des
> Geistes gab. Dieses Leben wurde durch die Religion offen-
> bart, durch eine Religion, die nichts mit jener gemein hatte,
> die Kitty von klein auf gekannt hatte...
>
> *(Lew Tolstoj, 1873–1877)*

Die These des nun folgenden Kapitels ist, daß das Ausmaß
der Selbsterkenntnis, die eine Person erlangt, in direktem Verhältnis zum Grad der Tugend steht, die sie erwirbt. »Erwerb
von Tugend«, das klingt, als könne man in der Persönlichkeit
ein Kapital ansammeln, als würde jemand durch sein Handeln ein Guthaben ansparen, von dem er dann später zehren
kann. Wie sollen wir uns dieses »Guthaben« in der Persönlichkeit vorstellen? Es kann nichts anderes heißen, als daß eine
psychische Handlung etwas zustande bringt. Also müssen wir
uns fragen, was sie zustande bringt und woraus sie es zustande bringt.

Vorausgesetzt, ich schaffe nicht aus dem Nichts, was ist der
Rohstoff meines Handelns? Was ist dieses Etwas, aus dem
heraus ich handle? Was ist unser psychischer Grundstoff?
Wenn wir sagen, es sei ein Bündel von Trieben, so könnte man
meinen, sie seien wertneutral, was aber nicht der Fall zu sein
scheint. Offenbar ist der psychische Stoff eine Energie, die
solange negativ ist, als man sich nicht gegen sie entscheidet.
Demnach wäre das Material, aus dem heraus wir schöpferisch
handeln, etwas Negatives. Was aber ist dieses »Material« in
der Persönlichkeit? Es ist etwas, das das Ich so trägt, wie ein

Stück Treibholz von einer Strömung getragen wird. Es ist die Energie, deren Quelle in den Trieben liegt.

Wenn ich sage, »Ich werde mich *nicht* entscheiden«, dann liegt in dieser Weigerung schon das ganze Problem, denn wenn ich mich entscheide, dafür oder dagegen, dann wird diese Energie für meine Persönlichkeit zum Kapital. Das heißt, die Qualität der Energie hängt von meiner Entscheidung ab; diese noch namenlose Energie kann gut oder schlecht sein, je nachdem, ob ich sie verweigere oder akzeptiere. Freud verwendet hierfür das Wort »Trieb«; im Englischen haben wir dafür »drive« oder auch »instinct«. Strachey übersetzte Freuds Begriff »Trieb« mit »instinct«, obwohl man heute vielfach der Meinung ist, »drive« wäre hier treffender. Mir scheint es sinnvoller, erst einmal zu fassen, was unter dieser Energie zu verstehen ist, und sie dann entsprechend zu benennen, anstatt mich mit der Frage aufzuhalten, ob die von Freud gemeinte Bedeutung richtig übertragen worden ist. Schließlich kann es auch sein, daß Freuds Bezeichnung selbst nicht ganz glücklich ist.

Anders als Freud, der die Quelle dieser Energie im Körper annahm, haben wir festgestellt, daß es sich um eine Energie handelt, die ihre Quelle in der Gruppe hat. An diese gruppenspezifische Energie sind wir gebunden, weil wir das Ziel haben, unsere Gruppe beziehungsweise uns selbst zu bewahren und zu erhalten. Insofern würde ich im Englischen das Wort »instinct« bevorzugen, denn es umfaßt auch Zielgerichtetheit. Allerdings fehlt ihm die Bedeutung, daß ein Etwas, wofür man sich nicht entschieden hat, intrapersonal negativ zu Buche schlägt. Das hieße, der Instinkt selbst wäre negativ. Geraten wir hier in dasselbe Dilemma wie mit dem Todestrieb – »death instinct«? Eine intrapersonale negative Kraft? Wir merken, daß auch »Instinkt« nicht das richtige Wort ist, zum einen, weil es negativ ist, zum anderen, weil ihm der Aspekt der Wahl fehlt. Bevor die Menschen begannen, ihre Toten zu bestatten, war es richtig, von Instinkt zu sprechen, aber nicht mehr danach. Instinkt wird dann aufgrund seines Nichtgewähltseins zu einer negativen Kraft. Gerade die Fähigkeit, wählen zu können, hat aus uns ehemals instinktgeleiteten Wesen Menschen gemacht. Deshalb ist »Instinkt« nicht mehr das richtige Wort. Wir sprechen jetzt von einer negativen Kraft, weil sie etwas nicht Gewähltes ist. Wie sollen wir diese Kraft nennen? Weil sie nicht gewählt ist, ist sie antimenschlich. Ich schlage vor, sie die »antimenschliche Kraft« in der Persönlichkeit zu nennen.

Durch Wahl oder Entscheidung verwandelt sich die antimenschliche Kraft für das Individuum in ein Kapital. Die antimenschliche Kraft wirkt intrapersonal wie ein Sog, der einen Menschen immer weiter hinabzieht, wie im Fall von Macbeth. Eine Entscheidung andererseits, die immer eine Entscheidung für oder gegen etwas ist, baut in der Persönlichkeit etwas auf. Es steht außer Frage, daß Tugend mit einer Wahl, einer Entscheidung für etwas verbunden ist. Wenn wir versuchen zu verstehen, um was es sich dabei handelt, können wir nur wieder sagen, wir entscheiden uns für das, was da ist. Mit Hilfe klinischer Beobachtungen können wir erkennen: Ich entscheide mich, zu dem zu stehen, was ich selbst bin. Gerade der Akt, mit dem ich mich für das entscheide, was ich bin, verändert aber den Charakter des Selbst, das ich bin. Ich will das an einem Beispiel veranschaulichen.

Meine Frau ruft ihre Eltern zweimal in der Woche an. Merkwürdigerweise weiß ich das nicht, obwohl ich mich während ihres Telefonierens im selben Raum befinde. Wenn ich sie telefonieren sehe, meine ich, sie rede mit unserem Hund und das Telefon sei ein Knochen, den sie dem Hund geben will. Ein Bekannter tritt ein, und ich sage ihm, daß meine Frau einen Knochen in der Hand halte und mit dem Hund rede und daß sie gerade im Begriff sei, ihm den Knochen zu geben. Dem Bekannten fällt auf, daß ich sehr aufgeregt bin. Der Vorfall beunruhigt ihn derart, daß er mir einen Termin bei einem Psychoanalytiker besorgt. Der Analytiker findet heraus, daß ich auf den Kontakt meiner Frau zu ihren Eltern so eifersüchtig bin, daß ich ihn nicht wahrhaben will und deshalb das, was ich sehe, in etwas anderes verwandle: Aus dem Telefonhörer mache ich einen Knochen; er sieht ähnlich aus (und im Englischen klingt auch das Wort ähnlich: phone, bone). Als mir der Analytiker das sagt, gestehe ich mir diesen stark eifersüchtigen Teil meiner selbst ein, und die Eifersucht läßt nach. Ich bin jetzt imstande zu sehen, daß meine Frau einen Telefonhörer in der Hand hält. (Ich muß allerdings dazu sagen, daß fünf Jahre Analyse nötig waren, bis es mir gelang, diesen Teil meines Selbst anzunehmen; es war keine Magie im Spiel.)

Das tugendhafte Handeln ergreift Besitz von mir. Die Inbesitznahme meiner selbst, zu der es kommt, weil ich dafür optiert habe, ist das tugendhafte Handeln. Das englische Wort »virtue« kommt vom lateinischen »virtus« und bedeutet Stärke. Es bedarf der Stärke, um von sich selbst Besitz zu ergreifen. Das läßt sich begrifflich nur dann fassen, wenn man davon ausgeht, daß die Persönlichkeit aus Teilen besteht.

Teilweise existiert die antimenschliche Kraft in personalisierter Gestalt. Einige Kliniker aus der Schule von Melanie Klein haben von »der Bande« oder »der Mafia« gesprochen. Das ist eine gute Bezeichnung, denn diese Teile sind weder richtige Personen noch einfach eine Kraft. Das stimmt mit meiner Definition des Instinkts als einer gruppenspezifischen Energie überein. Die antimenschliche Kraft ist nicht personalisiert, sondern »gruppiert« – innerhalb der Person tritt sie in Form einer Gruppe auf. Die Gruppe denkt nicht, nur das Individuum denkt. Die Gruppe aber hat personale Gestalt und bildet einen Gegensatz zum denkenden Individuum. Sie verkörpert die Stammesvergangenheit der Vor-Achsenzeit innerhalb der Einzelperson. Solche Gruppenpersonalitäten haben Stimmen und gebrauchen Argumente, aber sie denken nicht. Sie torpedieren die individuelle Kreativität, weil sie weder gewählt noch angeeignet worden sind.

Diese Gruppenpersonalitäten lassen sich nach den traditionellen christlichen Lastern benennen: eine gierige Persönlichkeit, eine neidische Persönlichkeit, eine eifersüchtige Persönlichkeit, eine grausame Persönlichkeit. (Der Einfachheit halber will ich bis zum Ende dieses Kapitels für »gierig«, »neidisch«, »eifersüchtig« und »grausam« das Adjektiv »lasterhaft« benutzen.) Diese Konzeptualisierung spielt in den klinischen Deutungen der Analytiker der kleinianischen Schule eine große Rolle. Die heftige Aktivität dieser Persönlichkeiten richtet sich gegen das Ich, das dadurch geschwächt wird. In seinem geschwächten Zustand muß das Ich dann Mittel und Wege finden, in der Welt zurechtzukommen. Es tut das, indem es sich in einem ekstatischen Objekt verbirgt.

Ein solches Objekt erfreut sich entweder einer unabhängigen Existenz außerhalb des Selbst, oder es wird vom Selbst innerlich erzeugt. In beiden Fällen schafft sich das Ich seine sinnliche Erregung selbst, in der es sich dann verliert. Es gehört zu den Eigenschaften des ekstatischen Objekts, das Ich glauben zu lassen, es sei gut, weil es vom Bösen getrennt ist. Das ist möglich, weil das Ich gespalten und in den lasterhaften Persönlichkeiten und dem ekstatischen Objekt versteckt ist. Hierzu zwei Beispiele. Erstens: Ein Mann verliebte sich in eine sehr schöne Frau. Er war von ihr bezaubert und heiratete sie. Er blieb von ihr entzückt, bis eine Schwangerschaft ihren Bauch wölbte, da wich der Zauber, und Zorn machte sich in ihm breit. Zweitens: Eine zum Katholizismus übergetretene Frau betete mit Hingabe zu Gott, zu Jesus und zur Jungfrau Maria und besuchte alle Gottesdienste mit großem Eifer. Dann wurde sie krebskrank, und auf ihrem Totenbett verfluchte sie Gott und die Kirche, weil sie sich von ihnen betrogen fühlte.

Dem Sich-Verbergen in einem ekstatischen Objekt entspricht ein Sich-Verbergen in lasterhaften Persönlichkeiten. Sich in etwas zu verbergen ist eine Handlung des Ichs. Verbirgt sich das Ich im ekstatischen Objekt, so bewahrt es sich davor, sein Handeln in den lasterhaften Persönlichkeiten zur Kenntnis zu nehmen. Das Ich kann nicht »in« etwas sein und dies zugleich auch wissen, denn Wissen setzt voraus, daß da ein Teil ist, der sich nicht verbirgt. Sich nicht zu verbergen hieße in diesem Fall aber, nicht zu handeln; ich bin dadurch in etwas verborgen, daß ich etwas tue. Nur dann also, wenn ich aufhöre, in etwas zu agieren, habe ich Zugang zum Wissen. In lasterhaften Persönlichkeiten zu handeln bedeutet: Ich handle lasterhaft, weiß das aber nicht, weil ich im ekstatischen Objekt und durch es handle. Ein Teil meines Ichs handelt im ekstatischen Objekt und die anderen Teile handeln in den lasterhaften Persönlichkeiten. Der Teil des Ich, der unabhängig sein müßte, um ein Wissen zuzulassen, liegt im ekstatischen Objekt begraben und ist passiv.

Wissen entsteht, wenn abgespaltene Teile des Ichs sich miteinander verbinden. Die Verbindung von Teilen kommt durch Handeln zustande. Das Ich handelt ganz klar, um sich davon zu befreien, in dem ekstatischen Objekt und in den lasterhaften Persönlichkeiten zu sein. Die Frage ist, wie ihm das gelingen kann, wenn es gespalten ist. Wie kann das Ich die Quelle eines solchen Handelns sein, wenn es durch sein Gespaltensein daran gehindert wird? Die Antwort lautet: Es gibt einen Zustand des Bezogenseins zwischen den abgespaltenen Teilen des Ichs, und ein solches Handeln ist möglich, wenn auch nur sehr eingeschränkt. Man kann sich das vorstellen wie einen großen Wassertropfen, der, in feinen Nebel zerstäubt, doch immer dazu neigt, sich wieder zu einem Tropfen zu verbinden. Initiativ zu handeln gehört zum Wesen des Ichs. Gespalten zu sein reduziert die potentielle Stärke des initiativen Handelns, negiert sie aber nicht völlig.

Es gibt eine Aktivität, die die abgespaltenen Teile getrennt hält; sie hat ihre Quelle in den lasterhaften Persönlichkeiten. Diese halten die Ich-Teile gefangen und nutzen sie für ihre eigenen Zwecke, nämlich gegen das eigene Selbst des Ichs. Tugendhaftes Handeln ist ein Handeln des Ichs, das die abgespaltenen Teile aus ihrer Gefangenschaft befreit, sie von ihrer Funktion als Handlungsinstanzen der lasterhaften Persönlichkeiten frei macht und die Teile wieder zu einer Einheit verbindet. Das ist ein Akt der Stärke, und das Handeln selbst wirkt integrativ. Um das zu ermöglichen, müssen sich die Ich-

Teile verbinden und sich für, nicht gegen sich selbst entscheiden. Mit dem tugendhaften Handeln werden die Ich-Teile aus der Gefangenschaft der lasterhaften Persönlichkeiten befreit.

Die soziale Umgebung begünstigt entweder den Fortbestand des Gegen-Selbst – die Aktivitäten des Ichs innerhalb der lasterhaften Persönlichkeiten – oder sie behindert ihn. Die lasterhaften Persönlichkeiten können nur dann weiter wirken, wenn sie von Gestalten der äußeren Umgebung Bestätigung oder Zuwendung erhalten. Sie sind wie Schlangen; sie winden sich um eine äußere Gestalt, die einen Anstoß zum lasterhaften Handeln gibt. Lasterhafte Persönlichkeiten brauchen diesen Impuls, um in Aktion zu bleiben. Wenn die soziale Umgebung es ablehnt, sich den Verlockungen der lasterhaften Persönlichkeiten anzuschließen, verlieren diese ihre Kraft, ihre Nahrung. Gleichzeitig macht sich das Gewissen bemerkbar. Seine Stimme stärkt das tugendhafte Handeln und tadelt das lasterhafte. Das tugendhafte Handeln integriert die Ich-Teile. Ein Ergebnis dieser Integration der Ich-Teile ist das Wissen; daher ist das tugendhafte Handeln eine Voraussetzung für Selbsterkenntnis. Selbsterkenntnis und Tugend gehen also Hand in Hand.

Ich möchte nun betrachten, wie sich das in der Psychoanalyse niederschlägt. In der Praxis macht ein Patient gewöhnlich die Erfahrung, daß er gerade dann erkennt, daß er eifersüchtig ist, wenn er eben weniger eifersüchtig ist als zuvor. Mit anderen Worten, er erkennt seine Eifersucht, nachdem er tugendhaft gehandelt hat. Solange er »in« der eifersüchtigen Persönlichkeit handelte, konnte er das nicht wahrnehmen.

Stellen Sie sich vor: Eine Patientin stürmt ins Sprechzimmer und fängt sofort an zu reden. Sie kommt immer etwas zu spät, sitzt nie im Wartezimmer und beeilt sich, schon ein paar Minuten vor Ende der Sitzung zu gehen. Sie spricht hastig. In der Anfangszeit der Behandlung saß sie auf einem Stuhl und betrachtete mich eingehend. Mir fiel auf, daß ihre Rede stockte, sobald mein Blick von ihr weg oder zum Fenster hinaus wanderte, und sie dann nicht mehr aussprach, was sie hatte sagen wollen. Nach vier Jahren Behandlung regte sich eines Tages eine Ahnung bei ihr, und sie sagte: »Es kann sein, daß ich Ihr Wartezimmer nicht benutze, um Ihre anderen Patienten nicht sehen zu müssen.« In der nächsten Nacht träumte sie, mit ihrer Mutter dem Begräbnis ihrer Schwester beigewohnt zu haben. Ihr Vater war nicht dabei. Sie verstand das als Versinnbildlichung ihrer Eifersucht, die Mutter für sich allein haben zu wollen. Sie hatte den Traum, als sie sich nicht völlig in ihrer eifersüchtigen Persönlichkeit befand. Von da an begann sie das Wartezimmer zu benutzen und jeweils bis zum Ende der Sitzungen zu bleiben. Träume sind einfache Gedanken. Die Patientin kann jetzt über ihre Eifersucht nachdenken, weil sie sich nicht darin befindet. Die Tatsache, daß sie nicht mehr darin ist, worin sie zuvor war, deutet darauf hin, daß eine Handlung stattgefunden hat, eine Handlung, die sie frei gemacht hat.

Es ist aufschlußreich, welche Bedingungen dieses innere Handeln begünstigt haben. In der klinischen Psychoanalyse sucht sich die Patientin wie eine Boa um den Analytiker zu winden und so Impulse zu gewinnen und Energie zu schöpfen, um ihre lasterhafte Persönlichkeit am Leben zu erhalten. Aufgabe des Analytikers ist es, die ihm dabei zugewiesene Rolle zu verweigern. Damit entzieht er der Patientin allmählich diese Handlungsquelle. Die Patientin muß eine neue Lösung suchen, und das zwingt sie, auf ihre eigenen Ich-Kräfte zurückzugreifen. So wird der Akt der Befreiung begünstigt, der ein tugendhafter Akt ist. Damit konsolidiert sich das Ich und kommt zu neuen Erkenntnissen. Das psychoanalytische Umfeld ist für das tugendhafte Handeln günstig.

Im sechsten Kapitel behauptete ich, Spiritualität sei ein Zustand, der durch gute Handlungen herbeigeführt wird, Handlungen, die über das hinausgehen, was der Überlebenstrieb diktiert. Das hier beschriebene tugendhafte Handeln stimmt mit dieser Definition des Spirituellen überein. Wenn es zutrifft, daß das Ziel von Psychoanalyse Selbsterkenntnis ist, und wenn unser Argument stimmt, daß Selbsterkenntnis vom tugendhaften Handeln abhängt, dann ist der Prozeß der Psychoanalyse etwas Spirituelles.

Häufig findet Psychoanalyse statt, ohne daß Patienten Selbsterkenntnis erlangen, und häufig wird sie von Analytikern ohne Selbsterkenntnis geleitet. Das heißt, hier findet der äußere Kult ohne die zugehörigen inneren Handlungen statt. So müssen wir schließen, daß Psychoanalyse sowohl eine Religion als auch eine Spiritualität ist. Der äußere Kult besteht in dem festgelegten Rahmen aus Analytiker, Patient, Couch, den Fünfzig-Minuten-Sitzungen an fünf Tagen in der Woche und so weiter. Das ist der religiöse Kult. Das Spirituelle hängt vom inneren tugendhaften Handeln ab.

Der Akt der Tugend wird gegen die Kraft der lasterhaften Persönlichkeiten eingesetzt. Ein kühner Akt. Nichts anderes als die Einstellung zum Leben bildet die Grundlage für seelische Gesundheit.

Das Leben ist von Krisen geschüttelt. Krisen, seien sie nun real oder eingebildet, begegnen uns auf unserem gesamten Lebensweg. Die unvermeidbarste Krise ist unser eigener Tod. Es gibt noch viele andere Krisen. In der Kindheit können es der Tod von Mutter oder Vater sein, die Geburt eines Bruders oder einer Schwester. Krisen lassen sich in zwei Kategorien einteilen: solche, die uns ereilen, und solche, die wir durch unser Zutun herbeiführen. Manch ein Unglück, wie der Tod eines Elternteils, widerfährt uns; andere Mißgeschicke beschwören wir selbst herauf, wie das Versagen in einer Prüfung zum Beispiel, weil wir uns keine Mühe gegeben haben zu lernen. Krisen, die wir durch eigene Fehler verursachen, begleiten uns ein Leben lang.

Wir erleben Krisen, ob sie nun jemand hervorgerufen hat oder nicht. Ob seelische Gesundheit oder Ungesundheit vorliegt, bestimmt sich nach der Haltung, die wir diesen Tatsachen gegenüber einnehmen. Unsere geistige Einstellung zu einem Ereignis verändert das Ereignis. Diese Einstellung ist

Teil des Ereignisses. Ein Wandel in der geistigen Haltung ändert demnach das Ereignis. Wir kennen ein breites Spektrum möglicher Haltungen zu Ereignissen. Es gibt zwei Grundtypen, von denen alle anderen ableitbar sind: sich dem Ereignis stellen oder vor ihm fliehen. Wenn etwas sehr traurig ist, dann kann ich ihm den Rücken kehren, vor ihm fliehen, oder mich ihm stellen, es also annehmen.

Ich kann vor dem Ereignis auf verschiedene Weise fliehen. Das äußere Ereignis ist auch ein inneres Ereignis, deshalb stehen mir zur Flucht vor der inneren Wirklichkeit mehrere Wege zur Verfügung. Ich kann mich in zwei Hälften teilen und dann denjenigen Teil von mir verleugnen, der mit der Trauer zu tun hat; ich kann meine Trauer bei jemand anderem abladen und sie so bei mir selbst verleugnen; ich kann das Wissen vom Affekt trennen und den Affekt von mir weg auf etwas anderes verlagern. Die Zerstörung der inneren Wirklichkeit geht mit einem Angriff auf das Ich einher. Das Ich wird gespalten und damit geschwächt. So muß ich mir ein Wunder-Ich zulegen – muß auf wunderbare Weise aus dem Scherbenhaufen wieder etwas Heiles und Ganzes machen. Das Wunder-Ich kann dann wunderbare Taten vollbringen. Es kann die Trauer aufheben, den Affekt von einem Ort zum anderen schieben, die Traurigkeit auf jemand anderen verlagern. Das Wunder-Ich ist aber eine Phantasie, denn in Wirklichkeit ist das Ich fragmentiert und geschwächt. Das Wunder-Ich ist ein Wunschbild, auf das ich den verleugneten Teil meiner selbst projiziere, obwohl ich mir einbilde, das sei mein ganzes Selbst. Das Wunder-Ich vollbringt wunderbare Taten, doch verdecken diese Taten den fundamentalen Akt, nämlich meine Verleugnung der Trauer.

Eine Beziehung zur Trauer aufzunehmen, wäre der mutige Akt, der Akt der Tugend. Er bildet die Voraussetzung dafür, daß man fähig ist, den Lebenskrisen ins Auge zu sehen. Eine reife, entwickelte seelische Gesundheit ist der Geisteszustand, der es einer Person ermöglicht, mit den Lebenskrisen fertigzuwerden – das heißt, sie zu integrieren, sie durchzuarbeiten, und für die nächste Lebensphase bereit zu sein. Die Fähigkeit, eine äußere Krise zu meistern, folgt aus dem Sieg des Ich über die lasterhaften Persönlichkeiten im Inneren. Der siegreiche Akt, dieser Akt der Stärke *ist* das tugendhafte Handeln. Deshalb hängt seelische Gesundheit vom Akt der Tugend ab; deshalb ist er die Quelle seelischer Gesundheit.

Literatur

L. Tolstoj, *Anna Karenina* (1873–77), (Zürich: Diogenes, 1985), S. 342.

20. Psychoanalyse – eine Spiritualität

> Denn nur im unmittelbaren Umgang mit Menschen erhalten
> wir einen Einblick in die menschliche Natur. Um den Men-
> schen zu verstehen, müssen wir auf ihn zugehen, ihm ohne
> Vorbehalt gegenüberstehen, von Angesicht zu Angesicht.
>
> *(Ernst Cassirer, 1960)*

Loslösung hat den Zweck, die spirituelle Handlung von all
ihren Hüllen zu befreien, sie gänzlich freizulegen. Dem Mystiker war es nur dann möglich, zwischen Gut und Böse zu unterscheiden, wenn sich ihm diese Handlung auftat. Die Mystiker
unterzogen sich einer Selbstprüfung mit dem Ziel, über das
Böse zu triumphieren und sich das Gute zu eigen zu machen.
Das Gute war für sie also ein innerer Besitz, der Leitstern, dem
sie folgten. Das brachte sie in die Lage, die primitive Religion
hinter sich zu lassen, obwohl sie das eine oder andere Element
der religiösen Tradition, in der sie groß geworden waren, bei-
behielten. So bewahrte beispielsweise der Buddha die Lehre
von der Reinkarnation und baute seine Theorie vom Karma in
sie ein.

Der innere Besitz des Guten leitete die Mystiker, die auch
zu Begründern der großen religiösen Traditionen wurden. Sie
alle gründeten Institutionen und faßten das Gute in einen
schriftlichen Kanon, der die Funktion hatte, die Lehren des
Stifters festzuhalten. Dieser Kanon wurde dann einem verantwortlichen Organ anvertraut, das die Aufgabe hatte, über die
Reinheit der Lehre zu wachen. Sobald das Gute in diesen beiden Komponenten verkörpert ist, ist die Institution geboren.
Das kennzeichnet den Übergang von Spiritualität zu Religion.

Eine Religion ist also eine Institution, die das Gute zum
Ziel hat. Hinsichtlich der Konzeptualisierung des Guten
unterscheiden sich primitive Religion und Hochreligion. Die
primitive Religion versteht unter dem Guten das physische
Überleben von Individuum und Stamm; in der Hochreligion

ist es das Heil des einzelnen durch Sinngebung. In der primitiven Religion drückt sich das Gute in Riten, Zeremonien und in der Mythologie aus, in der Hochreligion durch einen schriftlichen Kanon und eine offizielle Körperschaft, die dazu da ist, dem Volk die Botschaft des Stifters getreulich zu übermitteln. Die Hochreligion hat immer entweder einen einzelnen, bekannten Begründer wie Buddha oder Jesus, oder sie stammt wie im Judentum und Hinduismus von mehreren Lehrern, von denen einer den anderen an Spiritualität übertraf. In allen diesen Religionen gibt es einen letztgültigen Kanon, der die zukünftige Entwicklung prägt.

Jemand ist dann religiös, wenn er einer der bekannten Religionen angehört. Seine Mitgliedschaft kann explizit oder implizit sein. Das erste ist der Fall, wenn er offen an den Riten und dem religiösen Leben teilnimmt. Die meisten Religionen haben Initiationsriten oder Exequien. Es gibt auch schweigende Mitglieder, die sich aus affektiver Sympathie einer Religion zugehörig fühlen: Sie glauben nicht an alle Lehren, gehen nicht regelmäßig zum Gottesdienst, sind aber entweder förmlich aufgenommen worden oder aus affektiver Bindung zu irgendeinem Zeitpunkt ihres Lebens beigetreten.

Bei einer solchen Mitgliedschaft ist das Engagement jedoch auf Worte und Gefühle beschränkt. Sich dem Guten verpflichtet zu fühlen kann sich in der äußeren Zugehörigkeit erschöpfen. In Molières Tartuffe haben wir eine Person, die in den Gefühlen, die sie ausdrückt, eine große Religiosität an den Tag legt, deren Verhalten aber zu ihren äußeren Deklarationen im Gegensatz steht. Pjotr Petrowitsch Luschin in Dostojewskijs *Verbrechen und Strafe* zeigt eine ähnliche Heuchelei. Es ist also möglich, religiös und doch nicht spirituell zu sein.

Ein spiritueller Mensch nimmt das Gute auch innerlich in Besitz. Aus unbekannten Gründen räumt ein solcher Mensch dem spirituellen Bestreben, die intentionale Grundlage seines Handelns zu entdecken, sich von schlechten Mitmenschen zu distanzieren und sich den guten anzuschließen, in seinem Leben Priorität ein. Jemand kann spirituell sein, ohne ausdrücklich einer Religion anzugehören. Ein spiritueller Mensch steht jedoch häufig implizit, in seinen Sympathien, einer oder mehreren religiösen Traditionen nahe.

Ein Mensch, der, um seine Intentionen zu läutern, herauszufinden sucht, welche Motive sein Handeln leiten, betätigt sich spirituell. Der Mystiker erforscht sich selbst, dringt in die tiefsten Schichten seines Seins ein, von denen die Kraft zu handeln ausgeht. Um den Charakter dieses Handelns zu bestimmen, bedarf es der Reflexion.

Intentionales Handeln hat eine psychische Quelle und ein psychisches Objekt, die man auch als spirituelle Quelle und spirituelles Objekt bezeichnen kann. Das Objekt besitzt keine Ausdehnung oder Farbe und ist überzeitlich; man könnte es auch ein metaphysisches Objekt nennen. Das Handeln wird vom Objekt bestimmt und erhält von ihm seine Struktur. Das Objekt hebt die Quelle des Handelns auf sein Niveau. Einsicht in die Natur des Handelns ergibt sich durch deren Wesensgleichheit.

Es stimmt jedoch nicht ganz, daß die Handlung durch das Objekt bestimmt wird. Vielmehr *kennt* man die Quelle des Handelns durch das Objekt: Das Objekt deckt uns die Quelle auf. Die Handlungsquelle kann nicht direkt erkannt werden; sie ist das *Noumenon*. Hingegen können wir das Objekt direkt erkennen und das aktive Subjekt indirekt. Das erkannte Objekt ist das Symbol, durch das das unbekannte Subjekt begriffen wird. Das Handeln ist beiden wesensgleich. Wir haben nicht drei Entitäten, sondern eine einzige Realität, an der alle drei Faktoren teilhaben. Man kann eine logische Trennung machen, aber keine reale. Wir betrachten eine rote Schachtel; dabei können wir das Schachtelsein vom Rotsein logisch trennen, nicht aber in Wirklichkeit. Subjekt, Objekt und Handlung sind drei Aspekte einer einzigen Realität.

In der Analyse haben wir häufig den Eindruck, daß das, was gesagt wird, nicht mit der Wirklichkeit übereinstimmt. Das impliziert, daß es Reales und Irreales gibt. Der Asket strebt nach der Loslösung vom Irrealen und der Anbindung an das Reale. Was hier unter dem Realen zu verstehen ist, bedarf der Klärung.

Die Basis, auf der wir die Unterscheidung zwischen dem Realen und dem Irrealen treffen, ist axiologisch. Das heißt, wenn wir sagen, etwas sei real und etwas anderes sei irreal, dann fällen wir ein Werturteil. Anders in den Naturwissenschaften, wo das Reale und das Irreale danach unterschieden werden, ob etwas existiert oder nicht. Ein Phönix hat keine Existenz, ein Pferd hingegen durchaus. Aber mental existiert auch ein Phönix; wonach sollen wir also, wenn es um Geist und Bewußtsein geht, unterscheiden? Ich nehme das vorhin erwähnte Beispiel.

Eine Patientin klagt, ihr Ehemann tyrannisiere sie. Der Analytiker hat mental die Erklärungshypothese, diese Klage bedeute, daß die Patientin den Analytiker tyrannisiert, daß sie das nicht weiß, und der Analytiker es bisher auch nicht wußte. Der Analytiker erinnert sich nun, daß er von der Patientin einmal überredet wurde, eine seiner Deutungen für falsch zu erklären. Er weiß, daß er damals nicht wirklich glaubte, daß sie falsch sei. Er war gegen sein eigenes inneres Urteil überredet worden. Jetzt wird ihm klar, daß das ein Verhaltensmuster ist.

Als die Patientin in einer späteren Sitzung versucht, ihn davon zu überzeugen, daß seine Deutung des vergangenen Tages nicht richtig ist, provoziert der Analytiker die Patientin. Er macht sie darauf aufmerksam, daß das immer wieder geschieht, und beweist ihr, daß sie damit versucht, den Analytiker von seinem eigenen Urteil abzubringen, mit anderen Worten, daß sie ihn tyrannisiert. Die Patientin nimmt das zur Kenntnis und erzählt in der nächsten Stunde, sie habe ihrem Mann Paroli geboten und sei von ihm nicht tyrannisiert worden. Ich will nicht darauf eingehen, wie das geschah, sondern mich auf etwas anderes konzentrieren.

In der Hypothese des Analytikers steckt ein Werturteil: Es ist schlecht, tyrannisiert zu werden, und gut, sich der Tyrannei zu erwehren. Aber es gäbe noch eine andere Möglichkeit: Der

Analytiker könnte der Patientin beipflichten und sagen: »Ja, ich verstehe, daß Ihr Mann ein Tyrann ist. Es wundert mich, daß Sie nie daran denken, ihn zu verlassen.« Damit würde er sagen, es ist nicht gut, tyrannisiert zu werden, und sein Werturteil wäre: Es ist gut, jemanden, der tyrannisch ist, zu verlassen. Ich möchte die beiden Analytiker im weiteren Kampf-Analytiker und Flucht-Analytiker nennen. Es ist zu betonen, daß beide Analytiker sich darüber einig sind, daß es etwas Schlechtes ist, tyrannisiert zu werden. Ein christlicher Analytiker würde nun vielleicht sagen, es sei gut, auch die andere Wange hinzuhalten. Die beiden Analytiker sind sich uneins, wie mit der Tyrannei umzugehen ist. Der Kampf-Analytiker sagt, es sei gut, der Tyrannei Paroli zu bieten, der Flucht-Analytiker hält es für das beste, der Tyrannei zu entfliehen.

Entscheidend ist hier, daß der Psychoanalytiker überzeugt ist, das Gute liege darin, den inneren Handlungen der verschiedenen Teile des Selbst Aufmerksamkeit zu schenken. Fragt man, warum der Psychoanalytiker davon überzeugt ist, so erhält man zur Antwort, er glaube, darin liege das Gute. Hätten Sie einen Mystiker gefragt, weshalb er seine Aufmerksamkeit auf das innere Handeln richtet, so hätte er nur antworten können, dies sei sein *daimonion*. Im eben genannten Beispiel könnte der Analytiker anführen, es brächte eine Verbesserung, denn wenn der Ehemann die Patientin nicht mehr tyrannisiere, könne sie besser leben; doch das stimmt nicht, weil es möglich wäre, daß ihre innere Veränderung ihren Mann noch wütender macht. Der Psychoanalytiker würde sagen, es sei trotzdem richtig, was sie getan hat. Es gehört zu den Grundüberzeugungen der Psychoanalyse, daß es an sich gut ist, die verschiedenen Teile seines Selbst anzunehmen. Der Kampf-Analytiker meinte, es sei gut, der intrapsychischen Tyrannei Paroli zu bieten; es sei schlecht, in der Tyrannei eine vollständig äußere Entität zu sehen. Aus der Sicht des Kampf-Analytikers ist die Analyse ein Prozeß, der dem Analysanden hilft, gegen die inneren Gestalten anzukämpfen. Damit kommen wir einer Definition des Realen näher.

In unserem klinischen Beispiel gibt es eine reale Veränderung. Die Patientin ist emotional imstande, sich nicht tyrannisieren zu lassen. Sie wehrt sich gegen die Tyrannei. Sie ist von einem Zustand, in dem sie die Tyrannei heraufbeschwor, in einen Zustand übergegangen, in dem sie sich gegen die Tyrannei wehrt. Solange sie die Tyrannei heraufbeschwor, war sie einverstanden, herumgestoßen und von einem anderen Menschen beherrscht zu werden.

Die Rede vom »In-die-Hand-Nehmen der inneren Gestalten« ist ein Euphemismus für die Aneignung eines das Selbst beherrschenden Teils, eines gefräßigen Teils des Selbst, eines neidischen Teils des Selbst. Wenn das Individuum sein Augenmerk auf das In-die-Hand-Nehmen der inneren Gestalten richtet, dann baut es eine Brücke zu diesem verleugneten Teil, statt, wie vorher, einen Teil von sich zu verleugnen. In der Differenz zwischen diesen beiden Handlungsstrukturen liegt auch die Differenz zwischen dem Realen und dem Irrealen.

Jede Entität im Universum steht zu jeder anderen Entität dieses Universums in Beziehung. Das gleiche Prinzip gilt für die seelische Welt des Individuums. Es gibt zwei Arten von Beziehungen: intentionale und anti-intentionale Beziehungen. Die intentionale Beziehung sagt »Ja« und die anti-intentionale Beziehung sagt »Nein« zur psycho-ontologischen Struktur. Das »Ja«, das die ontologische Struktur befürwortet, ist das Reale; es bestätigt die Wirklichkeit. Das »Nein«, das die Struktur innerlich ablehnt, ist irreal.

Es gibt also ein intentionales Zentrum, das entweder zur Struktur steht oder gegen sie ist. Dieses Zentrum ist eine Handlungsquelle. Befürwortet es die Struktur, dann ist die Handlungsquelle aktiv; ist es gegen die Struktur, dann ist die Handlungsquelle passiv. Im letzteren Fall verleugnet die Quelle ihr eigenes Wesen. Es ist paradox, daß im intentionalen Bezogensein die Quelle dann aktiv ist, wenn sie mit der Struktur zusammengeht, und passiv, wenn sie gegen die Struktur gerichtet ist.

Ist das Individuum in einer anti-intentionalen Beziehung inaktiv? Wenn es gegen die Struktur ist, schwört es seinem Sein ab, denn die intentionale Quelle erhält ihren Charakter aus dem Ort, den sie in der Struktur einnimmt. Die anti-intentionale Beziehung schwört ihrem eigenen Sein ab. Was ist in einem solchen Fall die Handlungsquelle der Persönlichkeit? Der anti-intentionale Akt setzt eine Antistruktur in Gang.

Es ist ein Rätsel, wie man sich den anti-intentionalen Akt vorstellen soll. Wir besitzen die Fähigkeit, unserem eigenen Sein abzuschwören. Diese Feststellung bringt uns jenen spirituellen Führern näher, die unser Wertesystem erheblich verändert haben. Sie verkündeten in ihren Botschaften: »Das ist unser Sein«, »Das ist die Natur des Menschen«, »Das ist der Weg, den man gehen muß«. Sie schworen dem menschlichen Leben nicht ab; mit ihrer Erleuchtung erhellten sie einen wesentlichen Aspekt des menschlichen Lebens.

Das impliziert, daß die meisten von uns im Dunkeln tappen; daß wir unser eigenes Wesen nicht kennen und nicht wissen, in welche Richtung wir gehen sollen, um Erfüllung zu finden.

Anti-intentionales Handeln hält uns im Dunkeln. Aus diesem Grunde wird durch einen intentionalen Akt, der mit einer Loslösung Hand in Hand geht, eine Klärung in Gang gesetzt. Der höchste intentionale Akt des Buddha, seine Erleuchtung, geschah, als er sich von den Asketen im Wildpark getrennt hatte.

Anti-intentionales Handeln bindet, intentionales Handeln befreit. Es muß nun untersucht werden, auf welche Weise das anti-intentionale Handeln bindet und woran es bindet. Dieses Handeln ist im Sinnlichen, dem materiellen Objekt, verborgen. Es steht nicht allein. Seine Anti-Intentionalität ist eine Lebensverweigerung und muß deshalb verborgen werden. Woher rührt diese Lebensverweigerung? Wie kommt man zu ihr? Wir haben keine Antwort auf diese Frage. Die Religionen besitzen Mythen, mit denen sie so etwas erklären. Der spirituelle Mensch hält es für möglich, sich allmählich von der

Kraft der Anti-Intentionalität zu befreien und sein aktives Leben zunehmend im intentionalen Handeln zu verwurzeln. Danach zu streben, so meint er, sei außerordentlich viel wert. Hierin liegt der Sinn des Lebens. Daher bemißt die Kenntnis unserer eigenen Intentionalität auch, wie weit wir mit unserer Loslösung gekommen sind. Umgekehrt ist Selbsterkenntnis mit Gebundensein unvereinbar.

In den Schriften der Mystiker gibt es ein wiederkehrendes Muster. Anfangs konzentriert sich der Asket auf das sinnliche Objekt: Sexualität, Essen, Trinken oder Schlafen zum Beispiel. Im Übergang von der Askese zum Mystizismus liegt seine Einsicht, daß es im Grunde die Selbstliebe ist, die absterben muß. Ein Asket kann auf Sex, Essen, Trinken und Schlaf verzichten, das aber muß er vor seinen Mitmenschen zur Schau stellen. Jesus ging hin und verurteilte die Pharisäer, daß sie so viel Aufhebens davon machten, wenn sie Almosen gaben. Hier wird impliziert, daß Selbstliebe eine sinnliche Befriedigung des Selbst ist. Motivierend wirkt dabei die äußere Erscheinung: Wie ich anderen erscheine, das veranlaßt mich zu meinem Handeln. Ich bin daher »in« einem anderen, solange es mir auf den Beifall des anderen ankommt. Ich bin in der Macht des anderen, ich werde vom anderen beherrscht – aber auch ich muß den anderen beherrschen, damit ich weiterhin von ihm Zuwendung erhalte. Zu diesem Zweck muß ich den anderen innerlich entsprechend zurichten, ihn für die Rolle, mein Selbst zu streicheln, passend machen. Mein Selbst ist *im* anderen und der andere ist *in* meinem Selbst. Das verhindert die innere Realität, weil das Innere von einer äußeren Gestalt besetzt ist.

Das Bestreben des spirituellen Menschen zielt nicht darauf ab, sich vom Bedürfnis nach Essen, Trinken, Schlaf und Sexualität zu befreien, sondern von dieser Aufblähung des Ichs, die beständig neue Nahrung braucht. Genährt wird diese Pseudokraft des Ichs nicht durch Essen, sondern durch die Gefräßigkeit, mit der sich dieses Selbst bei anderen bedient, die es innerlich zugleich verachtet. Unter Gefräßigkeit verstehe ich eine Essensaufnahme ohne physische Notwendigkeit. Das Essen wird aus anderen Motiven aufgenommen, es »streichelt« das körperliche Ich. Hier findet eine Identifikation statt von Starksein und dem Sich-Nähren aus den Näpfen anderer. Das, was über die erforderliche Menge hinausgeht, steht für die anderen, die verzehrt werden, was dem Ich die Illusion von Stärke vermittelt. Aber die Verachtung der anderen wird zu einer Geringschätzung des Anderen-im-eigenen-Selbst. Das Selbst wird dadurch geschädigt und kompensiert das mit illusionärer Stärke.

Die Intentionalität des psychischen Handelns läßt sich nicht feststellen, wenn das intentionale Objekt sich in einem sinnenhaften Medium verbirgt, sei es nun sexuell, erotisch oder sinnlich. Wir müssen nun die Natur dieses intentionalen Objekts bestimmen.

Das Subjekt ist durch den Zustand des Objekts bedingt. Wenn das Objekt sich in einem sinnenhaften Objekt verbirgt, dann hat das Auswirkungen auf das Subjekt des Bewußtseins. Das Bewußtsein muß aus einem sinnenhaften Medium heraus geschaffen oder davon befreit werden. Das Subjekt hat die Fähigkeit, sich seiner selbst bewußt zu sein; diese Fähigkeit wird aber erstickt, wenn das intentionale Objekt in dem sinnenhaften Medium verborgen ist. Das intentionale Objekt kann im Körper, im Gatten oder der Gattin, in zwei oder drei Leuten verborgen sein. Das Subjekt ist im Objekt und umgekehrt, deshalb steht das Bewußtsein, das das Subjekt von seinem Selbst hat, in einem direkten Verhältnis zu dem Ausmaß, in dem das intentionale Objekt frei und nicht in etwas verborgen ist. Der Zustand des Subjekts wird vom Zustand des Objekts bestimmt. Wenn das Objekt zerbricht, dann ist das auch der Zustand des Subjekts. Das ist der Seinszustand der intentionalen Struktur. Wenn das intentionale Objekt sich »in« einem sinnenhaften Medium befindet, dann gibt es kein Selbstbewußtsein und kein freies Denken. Denn dann ist das Objekt gefangen.

Die intentionale Wirklichkeit strukturiert sich in miteinander verbundenes Subjekt und Objekt, aber das Subjekt ist im Objekt und umgekehrt, und die Verbindung kann ohne Subjekt und Objekt nicht existieren. Die Wirklichkeit des Subjekts ist das Objekt und umgekehrt, aber sie sind nur *ein* Wesen. Die intentionale Struktur trägt sich selbst. Diese Idealsituation erreichen nur wenige, wie beispielsweise der Buddha. Bevor sie eintreten kann, gibt es einen letzten Kampf mit dem Bösen.

Die großen Mystiker waren einer heftigen Auseinandersetzung mit dem Bösen ausgesetzt, das die Verneinung der intentionalen Struktur verkörpert. Wenn es um die letzte Loslösung geht, zeigt sich die Selbstzerstörungsinstanz in ihrer ganzen Blöße. »Laß dich hinab«, sagt der Satan zu Jesus, und Gottes Engel »werden Dich auf ihren Händen tragen«. (Matthäus 4. 6) Mit anderen Worten: »Zerstöre dich!« Wie bereits gesagt, ist die Angst, die diese mächtige Instanz verbreitet, so stark, daß normale Sterbliche sie nicht zu ertragen vermögen. Sie ringen die extreme Angst nieder, indem sie das intentionale Objekt »in« der Sinnenhaftigkeit verbergen. Das aber ist Selbstmord, spiritueller wie auch körperlicher.

Es gibt einen Zusammenhang zwischen dieser Selbsttötung und dem Zustand des »in«-Seins in sinnenhafter Selbstliebe. Einen solchen Selbstmord beschreibt Hermann Hesse (1927) in *Der Steppenwolf:*

Unter den Menschen ohne Persönlichkeit, ohne starke Prägung, ohne starkes Schicksal, unter den Dutzend- und Herdenmenschen sind manche, die durch Selbstmord umkommen, ohne darum in ihrer ganzen Signatur und Prägung dem Typus der Selbstmörder anzugehören, während wiederum von jenen, welche dem Wesen nach zu den Selbstmördern zählen, sehr viele, vielleicht die meisten, niemals tatsächlich Hand an sich legen.

Dieses sinnenhafte Selbstbild ist das Medium, in dem sich die intentionale Wirklichkeit verbirgt. Und weil es sinnenhaft ist,

ist das Bewußtsein getrübt – deshalb ist es ein Tod. Loslösung ist die Befreiung der intentionalen Wirklichkeit aus dem Kerker, in dem sie gefangen ist. Ein Mensch ist dann spirituell, wenn er es zu seinem Hauptziel gemacht hat, danach zu streben.

In der traditionellen Religion löst sich der Mensch von sexuellen und erotischen Bindungen. Das ist das Fundament, von dem aus er seine spirituelle Arbeit beginnt. Daher ist diese Arbeit auf Isolation gegründet. Sein Bestreben richtet sich auf sein eigenes Selbst, das Selbst ist der Bezugspunkt. Im übrigen mißt er sich an den Schriften seiner spirituellen Vorgänger, am Rat eines spirituellen Lehrers.

Stellen wir uns eine solche Situation vor. Ein junger Mann hat der Welt den Rücken gekehrt und ist ins Kloster eingetreten. Er betet inbrünstig, liest die Heilige Schrift, erfüllt seine spirituellen Pflichten und prüft allabendlich sein Gewissen. Bei dieser Prüfung entdeckt er seinen Stolz. Nach christlicher Tradition ist das eine Kardinalsünde, die Sünde, die alle Tugenden vergiftet. »Wenn du auf deine Keuschheit stolz bist«, sagt Aelred von Rieval, »dann ist sie ein Laster, denn Stolz ist ein Laster.« Was also macht unser junger Mönch, um seinen Stolz zu überwinden? Er betet noch inbrünstiger, wenn ihn Gefühle der Selbstexaltation überfallen, und er tut Buße. Er spricht darüber mit seinem geistigen Lehrer. Er tut sein Bestes und sieht doch in einem Augenblick der Erleuchtung ganz klar, daß er keinen Fortschritt gemacht hat. Der Mönch hat einen Zwillingsbruder, der buddhistischer Mönch ist. Dieser betet zu keinem Gott, denn er glaubt an keine Gottheit. Auch er hat einen Augenblick der Erleuchtung, in dem er seinen Stolz erkennt, doch steht ihm nicht die Möglichkeit offen, zu Gott zu beten. Was tut er? Er strengt sich noch mehr an, meditiert noch tiefer und ein paar Stunden länger, intensiviert seine Askese und berät sich regelmäßig mit seinem spirituellen Lehrer. Doch im Augenblick der Erleuchtung weiß er, daß er keinen Fortschritt gemacht hat.

Beide sind in eine Sackgasse geraten und wissen das. Ohne eine Transformation ist diese Situation nicht zu lösen. Weitere Einschränkungen und weitere Versuche, demütig zu sein, und so fort, alles ist vergebens, denn es nährt nur ein übersteigertes Selbst, das unbeeinflußt bleibt. Das ist die Seelenlage, die Psychoanalytiker heute Narzißmus nennen. Die Lösung findet sich nicht in den Praktiken traditioneller Religion.

Literatur

Ernst Cassirer, *Was ist der Mensch? Versuch einer Philosophie der menschlichen Kultur* (Stuttgart: Kohlhammer, 1960), S. 16.

Hermann Hesse, *Der Steppenwolf* (1927), (Frankfurt: Suhrkamp, 1985), S. 65 f.

21. Psychoanalyse – eine innerweltliche Spiritualität

> In dem Augenblick, in dem das Gefühl aufhört, nach außen gerichtet zu sein, in dem Augenblick hört es auf, eine Wertschätzung der Sache oder der Person zu sein, mit der es tatsächlich verknüpft ist, dann wird es irreal oder, um eine besonders treffende Bezeichnung zu verwenden, sentimental.
>
> *(Macmurray, 1935)*

Psychoanalyse beschäftigt sich mit dem moralischen Zusammenspiel von Personen, die in familiärer oder sexueller Beziehung zueinander stehen. Zwischen Personen mit derartig engen Banden gibt es einen Aktionsbereich, den wir den emotionalen Aktionsbereich nennen. Das Emotionale ist das Medium, aus dem Beziehungen geschmiedet werden. Wenn jemand physisch grausam ist, wird er einen anderen vielleicht mit der Peitsche schlagen. Wenn er emotional grausam ist, wird er ihn mit Verachtung strafen. Strafe ich jemanden physisch mit Verachtung, dann stoße ich ihn weg. Die emotionale Entsprechung wäre, die Person wegzustoßen. Die verächtliche Handlung findet in der Kommunikation zwischen zwei Personen statt. Der Handlungsempfänger *fühlt* sich vom anderen weggestoßen. Die Handlung, mit der der andere ihn wegstößt, folgt einem inneren Aktionsmuster. Der Handelnde tut das gemäß einer Vorstellung.

Unser Ausgangspunkt ist, daß das Subjekt etwas tut und daß das vom anderen als ein Gefühl registriert wird. Gefühle sind der psychologische Indikator für das, was getan wird, sie sondern eine Handlung von der anderen und bewerten sie. Die Gefühle sind die Registrationsmaßstäbe für das, was dem Subjekt angetan wird, sie differenzieren zwischen den verschiedenen Handlungen: Ich habe das Gefühl, verächtlich behandelt worden zu sein; ich habe das Gefühl, mit Argwohn behandelt worden zu sein; ich fühle mich liebevoll behandelt.

Die Gefühle registrieren die Handlungen des anderen. Diese Handlungen des anderen nennen wir emotionale

Handlungen. Es sind psychische Handlungen, die real sind – wir wissen, daß sie geschehen, daß sie gewisse körperliche Begleiterscheinungen haben. Wir wissen nicht, wie die Handlung von einer Person auf die andere übertragen wird, doch wissen wir, daß das geschieht. Es ist wie mit dem elektrischen Impuls, der durch den dazwischenliegenden Raum von einem Pol zum anderen überspringt.

Emotionale Handlungen können sich erheblich voneinander unterscheiden. Zum Beispiel die schon zitierten: verächtlich, argwöhnisch, liebevoll. Ich handle verächtlich, ich handle argwöhnisch, ich handle liebevoll. Jedes dieser Adverbien ordnet die zugehörige Handlung verschiedenen Kategorien zu. In den moralischen Adverbien drückt sich jeweils ein Urteil aus. Die Moral bestimmt sich nach den Handlungen gegen das Selbst oder den anderen auf der Achse Gut – Schlecht. Die Antonyme für die obigen Adverbien wären: respektvoll, vertrauensvoll, haßerfüllt. Dieses breite Spektrum von Handlungen läßt sich reduzieren auf: gut = liebevoll, einfühlsam, aufrichtig; schlecht = haßerfüllt, roh, unaufrichtig. Es geht nicht darum, ob die Menschen so handeln sollten oder nicht, sondern daß sie so handeln. Diesen emotionalen Handlungen geben wir moralische Etiketten. Sobald sie geschehen, werden sie beurteilt. Das Urteil fällt der Rezipient der Handlung; sein Gefühl ist das Urteil. Daher sind solche Gefühle nonverbale Urteile.

Wenn andere Handlungen vorkommen, müssen wir uns fragen, was an ihnen anders ist. Wir müssen damit beginnen, daß wir sagen: Die beiden Grundkategorien »Gut« und »Schlecht« sind artverschieden. Diese fundamentale Differenz beruht darauf, daß die Quellen dieser beiden verschiedenen Handlungsarten unterschiedlich sind.

Alles Handeln ist seinem Charakter nach intentional und entspringt daher dem Ich. Das Ich stellt jedoch keine einheitliche Entität dar, sondern ist aus Fragmenten zusammengesetzt, die zueinander in Beziehung stehen oder aber einander antagonistisch gegenüberstehen können. Fragmente, die miteinander in Beziehung stehen, sind die Quelle guter Handlungen, antagonistische Fragmente die Quelle schlechter Handlungen.

Das Bezogensein auf andere (relatedness) gehört zum inneren Wesen des Ichs. Es kann jedoch eine Situation eintreten, in der, zum Beispiel infolge von Schmerz, ein Gegensatz zum eigentlichen Wesen des Ichs aufgebaut wird. Anstelle der intentionalen Sammlung und Zusammenfassung der Fragmente, einer zentripetalen Bewegung, entsteht dann ein intentionales zentrifugales Auseinanderdriften der Fragmente. Intentionale Sammlung bringt die Fragmente des Ichs in Gleichklang und der Schmerz wird eingehüllt. Diese Bewegungen des Zusammenfassens oder des Fliehens sind ihrer Natur nach intentional. Flucht betäubt jedoch den Schmerz, deshalb braucht die zentripetale Bewegung Unterstützung von außen. Der Säugling findet diese Unterstützung in seinem emotionalen Halt bei der Mutter, wie Winnicott das beschreibt, oder in ihrer Festhaltefunktion, wie Bion es darstellt. Intentionale Handlungen, die von zentrifugal auseinanderstrebenden Fragmenten vollzogen werden, werden als schlecht beurteilt; intentionale Handlungen von Fragmenten in zentripetaler Bewegung beurteilt man als gut. Obwohl die einen wie die anderen von außen unterstützt werden können, liegt die letzte Entscheidung in der Wahl, die sich in der Bewegung der Fragmente zeigt. Faktoren, die zur zentripetalen Bewegung beitragen, können auch auf Erbanlagen beruhen.

Schlechte emotionale Handlungen führen zu seelischer Krankheit, seelischen Leiden, unsozialem Verhalten, Depressionen, manischen Zuständen, Selbstmordgedanken, Psychosen und Neurosen. Patienten, die an einem oder mehreren solchen Zuständen leiden, kommen zur Psychoanalyse in der Hoffnung, davon befreit zu werden. Das aber ist nur dann möglich, wenn die schlechten Handlungen in gute verwandelt werden. Manch eine Analyse berührt nur die Oberfläche und erreicht die Handlungsströme nie, die ich zu beschreiben versucht habe. Solche Analysen sind nur auf die Heilung der

Symptome ausgerichtet und können bestenfalls Psychotherapie genannt werden. Wenn wir jedoch, Abraham folgend, als Ziel der Psychoanalyse die Stärkung des Charakters ansetzen, dann müssen wir unter Analyse eine Behandlung verstehen, die auf die Transformation der schlechten Handlungen in gute Handlungen abzielt; eine Analyse ist in dem Maße erfolgreich, in dem es ihr gelingt, eine solche Transformation zu leisten. Theoretisch wie praktisch gesehen, reduziert diese Transformation die Schwere der seelischen Krankheit, des seelischen Leidens, des unsozialen Verhaltens, der Depressionen, der manischen Zustände, der Selbstmordgedanken, der Psychosen und Neurosen.

Wenn aber das Ziel der Psychoanalyse in der Transformation der schlechten Handlungen in gute liegt, haben wir dann nicht recht, dies ein spirituelles Ziel zu nennen? Für die Analytiker der Britischen Schule ist die Deutung von Allmachtsphantasien und Neid wichtig und zentral. Das hat seinen Grund in der Tatsache, daß diese beiden Bedingungen Spaltungen, Projektionen und Konkretisationen hervorrufen und daher eine Angst erzeugen, die der seelischen Krankheit zugrunde liegt. Auch in den religiösen Prinzipien der Hochreligion spielen Allmacht – sie wird hier gewöhnlich »Stolz« genannt – und Neid als Übel, die ausgerottet werden müssen, eine Rolle. Allerdings in beiden Fällen aus ganz verschiedenen Motiven: In der Religion gelten Allmachtphantasie und Neid als an sich schlecht; die Psychoanalyse hält Allmacht und Neid dagegen für die Quelle seelischer Krankheit. Doch beide Traditionen erkennen an, daß Allmacht und Neid negative Folgen haben und folglich destruktiv sind. Oberflächlich betrachtet könnte der Eindruck entstehen, daß die Hochreligionen sie für schlecht halten, weil sie gegen Gott verstoßen, während die Psychoanalyse sie für schlecht hält, weil sie für die Menschen zerstörerisch wirken. Ich glaube jedoch, daß die Vorstellung, Allmacht und Neid seien schlecht, weil sie Gott beleidigen, eine Auffassung ist, die zur primitiven, nicht aber zur hochentwickelten Religion paßt. Gott wird nicht verletzt oder beleidigt – das wäre eine Projektion einer narzißtischen Vorstellung auf das Bild Gottes.

In der christlichen Mythologie gibt es zwei Sichten auf die Erlösung, die sich grundlegend unterscheiden. Die eine besagt: Als Adam sündigte, war Gott grenzenlos gekränkt und schickte seinen Sohn, um die Beleidigung wiedergutzumachen. Eine grenzenlose Kränkung könne nur von einem Wesen wiedergutgemacht werden, das seiner Natur nach grenzenlos und vom selben Format ist wie Gott Vater. Das hielt man für den Grund für die Erlösung: Im Zentrum stand der gekränkte Gott. Die andere Sicht besagt: Adams Sünde fügte der Menschheit Schaden zu, und die Erlösung geschah nur um unseretwillen, um den angerichteten Schaden wiedergutzumachen. Bei dieser Ansicht steht alles religiöse Bestreben im Dienste der Heilung unserer beschädigten Verfassung. Diese zweite Ansicht von Erlösung entspricht sowohl dem christlichen wie dem jüdischen Glauben. Sie ist die authentische Auffassung über die Erlösung, diejenige nämlich, die im Neuen Testament verkörpert ist und die die griechischen und lateinischen Kirchenväter in ihren Schriften herausgearbeitet haben. Erst im Mittelalter schlich sich die falsche Auffassung in das theologische Denken ein – ein weiteres Beispiel für eine Degeneration der Hochreligion in primitive Religion. Das genuine Verständnis der Erlösung wird auch von den östlichen Religionen geteilt. So gesehen, haben Buddhismus und Christentum ein gemeinsames Ziel. Ob ein Gott existiert, wie im Judentum oder Christentum, oder auch nicht, wie im Theravada-Buddhismus, das spielt keine Rolle, denn in jedem Fall gibt es eine Gemeinschaft von Menschen, die glauben, daß Allmacht und Neid etwas Zerstörerisches und deshalb Seelenzustände sind, die geheilt werden müssen.

Hochreligion und Psychoanalyse haben also ein gemeinsames Ziel, die Umkehrung oder Transformation von Handlungen, die destruktiv sind, in Handlungen, die konstruktiv sind. Der Mensch, der sein Leben dem Zustandebringen dieser Transformation widmet und auch Erfolg damit hat, ist spirituell. Der Mensch, der sich zur Psychoanalyse entschließt, weil er mit Allmacht und Neid ringt, und der in diesem Kampf ein wichtiges Lebensziel sieht, ist ebenfalls spirituell. Doch das Reich der Spiritualität ist für religiöse Menschen etwas Bewußtes, während die Bestrebungen derer, die sich mit Psychoanalyse befassen, darauf gerichtet sind, eine Sphäre des Geistes zu behandeln, die unbewußt ist. Wenn diese beiden Traditionen sich mit zwei verschiedenen Sphären der Seele befassen, müssen wir untersuchen, welche das sind und worin sie sich unterscheiden.

Wenn wir unsere Aufmerksamkeit der Spiritualität zuwenden, so haben wir ein sehr großes Thema vor uns. Alle großen Religionen haben spirituelle Schulen hervorgebracht, und jede von ihnen empfiehlt einen speziellen Weg, um zur spirituellen Reife zu gelangen. Trotz aller Differenzen haben sie aber bestimmte Leitgedanken gemeinsam – das geht so weit, daß die Hauptmittel zur Erlangung spiritueller Reife in den spirituellen Schulen der unterschiedlichsten religiösen Traditionen einander gleichen. So dürften die spirituellen Mittel beispielsweise eines christlichen Mystikers, eines islamischen Sufi, eines chassidischen Juden, eines buddhistischen Arachat oder eines taoistischen Heiligen sehr ähnlich sein und sind es auch.

Die Psychoanalyse hebt sich von ihnen insofern ab, als sie eine Spiritualität ist, in der es keine Gebete gibt. Statt dessen gibt es Deutungen. Ihre Aufmerksamkeit gilt der Sphäre des Unbewußten; das ist ihr eigentliches, spezielles Gebiet. Welcher Bereich psychischer Aktivität ist unbewußt? Die Antwort darauf lautet: Jene Handlungen, die *in der Phantasie* getan werden. Das sind Handlungen, die dem Innenraum entspringen und in ihm stattfinden. Ihre Quelle ist das Ich und ihr Objekt ist jener Teil der Persönlichkeit, der die äußere Objektwelt verkörpert. Die Handlung beeinflußt die Person oder die Personen in der mikrosozialen Welt. Die Wirkung auf den anderen geschieht in dessen Innenwelt, und deshalb registriert er den Einfluß mit seinen Gefühlen.

Dieses imaginäre Leben ist die Brücke, die die Menschen miteinander verbindet. Die Beziehung zwischen ihnen wird über Aktivitäten hergestellt, die wir »Phantasiehandlungen« nennen. Diese Handlungen lassen einen Film ablaufen, dessen Bilder nicht notwendig ins Bewußtsein dringen, die aber die Gefühle stimulieren, mit denen über die Bilder geurteilt wird. Die Bilder sind dem Bewußtsein nicht unbedingt zugänglich. Diese Aktivitätssphäre – das Hervorsprudeln von Bildern und Gefühlen – nennen wir das Emotionale. Und es ist diese Sphäre, in der das Unbewußte meistens wirkt.

Der Handlungsbereich, mit dem es die Psychoanalyse zu tun hat, ist also das Emotionale. Insbesondere befaßt sie sich mit dem moralischen Handeln, das in diesen Bereich fällt. Die Psyche ist also eine Spiritualität, die in der Tiefe der menschlichen Kommunikation verwurzelt ist. Wie oben gesagt, können Handlungen auf dieser Ebene entweder Unbehagen, Bestürzung, Schrecken oder Konsternierung verursachen oder aber ein gutes Gefühl schaffen. Wenn die Teile des Selbst in Beziehung zueinander stehen, wird ein gutes Gefühl hervorgerufen; wenn die Teile des Selbst im Widerspruch zueinander stehen, folgt daraus ein schlechtes Gefühl. Teile, die zueinander in Beziehung stehen, produzieren das Gute; Teile die miteinander im Widerspruch stehen, produzieren das Schlechte. Wenn ich von einer »widerspruchsvollen Beziehung« spreche, so meine ich damit, daß die Teile sich wechselseitig blockieren, sich voneinander abspalten können, und so weiter.

Teile, die zueinander in Widerspruch stehen, verweigern das Wissen, das die Teile, die sich in zentripetaler Bewegung befinden, produzieren. Ein neues Stück Selbsterkenntnis ist ein Zeichen dafür, daß Teile sich verbunden haben, wie zwei Wasserstoffatome sich an ein Sauerstoffatom binden, um eine neue Entität zu bilden. Bewußtsein ist das Produkt von Teilen in zentripetaler Bewegung; Unbewußtheit ist das Ergebnis von Teilen in zentrifugaler Bewegung. Wenn das richtig ist und die Psychoanalyse das Ziel hat, das Unbewußte bewußt zu machen, dann kann dieses Ziel nur durch eine Transformation der zentrifugalen Bewegung in eine zentripetale Bewegung erreicht werden. Bewußtheit und Unbewußtheit schwanken je nach dem Hin und Her dieser inneren Bewegung zwischen den Teilen. Das Bewußtwerden ist ein Nebenprodukt dieser Transformation der Innenbewegung, das bei der intentionalen Entscheidung entsteht. Es verändert die Richtung der Bewegung vom einen zum anderen.

Wenn sich die Teile in zentripetaler Bewegung befinden, haben wir ein kohärentes Ich, dessen Handlungen schöpferisch sind. Eine solche Handlung schafft ein gutes Gefühl. Emotionen sind also die Handlungen, die durch Gefühle registriert werden. Wenn sich die Teile in zentrifugaler Bewegung befinden, kommt es zur Zerstückelung des Ichs, und die Handlungen wecken eine Reihe schlechter Gefühle. Die Gefühle sind die guten und schlechten Urteile über diese emotionalen Handlungen, und zwar sind sie immer moralische Urteile, wobei unter Moral das zu verstehen ist, was als gut oder schlecht bestimmt werden kann.

Wie ich bereits ausgeführt habe, zielt das spirituelle Bemühen immer auf die Befreiung von Selbstsucht in all ihren Formen. Und Psychoanalyse ist eine Spiritualität, unterscheidet sich aber in ihrer Vorgehensweise von Grund auf. Die Befreiung wird durch den engen emotionalen Kontakt mit einem anderen bewirkt. Der Grund dafür, daß das funktioniert, ist folgender.

Ein Individuum fördert seine spirituelle Entwicklung durch die Instrumentalisierung seines Gewissens. Das Gewissen erhebt seine Stimme, wenn das Individuum auf eine Weise handelt, die ihm selbst schädlich ist. Das Gewissen ist das psychische Korrelat zum Schmerz, jedoch mit dem folgenden Unterschied: Während Schmerz erst infolge einer Körperverletzung empfunden wird, erhebt das Gewissen schon seine Stimme, wenn die Person sich *anschickt* zu handeln. Der zerstörerische Akt kann nur vollzogen werden, wenn das Gewissen zum Schweigen gebracht wird. Gewissensbisse sind das Signal, daß dem psychischen Selbst Gefahr droht. Emotionale Handlungen, die unterhalb der Bewußtseinsschwelle liegen, können entweder die Gesundheit einer Person stärken, mit anderen Worten, integrativ sein, oder aber destruktiv wirken. Da sie unterhalb der Bewußtseinsschwelle liegen, benötigen wir einen Indikator, der uns hilft, zu wissen, ob eine Handlung integrativ oder destruktiv ist.

Emotionale Handlungen werden nur in der Sphäre emotionaler Nähe erkennbar. Ein Grundprinzip der Psychoanalyse besteht deshalb darin, daß der Analytiker den emotionalen Kern des Patienten repräsentiert. Das ist die Übertragung. Durch sie ist es dem Analytiker möglich, zu schließen, daß das, was ihm in seiner eng begrenzten emotionalen Situation angetan wird, eine genaue Registrierung dessen ist, was dem Selbst des Patienten angetan wird. Indem der Analytiker diesen Schluß nutzt, kann er dem Patienten den Charakter seiner emotionalen Handlungen vor Augen führen. Das wiederum macht es dem Patienten möglich, in einem langsamen und schmerzhaften Kampf, sein emotionales Handeln zu läutern.

Die Vielfalt des emotionalen Handelns entwickelt sich erst in der emotionalen Nähe oder Intimität mit einem anderen Individuum. Im Zustand emotionaler Isolation sind die Emotionen erstarrt und können deshalb nicht erkannt werden. Die analytische Situation ist nicht nur eine Situation, in der der Analytiker dem Patienten den Charakter seiner emotionalen Handlungen vor Augen führt, sondern die Situation selbst läßt diese Handlungen entstehen. Die analytische Situation ist ein emotionaler Katalysator. Der Psychoanalyse verdankt das spirituelle Anliegen sein Wissen über die inneren Teile des Selbst und die Art ihrer Interaktion. Diese wissenschaftliche Erkenntnis fehlte den traditionellen Religionen.

Literatur

John Macmurray, *Freedom in the Modern World* (London: Faber & Faber, 1935), S. 151.

22. Wissenschaft und Religion

> Der Determinismus erscheint immer wieder in neuer Gestalt,
> denn er befriedigt einen tiefen Wunsch des Menschen: den
> Wunsch aufzugeben, sich der Freiheit, der Verantwortung, der
> Reue, sich allen anderen persönlichen, individuellen Unbeha-
> gens zu entledigen und sich dem Schicksal und der Entlastung
> des »So ist es eben« zu überlassen.
>
> *(Iris Murdoch, 1993)*

Nach dem Geistesmodell der Hochreligionen hat der Mensch
die Freiheit der Wahl, und zwar letztlich der Wahl zwischen
Gut und Böse. Das ist die libertäre Auffassung. Diese Wahl hat
Folgen: Im Christentum gibt es ein Jüngstes Gericht, und
danach kommt der Mensch entweder in den Himmel oder in
die Hölle; im Buddhismus wird der Mensch entweder auf
einer höheren oder niedrigeren Lebensstufe wiedergeboren.
Das Individuum wird danach beurteilt, welche Lebensent-
scheidungen es getroffen hat.

Daneben gibt es ein deterministisches Modell: Was immer
ich tue, es ist von voraufgehenden Ursachen bestimmt. Folglich habe ich keine Wahl, ich bin von Kräften determiniert, die
nicht in meiner Macht stehen. Dieses Modell steht in unmit-
telbarem Gegensatz zum religiösen Modell. Man hat das
deterministische Modell oft mit Wissenschaft gleichgesetzt.
Diese Identifikation gründet aber auf falschen Prämissen.

Wissenschaft ist eine Geisteshaltung, die Überzeugungen
zu verifizieren sucht. Es gibt ein Pendeln zwischen der Beobachtung von Phänomenen und den bestehenden Überzeugungen. Die Wissenschaft ist bereit, eine Überzeugung fallenzulassen und sie durch eine andere zu ersetzen, wenn die
Beobachtung beweist, daß die Überzeugung falsch ist. In der
Sprache der Wissenschaft ist eine solche Überzeugung eine
Hypothese. Es gehört zum Begriff der Hypothese, daß sie für
Veränderungen offen ist. Darin unterscheidet sie sich von
einer religiösen Überzeugung, denn diese unterwirft ihre

Erfahrungsdaten einem bestimmten Glaubensmuster, das unveränderbar ist. In der Religion werden die Erfahrungsdaten so geformt, daß sie ins Glaubensmuster passen; in der Wissenschaft wird die Hypothese geändert, um den Erfahrungsdaten zu entsprechen.

Philosophisch gibt es eine dritte Position, die zwischen diesen beiden liegt, sie lautet: Obwohl der Mensch die Wahl hat, sind seine Entscheidungen determiniert. Manchmal nennt man Vertreter dieser Position »Kompatibilisten«, auch »schwache Deterministen«. Dieser dritte Standpunkt ist jedoch nichtsdestoweniger deterministisch. Es gibt also im wesentlichen nur zwei Geistesmodelle: das deterministische und das libertäre. Die Hochreligionen gehen von der libertären Hypothese aus, während die agnostischen oder atheistischen Geistesschulen sich an die deterministische Hypothese halten. Das ist kein festes Prinzip: Beispielsweise hat man bei dem Versuch der christlichen Kirchen, für die moderne Welt »relevant« zu sein, gelegentlich auch die deterministische Hypothese angenommen. Auch haben manche agnostischen oder atheistischen Denker die libertäre Hypothese vertreten.

Ob nun die eine oder andere Hypothese wissenschaftlich ist, läßt sich nicht durch Predigen festlegen, sondern nur dadurch, daß man nach und nach jede dieser Hypothesen mit den Erfahrungsdaten vergleicht. Die Tatsache, daß die Hypothese der Willensfreiheit von den Hochreligionen weitgehend angenommen wurde, zeugt weder von ihrer Wahrheit noch von ihrer Unwahrheit. Und daß die deterministische Auffassung bei den Nachfahren der Aufklärung so enthusiastisch begrüßt wurde, ist ebenfalls keine Garantie ihrer wissenschaftlichen Gültigkeit. Nicht ohne guten Grund hat man traditionelle Religion mit Vorurteil, Aberglaube und Dogmatismus in Verbindung gebracht, Dinge, gegen die gelehrte Wissenschaftler vehementen Protest eingelegt haben.

Freud gehörte einer Wissenschaftlergruppe an, die einen solchen Protest artikulierte. Er war Schüler von Ernst Brücke, einem Gründungsmitglied der Berliner Physikalischen Gesellschaft. Die vier Gründer wandten sich leidenschaftlich gegen jede Form von Vitalismus, gegen die Überzeugung also, daß lebenden Organismen eine Seele oder irgendein besonderes Prinzip zuzuschreiben ist, das sie belebt. Die Psychoanalyse entwickelte sich so auf dem Hintergrund dieses deterministischen Modells und unter Anleitung seiner Prinzipien.

Die libertäre Hypothese stimmt mit den Erfahrungsdaten besser überein. Sie läßt sich nicht wie andere Hypothesen durch deduktive Logik, sondern nur durch die »Konvergenz von Wahrscheinlichkeiten« beweisen. Es überstiege meine Kompetenz, wollte ich sie durch einen umfassenden Überblick über die Ergebnisse der humanwissenschaftlichen Forschung beweisen. Ich möchte nur ein Erfahrungsdatum anführen, das der psychoanalytischen Praxis entnommen ist. Ich werde ein paar Beispiele für dieses Phänomen geben und dann den diesen Beispielen gemeinsamen roten Faden freilegen und sagen, welche Schlußfolgerung ich daraus ziehe.

Eine Frau kam in ihrer Not zu mir; ihr Freund war impotent geworden. Just als sie einander lieben wollten, habe seine Erektion nachgelassen. Das sei ihr bereits zweimal mit früheren Freunden so gegangen, und sie fürchtete, es könnte etwas mit ihr selbst zu tun haben. Drei Sitzungen lang erzählte sie mir über ihren familiären Hintergrund und andere Dinge. Gegen Ende der dritten Stunde wollte ich eine Deutung geben, doch als ich drauf und dran war, sie in Worte zu fassen, geriet sie mir aus dem Sinn. Ich wurde mir klar darüber und dachte über die Analogie zwischen meinem Erlebnis und der Detumeszenz bei ihrem Freund nach. In der nächsten Sitzung geschah dasselbe. Ich konzentrierte meine psychische Aufmerksamkeit auf dieses Phänomen, und in der nächsten Sitzung begann sich bei mir eine Deutung herauszukristallisieren. Ich wandte all meine Energie auf, meine Deutung zu formulieren und sie der Patientin zu vermitteln, und tat das auch. Zur darauffolgenden Sitzung trat sie mit lächelndem

Gesicht ein und erzählte mir, ihr Freund sei vergangene Nacht imstande gewesen, sie zu lieben. Sie habe den Eindruck, daß dieser Erfolg auf die letzte Stunde bei mir zurückzuführen sei. Sie glaubte deshalb, daß sie aus der Sitzung etwas mitgenommen habe, was der Potenz ihres Freundes zuträglich gewesen sei.

Eine Frau wurde von ihrem Chef ausgebeutet. Er behielt sie über die vertraglich vereinbarte Zeit hinaus da, ließ sie während der Mittagspause arbeiten und sprach auf respektlose Art mit ihr. Sie zahlte mir nicht das angemessene Honorar; sie redete immer weiter, so daß ich die Sitzung nicht rechtzeitig abschließen konnte; wenn ich eine Deutung gab, ignorierte sie, was ich gesagt hatte. In einer Sitzung konfrontierte ich sie mit alledem. Sie hielt inne und sagte mit zusammengebissenen Zähnen: »Vielleicht haben Sie recht.« Am nächsten Tag erzählte sie mir, ihr Chef sei völlig anders gewesen als sonst.

Diese Beispiele zeigen, daß das Individuum an der Konstruktion seiner mikrosozialen Umgebung beteiligt ist. Die sexuelle, emotionale oder gesellschaftliche Antwort, die es bekommt, hängt von der Art seiner eigenen Konstruktion ab. Das Individuum konstruiert diese oder auch eine andere Reaktion. Die emotionale Umgebung hängt von der Wahl ab, die es getroffen hat. Nach meiner Erfahrung stimmt das Modell der Willensfreiheit mit den Erfahrungsdaten überein, die täglich in der therapeutischen Praxis gesammelt werden oder gesammelt werden können.

Meine Schlußfolgerung ist, daß die Hypothese der Willensfreiheit wissenschaftlich ist, das heißt, daß sie auf dem Gebiet des Intrapsychischen und des Interpersonalen von der Psychoanalyse verifiziert werden kann, wohingegen sich die deterministische Hypothese nicht bewahrheitet. Auf dieser Basis möchte ich weiter behaupten, daß die Psychoanalyse verarmt, wenn sie aufgrund der deterministischen Hypothese arbeitet, und daß sie deshalb theoretisch umstrukturiert und in ihr die deterministische Hypothese durch die Hypothese der Willensfreiheit ersetzt werden muß.

Es könnte hier eingewandt werden, solange die klinische Arbeit befriedigend verlaufe, spiele es keine Rolle, ob die Theorie, die ihr zugrunde liegt, an der Praxis vorbeigehe. Dem möchte ich zweierlei entgegensetzen. Zum ersten: Wenn eine Theorie von Nutzen sein soll, muß sie aus der praktischen, klinischen Arbeit erwachsen, anderenfalls behindert sie die Konzeptualisierung. Freud legte die deterministische Theorie zugrunde, weil das die philosophische Auffassung war, die er von der Berliner Physikalischen Gesellschaft ererbt hatte. Auch war es die philosophische Auffassung, die im neunzehnten Jahrhundert vom wissenschaftlichen Establishment fast ohne Ausnahme vertreten wurde. Zu den wenigen Ausnahmen gehörte Franz Brentano, doch betrachtete man Leute wie ihn als Spinner.

Das deterministische Modell war aufgrund eines Vorurteils eingeführt worden, nicht weil es an klinischen Daten geprüft worden wäre. Freud war so bedeutend, daß er sich weigern konnte, seine klinischen Daten über ein gewisses Maß hinaus zu verdrehen, statt dessen änderte er im Laufe der Jahre sein Theoriemodell, so daß es sich immer stärker dem Willensfreiheitsmodell annäherte. Doch gab er zum Schaden der Psychoanalyse das deterministische Modell nie völlig auf. Psychoanalytiker, die in die Fußstapfen Freuds getreten sind, haben auch sein Geistesmodell übernommen. Eine gute Theorie, das heißt eine hilfreiche Theorie für den Kliniker, der sich mit seiner praktischen Arbeit herumschlägt, ist nach der klinischen Erfahrung gebildet. Freud war genial in seinen scharfsinnigen klinischen Einsichten, aber er war durch die deterministische Theorie behindert. Und das ist auch heute noch ein Problem.

Der zweite Grund, weshalb eine mit der klinischen Praxis nicht übereinstimmende Theorie die Praxis beeinträchtigt, ist, daß sie den Analytiker seiner Überzeugungskraft beraubt. Ich sage »den Analytiker«, doch gilt das für jeden, der einer unpassenden Theorie folgen muß. Wenn er von der Theorie überzeugt ist, seine Praxis dieser Theorie aber widerspricht, dann ist er in seiner affektiven Beziehung zu den Objekten gespalten. Hinsichtlich des Analytikers bedeutet das, daß er sich teilweise mit demjenigen identifiziert, der die Theorie geliefert hat, daß er zu einem anderen Teil aber im Diskurs mit dem Patienten steht. Das aber heißt, daß ein Teil des Analytikers sich nicht am Diskurs mit dem Patienten beteiligt. Worum es mir hier geht, läßt sich auch aus einem anderen Blickwinkel betrachten, und zwar aus der Sicht desjenigen, der eine unpassende Theorie zurückgewiesen hat und statt dessen eine Theorie annimmt, die seiner eigenen interpersonalen Erfahrung mit dem Patienten entspricht. Ein solcher Analytiker erlebt eine Erleuchtung, einen Moment persönlicher Einsicht; dem folgt die persönliche Überzeugung, eine Überzeugung, die sich aus dem eigenen Akt des Verstehens ergibt. Dieser geistige Zustand unterscheidet sich grundlegend von dem früheren, als er mit seiner Theorie nicht im Einklang stand und gespalten war. Ein integres Bewußtsein, das aus subjektiver Überzeugung spricht, handelt dem Patienten gegenüber ganz anders als jemand ohne eigene innere Überzeugung. Ein Analytiker, der sich in einem solchen geistigen Zustand befindet, spricht aus dem Herzen, und er spricht zum Herzen seines Patienten. Aus diesen beiden Gründen ist es entscheidend, daß die Theorie mit der Praxis übereinstimmt.

Aufgrund des tiefsitzenden Vorurteils, daß das deterministische Modell wissenschaftlich sei, das libertäre Modell aber nicht, hat die Psychoanalyse sich das deterministische Modell mit Feuereifer zu eigen gemacht. Die einzelnen Verbände der Gesellschaft für Psychoanalyse haben solche Angst, nicht wissenschaftlich zu sein, daß sie es nicht wagen, zu einem Modell zu stehen, das hauptsächlich von der Religion in Anspruch genommen wird. Der Umstand, daß traditionelle Religion voller Aberglauben und Dogmatismus ist, impliziert nicht, daß alle ihre philosophischen Annahmen falsch sind. Wir sind hier Zeugen einer Erscheinung, die es in der Geistesgeschichte mehrfach gegeben hat: Weil eine Tradition viele falsche Vorstellungen enthält, wird sie als Ganze fallengelassen. Es gehört zu den Gemeinplätzen über traditionelle Religionen, daß sie die Versuche, Überzeugungen durch das Beibringen von Beweisen zu erhärten, mit Gewalt zurückgewiesen haben. Doch die Annahme, die Hypothese von der Willensfreiheit sei deshalb ein Produkt des Aberglaubens, ist ihrerseits ein ungerechtfertigtes Vorurteil. Die Feindseligkeit auf seiten der Humanwissenschaften gegenüber dogmatischen Überzeugungen, die sich der wissenschaftlichen Untersuchung verschließen, ist durchaus willkommen. Sie gibt den Humanwissenschaften jedoch keinen Freibrief, nun ihrerseits die Hypothese der Willensfreiheit auf unwissenschaftliche Weise abzulehnen. Meiner Ansicht nach hat die Psychoanalyse wie viele ihrer Nachbardisziplinen in den Humanwissenschaften die deterministische Hypothese mit dem gleichen Dogmatismus übernommen, mit dem die Religionen ihren Lehren anhängen. Mit anderen Worten, die Psychoanalyse hat es versäumt, eine ihrer grundlegendsten Theorien zu prüfen, nämlich die deterministische Hypothese. Ja, sie hat sich ebenso hartnäckig geweigert, diese Hypothese wissenschaftlich zu prüfen, wie ihr Feind, die traditionellen Religionen.

Die traditionellen Religionen ihrerseits haben eine nicht minder vorurteilsbehaftete Haltung gegenüber der Psychoanalyse eingenommen. Zum Teil wegen ihres aggressiv atheistischen Standpunktes, aber auch, weil es der Psychoanalyse gelungen ist, Gier, Neid, Eifersucht, Stolz und Haß in einer Sphäre aufzudecken, die für den modernen Menschen lebenswichtig ist und zu der traditionelle Religionen keinen Zugang haben. Die Psychoanalyse war weit erfolgreicher darin, Laster in der emotionalen Sphäre aufzudecken, als irgendeine traditionelle Religion. Das liegt daran, daß sie sich zur Untersuchung dieser Sphäre einer wissenschaftlichen Methode bediente und diese bis zu einem beträchtlichen Grade verfeinern konnte. Die Psychoanalyse hat also den traditionellen

Religionen ein gut Teil ihrer Seelsorge entzogen und eine Kenntnis der Psyche entwickelt, die von Pastoren, Rabbinern oder Kirchenvätern nie erreicht worden ist.

Die psychoanalytische Methode deckt die emotionalen Strömungen, das Tugendhafte und das Lasterhafte in der Psyche des Individuums auf und sucht zugleich mit wissenschaftlichen Mitteln nach ihren Ursprüngen und Verbindungen. Freud entwickelte die Psychoanalyse, weil er überzeugt war, daß, wenn es gelänge, die Struktur einer Neurose festzustellen, es auch möglich wäre, sie zu beeinflussen. Man kann das noch auf eine andere Art betrachten, die gut zur These meines Buches paßt. Wenn ein Mensch seine lasterhaften Emotionen klar sieht, dann hat er die Wahl: Er kann entweder aufhören zu sehen oder aufhören zu handeln. Wieder sind wir beim Prinzip des Sokrates, demzufolge man nicht etwas Böses tun kann, wenn man zugleich weiß, daß es böse ist. Wissen und zugleich Tun geht nicht; erkennt man die Tat, dann kann man sie nicht tun. Die psychoanalytische Methode besitzt die Möglichkeit aufzudecken, was jemand tut, und zwar wissenschaftlich. Der Patient reagiert darauf, was ebenfalls wissenschaftlich verfolgt werden kann – der wissenschaftliche und der therapeutische Weg gehen Hand in Hand.

Meine Schlußfolgerung ist, Psychoanalyse ist eine spirituelle Aktivität, zugleich aber ist sie wissenschaftlich, und darin unterscheidet sie sich von anderen herkömmlichen Spiritualitäten. Sie ist eine unserem wissenschaftlichen Zeitalter angemessene Spiritualität.

Literatur

Iris Murdoch, *Metaphysics as a Guide to Morals* (London: Allan Lane/ The Penguin Press, 1993), S. 190.

Schluß

Ein Patient sucht den Analytiker auf, weil er seelisch leidet. Er leidet, weil er etwas tut, das seelischen Schmerz verursacht, er weiß aber nicht, was er tut. Er kommt zum Analytiker, um von seinem Leiden befreit zu werden. Der Analytiker kann ihm das Leiden nicht abnehmen, doch durch seine Deutung kann sich der Patient allmählich selbst kennenlernen und anfangen, seine innere und äußere Welt neu aufzubauen. Im Prozeß der Rekonstruktion ändert sich die Aktivität, in der die Ursache für das Leiden lag. Konstruktives Handeln tritt an die Stelle von destruktivem Handeln.

Hochreligion enthält im Kern die Botschaft, daß konstruktives emotionales Handeln unserem Leben Sinn verleiht. Im konstruktiven emotionalen Handeln wird auf die Freiheit des anderen ebenso Rücksicht genommen wie auf die Wirklichkeit meines eigenen Selbst. Die Liebe respektiert die Freiheit und Wirklichkeit des anderen. Deshalb hat der Patient, der von seinem seelischen Leiden befreit werden möchte, auch wenn er sich dessen nicht bewußt ist, den Wunsch, etwas mit einem Wert zu versehen, das diesen Wert zuvor nicht hatte. Diese Wertgebung zum Ziel des emotionalen Handelns zu machen, ist ein spiritueller Akt.

Doch weder die traditionelle Religion noch die Psychoanalyse haben das bislang als spirituellen Akt verstanden. Diese Handlung, obwohl sie ganz einfach ist, bildet die Grundlage aller engen emotionalen Beziehungen, doch davon weiß die traditionelle Religion nichts. Die Psychoanalyse dagegen kennt die Bewußtseinszustände, die destruktives emotionales Handeln erzeugen, wagte es bislang aber nicht, den konstruktiven Wunsch beim Namen zu nennen.

Die Psychoanalyse ist meiner Meinung nach eine hochentwickelte natürliche Religion. Das ist eine äußerst radikale Behauptung. Ich meine, die Psychoanalyse ist allmählich degeneriert, weil sie ihrem eigentlichen Charakter untreu geworden ist und sich hat domestizieren lassen. Wenn sie nicht verwässert wird, ist die Psychoanalyse für unsere Welt von grundlegender Bedeutung. Dieses Buch ist ein Versuch, ihr wieder den Platz zukommen zu lassen, der ihr gebührt.

Register

ADAM PHILLIPS

**Vom Küssen, Kitzeln
und Gelangweiltsein**

Aus dem Englischen von
Klaus Laermann
192 Seiten, gebunden, DM 28,00

*

Im Gegensatz zur klassischen Psychoanalyse bezweifelt Adam Phillips, daß wir
uns selbst überhaupt verstehen können.
»Ziel der Psychoanalyse ist es nicht, Menschen zu heilen, sondern ihnen zu zeigen,
daß ihnen nichts fehlt.« Statt einer kom-
pletten, unerreichbaren Wahrheit hinter-
herzufahnden, will er seine Leser (und
seine Patienten) dazu ermutigen, die
eigene Seele mit Neugier und Vergnügen
an den Überraschungen zu ergründen,
Autoren ihrer eigenen Biographie zu
werden. In seinem Buch über das uner-
forschte Leben nimmt er erstaunlich
unorthodoxe Positionen ein. Er macht
uns darauf aufmerksam, wie unerläßlich
Langeweile für Kinder ist und wie unan-
gemessen Erwachsene darauf reagieren,
er liefert uns verstörende Erkenntnisse
über das Verliebtsein und darüber, was
uns die Hindernisse, die wir errichten,
über unsere geheimsten Wünsche verraten.

Bitte fordern Sie das kostenlose Gesamtverzeichnis an:
Steidl Verlag · Düstere Str. 4 · 37073 Göttingen

NEVILLE SYMINGTON

Narzißmus

Neue Erkenntnisse zur Überwindung
psychischer Störungen
Aus dem Englischen von
Brigitte Flickinger
160 Seiten, gebunden, DM 28,00

*

Ein »Narziß« steht in dem Ruf, in sein
eigenes Spiegelbild verliebt und damit
glücklich zu sein. Nichts könnte von der
Wahrheit weiter entfernt sein als diese
landläufige Vorstellung. Narzißmus ist
die Reaktion auf ein schweres Trauma
und liegt, wie Symington nachweist,
allen psychischen Störungen zugrunde.
Narzißtische Symptome prägen das Verhalten von immer mehr Zeitgenossen,
die unter ihrer Selbstisolierung leiden
und ihr in oft verhängnisvollen Fehl-
handlungen zu entkommen suchen. Daß
die weitverbreiteten narzißtischen Störungen, die so viele Partnerschaften bela-
sten oder gar vereiteln, überwindbar sind,
ist das bahnbrechend Neue an den Einsichten und Erfahrungen des Analytikers
und Klinikers Symington.

Bitte fordern Sie das kostenlose Gesamtverzeichnis an:
Steidl Verlag · Düstere Str. 4 · 37073 Göttingen